CH. LACOUTURE, S.J.

ESTHÉTIQUE
FONDAMENTALE

Précédée d'une Lettre de

M. EUG. GUILLAUME, de l'Institut

PROFESSEUR D'ESTHÉTIQUE

AU COLLÈGE DE FRANCE

> Laudemus viros... pulchri-
> tudinis studium habentes.
> ECCLI. XLIV.

LE BEAU

SA DÉFINITION   SA GRADATION
SA DIVISION   SON IMPRESSION
       SON APPRÉCIATION

LIBRAIRIE V. RETAUX, 82, rue Bonaparte, PARIS

1900

ESTHÉTIQUE

FONDAMENTALE

OUVRAGE DU MÊME AUTEUR

Chez Gauthier-Villars, 55, quai des G^{ds}-Augustins, Paris.

Répertoire chromatique, solution raisonnée et pratique des problèmes les plus usuels dans l'étude et l'emploi des couleurs. 29 tableaux en chromo représentant 952 teintes différentes.

Ouvrage honoré de la *Médaille d'or de la Société industrielle du Nord de la France.*

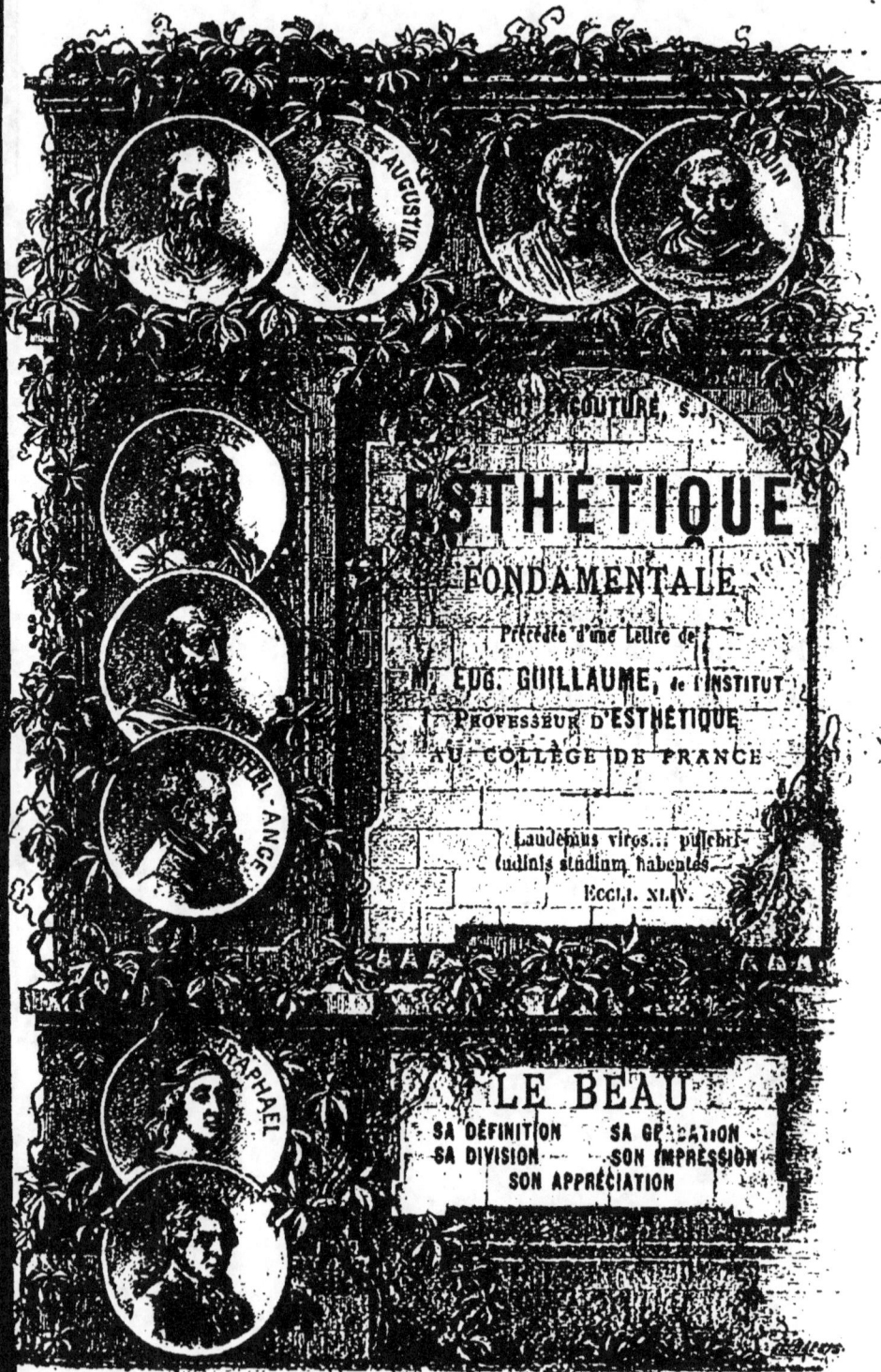

LIBRAIRIE V. RETAUX, 82, rue Bonaparte, PARIS

1900

Droits de reproduction et de traduction réservés pour tous les pays, y compris la Suède et la Norvège.

ÉPITRE LIMINAIRE

A une époque où ceux qui sont épris de l'art s'attachent de préférence à son histoire, c'est une sorte d'événement que l'apparition d'un traité d'esthétique. Il semble, en vérité, que cette science ne jouisse pas de toute la faveur qu'elle mérite. Et pourtant elle consacre les droits de la pensée : car si, dans les arts comme ailleurs, la connaissance des faits donne satisfaction à une curiosité légitime, il n'en est pas moins important de voir l'esprit, remontant au principe de ces manifestations, rechercher les caractères généraux auxquels on les reconnaît et la raison suprême de leur excellence. On ne saurait donc assez applaudir à un genre de production qui répond à un besoin de l'intelligence et qui tend à porter la lumière dans les sphères les plus hautes de nos conceptions.

Quoi qu'il en soit, si les gens du monde montrent une certaine froideur pour l'esthétique, les artistes, plus que d'autres peut-être, sont en garde contre ses spéculations. A les entendre, l'art en sortirait amoindri. Le livre du P. Lacouture me paraît de nature à les rassurer. Non que ce travail ait spécialement pour objet le Beau artistique, mais parce que l'auteur ne perd jamais de vue cette partie si considérable de son sujet. Il y revient souvent et finalement lui consacre un éloquent appendice. Aussi est-ce surtout comme artiste que je veux dire quelques mots de cet ouvrage.

Mais, d'abord, je ne saurais manquer d'en signaler la méthode, si différente de celle qui prévaut aujourd'hui dans nos enseignements. Le philosophe commence par constater la réalité du Beau telle que le bon sens la proclame, et il part de la conscience que nous avons de cette réalité pour définir le Beau lui-même et arriver, de proche en proche, à en démontrer la finalité divine. On le remarquera, cette manière de procéder est surtout en opposition avec la doctrine de Kant qui ne voit dans le phénomène esthétique, tel qu'il se produit en nous, qu'un fait de simple apparence d'où résulte un genre de connaissance dont l'objet n'existe pas. Mais, répond l'auteur, la beauté d'une chose ou d'une idée dépend-elle de la jouissance que nous avons de la connaître, ou bien notre jouissance vient-elle de l'existence d'un objet qui la produit?

Il n'y a pas à en douter, ce semble : nous sommes frappés de la beauté parce qu'elle est un fait. L'impression et la notion nous en pénètrent et ce n'est que plus tard que nous en étudions les effets sur notre âme. Méthode objective, point de départ de capitale importance, qui permet de s'élever de la réalité du Beau sensible, à la réalité supérieure de la divine beauté!

C'est sur cette base que l'auteur établit les différentes catégories de son sujet, qu'il en marque les degrés, qu'il en analyse les impressions, qu'il en formule les lois. C'est une construction dialectique en soi : Dieu en est le couronnement; la beauté est un des attributs suprêmes de la divinité. En un mot c'est une esthétique spiritualiste et religieuse.

On ne s'étonnera donc pas de voir la théologie intervenir dans le développement des propositions que le livre contient. L'auteur est prêtre et fait observer, avec l'autorité qui lui appartient, qu'il y a entre la théologie et l'esthétique des rapports étroits. Le dogme catholique, mieux que tout autre, s'identifie sans effort avec la science du Beau. Ici la philosophie devra s'incliner devant la Foi, et l'esthéticien tirera du rapprochement de l'élément rationnel et de l'élément révélé, de véritables sujets d'inspiration. Tel se présente, par exemple, le chapitre sur le Beau intelligible dans le monde des esprits où, conformément à la doctrine de l'Église, le P. Lacouture nous montre la hiérarchie des intelligences célestes servant d'intermédiaire entre l'homme et Dieu. Tels sont aussi d'autres chapitres qui traitent de la beauté de l'Être suprême et des personnes divines et saintes. Il y a là des sujets de lecture à la fois philosophiques et pieux qui intéresseront profondément tous ceux qui ont le sentiment de l'art.

Mais voici qui touchera particulièrement les artistes. Les exemples sur lesquels s'appuie l'auteur sont tirés des chefs-d'œuvre de la peinture, de la sculpture, de l'architecture et de la musique. Bien plus, très souvent il s'autorise d'opinions diverses qu'il fait tourner à l'avantage de ses idées et il les emprunte à l'histoire, à la légende et même aux dires traditionnels des artistes célèbres. Beaucoup de ces citations sont extraites de leurs écrits ou des livres des esthéticiens et des critiques. Tout cela forme une sorte d'anthologie, un bouquet dont chacune des fleurs a son prix. Peut-être s'étonnent-elles un peu de se trouver réunies. Ch. Blanc, Proudhon, Ingres et Delacroix n'ont pas la même philosophie, mais n'est-ce pas beaucoup qu'ils concourent au même but, ne fût-ce qu'un instant!

Je ne prétends pas juger un ouvrage qui, de tout point, me paraît considérable. Je n'en ai parlé que d'après une impression : l'œuvre me touche. Cependant que le P. Lacouture me permette une observation. A un certain moment, il croit pouvoir avancer qu'à l'expression d'un sentiment très élevé suffit, à la rigueur, une exécution incomplète, mais cependant assez suggestive pour que le spectateur achève par un travail de son esprit ce que l'artiste a cru devoir laisser imparfait. J'avais toujours cru que ce qu'il y a de plus relevé ou de plus délicat dans la pensée ne pouvait être rendu que par des formes adéquates. De la sorte le Beau devient une réalité. Autrement on serait autorisé à dire qu'il reste dans le domaine des apparences et des appréciations personnelles... Mais peut-être est-ce aller trop loin.

Quant à l'appel aux artistes que contient l'appendice, j'espère qu'il sera entendu. Cette dernière partie de l'ouvrage est pleine de promesses. Sans doute elle nous annonce un second traité dans lequel les arts classés par familles prêteront à une étude théorique nouvelle ; nous serons heureux d'y applaudir.

Eugène GUILLAUME,

Membre de l'Institut,
Directeur de l'Académie de France à Rome.

TABLE MÉTHODIQUE

	Pages.
PRÉFACE	IX

LIVRE I. — DÉFINITION DU BEAU

AVANT-PROPOS	2
CHAP. I. Y a-t-il lieu et moyen de définir le beau	3
— II. Définitions divergentes, leur élimination	7
— III. Définitions convergentes et réduction de leurs éléments.	13
— IV. La variété est la matière première de la beauté	17
— V. L'unité est la forme radicale de la beauté	21
— VI. Réalisation de l'unité dans la variété	25
— VII. L'unité dans la variété, ou l'ordre, c'est le fond de la beauté	29
— VIII. La splendeur est la forme nécessaire de la beauté.	32
— IX. Conclusion : le beau, c'est la splendeur de l'ordre.	36

LIVRE II. — DIVISION DU BEAU

AVANT-PROPOS	40
CHAP. I. Établissement de la division du beau	41
— II. Du beau purement matériel ou sensible	47
— III. Du beau intelligible ou logique	52
— IV. Du beau intelligible dans le monde des esprits.	58

	Pages.
Chap. V. Du beau intelligible dans la nature visible . . .	67
— VI. Du beau intelligible dans les sciences, les arts utiles et industriels	77
— VII. Du beau intelligible dans les beaux-arts	83
—VIII. Du beau moral	93
— IX. Du beau moral dans la religion et la philosophie.	102
— X. Du beau moral dans la littérature et les beaux-arts.	113
— XI. Du beau moral dans la nature	125

LIVRE III. — GRADATION DU BEAU

Avant-propos	132
Chap. I. La beauté absolue est en Dieu	133
— II. Dans le beau relatif il y a une gradation définie.	142
— III. Le beau intelligible est supérieur au beau sensible	150
— IV. Le beau moral est supérieur au beau intelligible.	159
— V. La beauté est croissante du minéral à l'homme. .	166
— VI. La beauté du chrétien et surtout du saint est supérieure à toute beauté naturelle ou artistique.	174
— VII. La beauté de la B. V. Marie est grandement supérieure à celle de tous les saints.	187
—VIII. La beauté de N.-S. Jésus-Christ l'emporte immensément sur toute beauté créée.	198

LIVRE IV. — IMPRESSION DU BEAU

Avant-propos	216
Chap. I. Rôle des sens dans l'impression du beau . . .	218
— II. Rôle de l'imagination et de la mémoire	226
— III. Rôle de l'intelligence	236
— IV. Rôle de la volonté et du cœur	247
— V. Siège de l'impression du beau	257
— VI. Nature de l'impression du beau.	266
— VII. Culture de l'impression du beau.	280
— VIII. Valeur morale de cette culture esthétique. . . .	288

LIVRE V. — APPRÉCIATION DU BEAU

Pages.

Avant-propos 300

Chap. I. Cette appréciation est régie par des lois 301
— II. Loi constitutive : *Trois éléments sont essentiels au beau, la variété, l'unité et la splendeur.*
— III. Loi spécifique : *Le beau intelligible et le beau moral demandent à être reconnus aussi bien que le beau sensible* 308 320
— IV. Loi hiérarchique : *La beauté la plus importante à un être quelconque est la beauté spéciale correspondante au rang qu'il occupe dans l'échelle des êtres* 330
— V. Loi typique : *La beauté d'un objet, d'un être quelconque, demande qu'il soit conforme à son type défini et qu'il approche de son type idéal* 348
— VI. Loi psychologique : *Tout ce qui dans un objet nuit à la jouissance du spectateur, nuit en même temps à la beauté de l'objet* 363
— VII. Loi d'affranchissement : *Dans l'appréciation du beau, il faut se mettre au-dessus de l'influence du goût personnel et du goût régnant* . . . 373

APPENDICE

I. Quelques mots à l'adresse des artistes 385
II. Classification des beaux-arts. 393

Table alphabétique des matières 407
Table alphabétique des auteurs et artistes cités. 418

PRÉFACE

L'esthétique est la science du beau, « la rationalité du beau, » selon l'expression de Ch. Gounod [1].

Dès l'enfance la beauté nous attire et nous charme. L'idée du beau semble même antérieure à celle du vrai et du bien. C'est que le beau, par sa nature, se trouve davantage mêlé à l'élément sensible et que la connaissance sensible précède en nous la connaissance intellectuelle.

Comme toute science, l'esthétique ne se contente pas de constater le *fait*, elle en cherche le *pourquoi*, les causes, les lois. Cette recherche, plus ou moins instinctive chez l'artiste, est raisonnée chez le philosophe. L'art a précédé la science, mais les progrès de la science donnent à l'art un nouvel élan. Si, comme le dit Aristote, une science est

---

[1] Ch. Gounod, *Mémoires*, etc., p. 319.

d'autant plus excellente qu'elle est plus spéculative [1], l'esthétique est la reine des sciences.

Il faut l'avouer, cette reine est encore au berceau.

En 1857, un siècle après que G. Baumgarten eut, en créant le nom d'esthétique, fait de l'étude de la beauté une science indépendante, l'Académie des sciences morales et politiques proposa, pour sujet de concours, la question suivante : *Rechercher quels sont les principes de la science du beau et les vérifier...* Un professeur au Collège de France, philosophe éclairé, artiste passionné, armé d'une érudition aussi vaste que sûre, familiarisé avec les chefs-d'œuvre de la Grèce et de l'Italie, Charles Lévêque, entra en lice. Mieux préparé que personne, il répondit à la question proposée par une œuvre magistrale : *la Science du beau*. Publié tel qu'il avait été composé, son travail devait marquer un grand progrès et ouvrir la voie à beaucoup d'autres. Il n'en fut pas ainsi. Pourquoi?

Le rapporteur du concours, Barthélemy Saint-Hilaire, dans la séance du 16 avril 1859, rendant compte, à l'Académie, du mémoire de Ch. Lévêque, déclara devoir « commencer par une critique extrê-
» mement grave, le vice de la méthode... L'auteur,
» dit-il, a débuté par la métaphysique et la logique,
» au lieu de s'appuyer tout d'abord sur la psycho-
» logie; il a admis des principes avant d'avoir
» constaté des faits...; l'idée du beau, déterminée
» par la compréhension, est certainement moins

---

(1) Scientia speculativa est nobilior quam practica, ut patet per philosophum. *Princip. metaph.*, lib. I, cap. II. *Apud* D. Thom., *Sum. th.*, I^a p., q. 14, a. 16, c.

» claire que le sentiment du beau et l'impression
» qu'il cause sur l'âme [1]. »

L'auteur pouvait facilement réfuter cette critique. Parti du *fait* de l'existence de choses universellement tenues pour belles, il avait recherché leur caractère commun : c'était aller du *fait* connu à la *loi* inconnue. D'autre part, quoi qu'il en soit de la compréhension de l'idée du beau, cette idée, telle qu'elle est entendue de tous, est plus claire que l'analyse des effets du beau sur l'âme.

Ch. Lévêque préféra complaire à ses juges et modifia en conséquence sa rédaction première. Il refondit en partie sa théorie. Renversant son plan, il renonça à prendre pour fondement de l'esthétique l'objet même de cette science, le fait et la nature du beau ; lui-même nous le dit, « il a demandé à l'observation psychologique le point de départ et la métaphysique du beau [2]. »

L'ouvrage de Ch. Lévêque, le plus important que nous ayons en France sur l'esthétique, fut successivement couronné par l'Académie des sciences morales et politiques, par l'Académie des beaux-arts et par l'Académie française.

La méthode subjective de Kant et de Schiller, déjà trop en faveur, une fois introduite dans cette œuvre, bénéficia de son grand succès, et, depuis lors, elle règne à peu près exclusivement en esthétique, et là, comme partout, exerce la plus fâcheuse influence. Avec Kant on vit « un abîme entre la connaissance

---

[1] Ch. Lévêque, *la Science du beau*, 2ᵉ édit., t. I, p. 403-406.
[2] *Idem opus*, préface, t. I, p. 24.

et l'existence [1]. » On mit en question la réalité objective du beau. Du moment que la beauté n'est plus qu'un effet de notre constitution intellectuelle, l'esthétique n'est plus qu'un rameau de la psychologie, livré à tous les vents d'opinion qui secouent cette branche de la philosophie. En vain a-t-on créé des chaires; en vain partout des hommes de talent et de savoir [2] ont-ils consacré leurs veilles à cette science du beau ; aujourd'hui, après tant d'efforts, on semble revenu au point de départ, on se demande ce qu'est le beau et J. Mithalter n'étonne personne en intitulant son ouvrage *l'Énigme du beau* (*Rätsel des Schönen*).

---

[1] Grâce à une terminologie abstruse, le professeur de Kœnigsberg a réussi à faire l'obscurité dans son esprit entre la connaissance des choses et leur existence; puis, prenant cette obscurité pour de la profondeur, il a vu et montré un abîme là où de tout temps le bon sens a passé et passe encore d'un pied assuré. Par ailleurs, le même philosophe croit pouvoir jeter un pont entre l'absence de certitude en dogme et la pleine certitude en morale, comme si la volonté pouvait jamais être liée autrement que par la science de l'intelligence.

[2] Nommons entre beaucoup d'autres :
Todhunter, *Theory of the Beautiful*, 1872.
Alb. Stöckl, *Grundriss des Aesthetik*, 1874.
Abbé P. Vallet, *Idée du beau dans la philosophie de saint Thomas*, 1883.
Abbé Gaborit, *le Beau dans la nature et dans l'art*, 1885.
I. Iungmann, S. J., *Aesthetik*, 1886.
M. Guyau, *les Problèmes de l'esthétique contemporaine*, 1891.
M. Griveau, *les Éléments du beau*, 1892.
W. Knight, *The Philosophy of the Beautiful*, 1893.
R. Kralik, *Weltschönheit. Versuch einer allgemeinen Aesthetik*, 1894.
J. Muller, *Eine Philosophie des Schönen*, 1897.
G. Prévost, *Essai d'une nouvelle esthétique basée sur la physiologie*. (*Annales de philosophie chrétienne*, octobre 1898.)
G. Gietmann, S. J., *Allgemeine Aesthetik*, 1899.
Azbel, *l'Esthétique nouvelle « Althéique »*, 1899.

Vainement Schiller affirme que « le détachement du réel et l'intérêt pour l'apparence constituent un progrès décisif; » le bon sens proteste.

Le public ne s'intéressera jamais beaucoup à une soi-disant science qui ne voit qu'une apparence subjective dans la beauté, qui n'a pour appui que des impressions variables d'un individu à l'autre et reste incapable de donner une règle, soit pour contrôler l'appréciation du beau, soit pour guider sa production artistique.

Si déchue qu'elle fût de son importance depuis qu'elle n'avait plus pour objet que des apparences, simple jeu des facultés représentatives, l'esthétique planait encore au-dessus de la matière. Elle perdit ce dernier avantage. Sous l'influence de la méthode subjective, l'idée même du beau englua ses ailes. Spencer et les siens avaient lié l'impression esthétique à l'évolution de la vie; Guyau la confondit avec « toute excitation diffuse produite dans notre être, pourvu qu'elle ne soit pas trop violente. » Il alla plus loin, descendit plus bas : « La vie humaine, dit-il, est dominée par quatre grands besoins ou désirs qui correspondent aux fonctions essentielles de l'être : respirer, se mouvoir, se nourrir, se reproduire. Nous croyons que ces diverses fonctions peuvent toutes revêtir un caractère esthétique [1]. » Et, de peur qu'on ne saisisse pas toute la portée de ces paroles, il a l'égarement d'ajouter, qu'à son avis, le sentiment esthétique dépend de l'instinct sexuel!

---

[1] M. Guyau, *les Problèmes de l'esthétique contemporaine*, p. 20-27.

N'a-t-il donc rien compris à l'œuvre de Phidias? N'a-t-il jamais vu aucune des immortelles peintures de Fra Angelico de Fiesole ou de Flandrin? Il n'a donc pas entendu le statuaire J.-B. Carpeaux jeter en mourant cette parole d'amer regret : « Si j'avais toujours vécu comme un bon moine, je serais devenu l'égal de Michel-Ange [1]. » A-t-il donc été sans connaître ce grand artiste F. Gaillard, peintre, sculpteur, mais surtout incomparable graveur qui, pour être plus complètement à son art et s'élever davantage au-dessus des instincts charnels, renonça au mariage et à la famille? Ce que je sais, c'est qu'une méthode philosophique qui peut conduire un esprit aussi distingué que celui de Guyau à semblable dégradation de l'idée du beau, à pareille perversion du sens esthétique, est une méthode condamnée.

Il faut revenir sur ses pas. A l'opposé de Kant, il faut ne plus mettre follement en doute la réalité objective du beau. Le bon sens ne le proclame-t-il pas? Ce qui charme les oreilles dans le chant du rossignol, les yeux dans l'aspect d'une rose ou d'un visage humain, ce n'est pas un jeu de nos facultés, un phénomène purement subjectif [2]. Nous le constatons infailliblement par le témoignage de cette conscience que l'âme a d'elle-même et de ce qui se passe en elle. Nous ne pouvons jouir du chant du rossignol et de l'aspect d'une rose que si nos yeux et nos oreilles sont impressionnés par le chant de

---

[1] E. Chesnaux, *le Statuaire Carpeaux, sa vie et son œuvre*.
[2] La formalité de la sensation est subjective, mais cette sensation répond à une réalité objective qui est hors de nous. Voir plus bas, liv. IV, chap. I.

l'oiseau et par la rencontre de la fleur. La beauté d'une œuvre d'art ou d'une conquête scientifique ne dépend aucunement de la jouissance que j'ai de la connaître, tandis que ma jouissance de la connaître dépend essentiellement de l'existence de cette œuvre d'art ou de cette conquête scientifique.

La réalité objective de la beauté étant indiscutable pour toute saine raison, il y a lieu d'étudier cette réalité en elle-même et par rapport à nous, en nous affranchissant entièrement du Kantisme. Aussi bien l'heure en est venue, la lumière commence à se faire, la réaction à se déclarer au sein même de l'enseignement officiel [1]. On s'enhardit à examiner les pieds de la grande idole, on constate qu'ils sont d'argile. C'est merveille qu'elle ait pu tenir debout si longtemps.

Nous suivrons donc d'abord la méthode objective.

Est-ce à dire que nous raisonnerons *a priori*, que nous imposerons des dogmes? Pas le moins du monde. A la lumière d'une expérience attentive et d'une logique rigoureuse, aidé par les recherches de nos devanciers, nous étudierons le fait de la beauté, nous en déterminerons la nature et les conditions; puis nous examinerons et contrôlerons

---

(1) M. André Cresson, professeur agrégé de philosophie au lycée d'Alençon, dans un ouvrage couronné par l'Académie des sciences morales et politiques (*la Morale de Kant*, Paris, Alcan, 1897), ne craint pas d'établir que la « morale du professeur de Kœnigsberg pèche par tous les points..., elle pèche par la façon dont elle tire les conséquences de ses principes..., elle pèche encore par ses principes eux-mêmes. » Or, c'est précisément cette doctrine morale de Kant qui, aux yeux de la plupart, sauvegardait tout son système; la critique de la raison pratique était la garantie de la critique de la raison pure.

les résultats de l'analyse psychologique. En procédant ainsi, nous avons l'espérance de donner à la science esthétique une base à la fois rationnelle et expérimentale, sur laquelle nous pourrons avec quelque assurance appuyer les lois qui doivent régir la critique et la production du beau. De là le titre donné à cet essai.

Nous exposerons en autant de livres successifs la *définition* du beau, sa *division*, sa *gradation*, son *impression* et son *appréciation*. Quant à la *production* du beau, quant aux principes qui régissent l'Art et les Beaux-Arts, ces questions n'appartenant pas à l'étude du beau en général, mais à celle du beau artistique, nous n'y toucherons qu'incidemment dans un appendice.

Par ménagement pour certains esprits, il eût peut-être fallu se renfermer dans la sphère purement philosophique et ne pas entrer dans le domaine religieux? Pareille réserve eût été au détriment de notre sujet. La religion et l'esthétique ont des liens si étroits, elles se compénètrent si bien qu'on ne peut faire abstraction de l'une sans mutiler l'autre.

A côté de ce qu'il y a de travail tout personnel dans la chaîne et la trame de cet ouvrage, on trouvera de nombreuses citations. Ce sont quelquefois des assertions que nous tenons à donner textuellement avant de les réfuter; plus souvent des autorités dont nous invoquons le témoignage ou des pensées rendues plus heureusement. Nous indiquons la provenance des plus notables de ces emprunts, mais de combien d'autres pensées et expressions ne restons-nous pas redevable à autrui!

Que tous ceux qui, par leurs ouvrages ou leur conversation, nous ont été de quelque secours, veuillent agréer ici l'expression de notre humble gratitude.

Souvent au cours de ce travail, notamment dans les quatre derniers livres, nous avons dû nous engager en des sentiers peu battus, explorer des régions moins connues. Peut-être, aux yeux de plusieurs, paraîtrons-nous avoir dévié de notre but et nous être quelque peu égaré? Nous accepterons avec reconnaissance les observations qui pourraient nous être faites.

C. L.

Dijon, rue Berlier, 56.

LIVRE PREMIER

DÉFINITION DU BEAU

AVANT-PROPOS

Si le beau n'existait que dans l'impression, le sentiment, le jugement, rien peut-être ne serait ni beau ni laid en soi; la même chose serait à la fois belle ou laide, selon les dispositions de chacun; il n'y aurait aucune science possible du beau. Mais celui qui nous fait l'honneur de nous lire, quel qu'il soit, ne peut pas plus douter de l'existence objective du beau qu'il ne doute de l'existence de la page imprimée qu'il a sous les yeux. « L'évidence le proclame, le beau est un caractère réel d'un objet réel..., la beauté existe en elle-même, hors de notre esprit, à titre de caractère des choses; c'est par ses traits à elle, c'est par ses marques propres et internes qu'elle doit être d'abord définie [1]. » Cette définition fait le sujet de ce premier livre.

---

(1) Ch. Lévêque, *la Science du beau*, 1re édit., II, p. 509.

CHAPITRE I

Y a-t-il lieu et moyen de définir le beau?

Cherchant à se formuler une définition du *temps*, certain philosophe alla consulter le mathématicien Poisson. Celui-ci de répondre : « Savez-vous ce que vous dites quand vous parlez du temps? Si vous le savez, inutile que nous en cherchions la définition; si vous ne le savez pas, parlons d'autre chose. »

Ne devons-nous pas raisonner de même au sujet du *beau?* Vouloir définir le beau, ainsi que le temps, l'espace, le mouvement, n'est-ce pas se donner une peine inutile? Une définition doit être plus claire que l'objet défini; or, les mots temps, espace, mouvement et beauté ont pour tout le monde un sens obvie plus clair que toute explication. Admettons-le; *le sens de ces mots* n'a pas besoin de définition, mais en est-il de même de *la chose* exprimée?

AVANT-PROPOS

Si le beau n'existait que dans l'impression, le sentiment, le jugement, rien peut-être ne serait ni beau ni laid en soi; la même chose serait à la fois belle ou laide, selon les dispositions de chacun; il n'y aurait aucune science possible du beau. Mais celui qui nous fait l'honneur de nous lire, quel qu'il soit, ne peut pas plus douter de l'existence objective du beau qu'il ne doute de l'existence de la page imprimée qu'il a sous les yeux. « L'évidence le proclame, le beau est un caractère réel d'un objet réel..., la beauté existe en elle-même, hors de notre esprit, à titre de caractère des choses; c'est par ses traits à elle, c'est par ses marques propres et internes qu'elle doit être d'abord définie [1]. » Cette définition fait le sujet de ce premier livre.

---

(1) Ch. Lévêque, la Science du beau, 1re édit., II, p. 509.

CHAPITRE I

Y a-t-il lieu et moyen de définir le beau?

Cherchant à se formuler une définition du *temps*, certain philosophe alla consulter le mathématicien Poisson. Celui-ci de répondre : « Savez-vous ce que vous dites quand vous parlez du temps? Si vous le savez, inutile que nous en cherchions la définition; si vous ne le savez pas, parlons d'autre chose. »

Ne devons-nous pas raisonner de même au sujet du *beau*? Vouloir définir le beau, ainsi que le temps, l'espace, le mouvement, n'est-ce pas se donner une peine inutile? Une définition doit être plus claire que l'objet défini; or, les mots temps, espace, mouvement et beauté ont pour tout le monde un sens obvie plus clair que toute explication. Admettons-le; *le sens de ces mots* n'a pas besoin de définition, mais en est-il de même de *la chose* exprimée?

Qu'est-ce que le beau? Quelle est sa nature, son essence?

A quoi bon pareille question, reprend Gœthe, quand vous vous emparez d'un papillon, que vous l'épinglez pour l'examiner à loisir, qu'arrive-t-il? La pauvre bête tremble, s'agite, se débat, perd ses brillantes couleurs. En admettant que vous puissiez le prendre et le fixer sans gâter sa parure, que vous reste-t-il? Un corps raidi et sans grâce. Ainsi en est-il de la beauté quand on veut la saisir... Le beau est comme la lumière; il est fait pour resplendir et non pour être enserré dans une définition ainsi que dans une outre. La connaissance de l'essence du beau, au lieu d'aviver la séduction du beau, n'en voilera-t-elle pas les attraits, n'en refroidira-t-elle pas la jouissance?

Une définition, répondrons-nous, n'est pas précisément faite pour multiplier les charmes de l'objet défini. La vue d'une rose ou d'un papillon sera toujours plus ravissante que la connaissance des caractères qui spécifient cette rose ou ce papillon. Le but d'une définition est de donner à l'intelligence une idée précise et adéquate de la chose en question. Cette détermination est d'autant plus nécessaire à l'égard du beau, qu'en esthétique la fantaisie joue un plus grand rôle et que le scepticisme devient plus envahissant. De nos jours, plus que jamais, « sonder la nature même du beau, en analyser l'essence, c'est le problème fondamental de l'esthétique [1]. »

Plusieurs tiennent la solution de ce problème pour

---

(1) G. Longhaye, *Théorie des belles-lettres*, p. 180.

inabordable. La nature du beau serait-elle plus inaccessible que la nature du vrai et du bien? Si l'on a pu définir ces dernières, pourquoi n'arriverait-on pas à déterminer l'essence de la beauté? Cependant M. E. Rabier écrit : « Il paraît impossible de dégager de la comparaison des cas qui provoquent le sentiment du beau, une essence ou forme commune du beau (1). » Le comte L. Tolstoï, à la suite de plusieurs autres, le déclare : « Il n'y a point de définition objective de la beauté (2). »

Bien avant ces derniers, R. Töpffer avait dit : « Cette chose qui, dans la nature, dans les lettres, dans les arts, produit sur notre âme une impression de plaisir qui varie de degré, non de nature, cette chose, qu'est-ce? Voilà le problème. Il est certain qu'elle se manifeste à nous par un nombre infini de rayons éclatants et visibles..., mais toujours le principe unique qui rallie à lui toutes les manifestations particulières du beau est demeuré en dehors des atteintes... Mon sentiment est que le problème est insoluble (3). »

N'en déplaise au spirituel auteur des *Menus Propos*, du moment que le beau se manifeste par une infinité de rayons émanant d'un centre unique et que bon nombre de ces rayons sont étudiés et connus, il suffit de déterminer leur point de convergence pour être en possession de leur centre et tenir la solution du problème.

---

(1) M. E. Rabier, *Psychologie*, p. 631. Plus loin il définit non le beau lui-même, mais l'impression du beau sur nous.
(2) Comte L. Tolstoï, *Qu'est-ce que l'art?* 1898, p. 73.
(3) R. Töpffer, *Menus Propos d'un peintre genevois*, liv. V, chap. xi.

C'est là le procédé que nous nous proposons de suivre. Il nous conduira à une définition du beau applicable à tous les genres de beauté. Pour nous, l'esthétique les embrasse tous. Elle doit nous donner raison de la beauté naturelle ou artistique; humaine, angélique ou divine; plastique ou musicale, logique ou morale. Elle doit nous faire comprendre et apprécier toute chose qualifiée belle au sens propre du mot.

CHAPITRE II

Définitions divergentes et leur élimination.

A en croire certains sceptiques, il y aurait autant de manières de définir le beau que de gens à l'entreprendre. L'exagération est manifeste. Sans doute bon nombre de formules diffèrent grandement les unes des autres, mais cette diversité s'explique facilement. Elle vient de ce que les auteurs, philosophes, artistes, hommes de talent, et de génie quelquefois, ne se sont pas placés au même point de vue. Les uns considèrent le beau dans sa réalité objective ; d'autres, dans l'impression qu'il produit ; d'autres encore cherchent à fondre les deux aspects en un seul. De plus, parmi ceux qui ont étudié la question au même point de vue, tous n'ont pas embrassé le beau dans son universalité, ou du moins n'en ont exprimé qu'une des caractéristiques ; enfin, d'autres se complaisent dans des descriptions plus ou moins étendues et sans précision.

Au milieu de cette variété de formules, les yeux fixés sur notre but, la détermination de l'essence du beau, nous éliminerons comme divergentes toutes les définitions qui, au lieu d'envisager le beau en lui-même, en face et dans sa généralité, le considèrent dans ses effets, ou dans son origine, ou dans ses aspects particuliers.

Nous avons d'abord les formules dites subjectives ou psychologiques; elles jouissent aujourd'hui d'une faveur à peu près exclusive. Nous ne nous y arrêterons cependant pas actuellement, vu qu'elles visent l'effet et non la nature du beau; nous aurons lieu d'examiner ces définitions quand, dans le quatrième livre, nous arriverons à l'étude de l'impression que fait sur nous le beau.

Passons aux formules qui dérivent plus ou moins de la doctrine platonicienne :

« Le beau, c'est la perfection visible, image imparfaite de la suprême perfection [1]. » « Le beau est un caractère de l'invisible se révélant dans le visible [2]. » « C'est la manifestation immédiate de l'idée divine sous une forme sensible [3]. » « Le beau est l'expression de l'invisible sous des signes sensibles [4]. » Ces définitions nous disent moins la nature de la beauté que la source d'où elle dérive. D'ailleurs, elles ne s'appliquent pas à tout ce qui est

---

(1) A. Raphaël Mengs, peintre du roi de Saxe.
(2) Dr Todhunter, *The Theory of the Beautiful*, p. 17.
(3) A. Pictet, *du Beau dans la nature, l'art et la poésie*.
(4) Th. Jouffroy, *Cours d'esthétique*, 32e leçon.

beau : une pensée peut être belle indépendamment de ses signes; un sentiment peut être beau malgré les mouvements disgracieux qui le traduisent. De plus, ces définitions ne conviennent pas exclusivement à ce qui est beau, elles s'appliquent à tout signe naturel ou artificiel. Pas un mot, pas un chiffre, pas un geste qui ne puisse être « l'expression de l'invisible sous un signe sensible. » Les platoniciens ont raison : rien de beau n'est insignifiant; mais la réciproque n'est pas vraie : il y a des laideurs très expressives.

Bon nombre d'auteurs ont cherché, avec plus ou moins de succès, les traits caractéristiques du beau dans l'analyse même de la beauté. En 1745, W. Hogarth, graveur de profession, esthète à ses heures, représenta au frontispice d'un de ses ouvrages une palette de peintre sur laquelle se voyait une ligne courbée en forme d'**S**, avec l'inscription : « Ligne de beauté ». C'était une énigme dont il donna, huit ans plus tard, l'explication dans son *Analyse du beau*. Pour lui, la ligne ondulée, la ligne en serpent, est l'élément fondamental du beau[1]. En 1756, Ed. Burke indiqua comme note dominante de la beauté, « l'absence d'aspérité dans les surfaces et de raideur dans les lignes[2]. » D'après Haydon et Samuel Tyler, la ressemblance avec la femme est la condition même de la beauté ; aucun objet n'est beau que par cette ressemblance[3].

---

(1) *Apud* W. Knight, *The Philosophy of the Beautiful*, t. I, p. 173.
(2) Smoothness of surface and softness of outline. — Ed. Burke, *Essai sur le sublime et le beau*.
(3) *Apud* W. Knight, *op. cit.*, I, p. 272.

Ces caractères des lignes et des surfaces ne sauraient suffire. S'ils se vérifient en tel ou tel cas particulier, ils ne trouvent pas d'application dans les autres, par exemple dans la beauté incomparable de la lumière. Quant à ce qui concerne la femme, « on n'a jamais admiré une rose parce qu'elle ressemble à une femme, mais on admire une femme parce qu'elle ressemble à une rose [1]. »

Plusieurs veulent voir dans la vie le secret même de la beauté. « Elle est la représentation de la vie dans sa plénitude harmonieuse et puissante [2]. » « Une chose est belle quand elle est l'expression de la vie ou qu'elle nous rappelle la vie [3]. » « La beauté, c'est la vie se révélant dans le temps et l'espace [4]. » « Dans tous les cas possibles (?), le beau, c'est la force ou l'âme agissant avec toute sa puissance et conformément à l'ordre [5]. » « La beauté est l'expression de l'activité qui s'est développée selon la loi [6]. » Ces définitions, supérieures aux précédentes, et beaucoup plus générales, laissent cependant de côté la beauté exclusivement matérielle. Elles paraissent supposer qu'il n'y a rien de beau dans les substances inertes, qu'il n'y a ni bel azur au ciel, ni beaux diamants sur terre, pas d'harmonie pour l'oreille dans l'audition simultanée d'une tonique, de sa tierce et de sa quinte, pas de concert pour les yeux dans le splendide plumage d'un paon ou d'un colibri.

---

(1) Robert de la Sizeranne, *Ruskin*, p. 191.
(2) Th. Wilkens, *Esquisses esthétiques*.
(3) Tchernicheffsky, *Dissertation sur l'art*.
(4) J. van Vloten, apud W. Knight, op. cit., I, p. 160.
(5) Ch. Lévêque, *la Science du beau*, 2ᵉ édit., I, p. 155.
(6) M. Gaborit, *le Beau dans la nature et dans l'art*, 2ᵉ édit., I, p. 78.

Dans son *Traité des premières vérités,* le P. Buffier a donné du beau une formule quelque peu paradoxale, en apparence du moins : La beauté, c'est la forme à la fois la plus commune et la plus rare dans son espèce [1]. Entendue dans le sens de son auteur, cette définition convient à toutes les beautés qui ont ou peuvent avoir un type reconnu ; elle ne saurait se vérifier dans les autres, par exemple dans un paysage ou dans une mélodie. De plus, elle ne nous fait pas pénétrer dans l'essence du beau.

Enfin, dans un ouvrage des plus récents, M. Richard Kralik s'arrête à la conclusion suivante : « Le beau, c'est la matière, l'étoffe et comme le symbole saisissable, l'apparition de ce qu'il y a d'intelligible, de la personnalité, l'expression de l'essence du monde et comme l'exemplaire de l'idée divine [2]. » Rien d'aussi peu défini que cette définition.

La pensée panthéistique de l'auteur est peut-être plus clairement exprimée dans les lignes suivantes : « Tout ce que nous voyons, tout ce qui fait impression sur nous ou vient à se manifester, appartient au royaume de la beauté et doit vraiment en porter le nom ; en dehors du beau, il n'y a rien, rien n'existe

---

(1) Voici les termes mêmes de l'auteur : « Ce qu'on appelle beau ou beauté me semble consister en ce qui est au même temps, de plus commun et de plus rare dans les choses de son espèce. » — P. Buffier, *Traité des premières vérités*, Ire part., chap. viii, n° 94.

(2) So kommen wir also zum Schluss der ästhetischen Naturbetrachtung auf die Definition : Schön ist die Materie, der Stoff, als wahrnehmbares Symbol des Geistes, oder was dasselbe heisst, als Erscheinung des Geistigen, der Persönlichkeit, als Ausdruck des Wesens der Welt, als Abbild der göttlichen Ideen. — R. Kralik, *Weltschönheit. Versuch eines allgemeinen Aesthetik*, p. 52.

ou ne subsiste [1]. » En d'autres termes, le laid est une chimère et la beauté n'a d'autres limites que le néant. C'est déjà trop d'avoir mentionné pareilles divagations.

Assez d'éliminations. Il est temps de fixer les yeux sur les formules qui visent directement et universellement la nature même du beau. Nous les juxtaposerons et déterminerons à leur point de convergence l'essence cherchée.

---

[1] Alles was wir schauen, alles was auf uns einem Eindruck macht, was zur Erscheinung kommt, gehört zum Reich der Schönheit, davon hat sie ja den Namen; und ausser dem Schönen ist, existirt und besteht Nichts. *Id. op.*, p. 5.

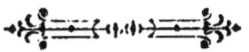

CHAPITRE III

Définitions convergentes et réduction du nombre de leurs éléments.

Le beau consiste, pour Aristote, dans l'*ordre* et la *grandeur*[1]; pour Denys l'Aréopagite, dans l'*harmonie* et la *clarté*[2]; d'après saint Augustin, partout où règne l'*ordre*, là règne aussi la beauté[3]. Saint Thomas d'Aquin enseigne que la beauté requiert trois éléments : l'*intégrité*, la *proportion voulue* et l'*éclat*[4]. Pour Bossuet, « la beauté ne consiste que dans l'*ordre*, c'est-à-dire dans l'arrangement et la proportion[5]. » Selon le P. André, le beau a toujours pour fondement

---

(1) Aristote, *Poétique*, VII.
(2) Denys l'Aréopagite, *des Noms divins*, 4.
(3) Saint Augustin, *de la Vraie Religion*, chap. XLI, n° 77.
(4) Pulchritudo requirit tria: integritatem, proportionem debitam seu consonantiam et claritatem.— D. Thom., *Sum. th.*, I, q. 39, a. 8, c.
(5) Bossuet, *de la Connaissance de Dieu et de soi-même*, chap. I.

l'*ordre* et pour essence l'*unité*. Avec Diderot, le beau, c'est ce qui contient en soi de quoi éveiller en nous l'idée de *rapports*[1]. Pour Mendelssohn, V. Cousin et beaucoup d'autres, l'essence du beau est l'*unité dans la variété*[2]. Pour Th. Jouffroy, « l'élément du beau dans un objet quelconque, c'est l'élément d'*ordre apprécié par la raison*[3]. » Enfin, Ch. Lévêque, à la suite d'Aristote, ramène la beauté aux deux caractères de l'*ordre* et de la *grandeur*[4]. Toutes ces définitions sont congénères et par là même convergentes.

En additionnant les divers éléments énumérés dans ces définitions successives, nous trouvons les neuf suivants : *ordre, intégrité, grandeur, proportion, harmonie, rapports, variété, unité, clarté* ou *splendeur*. Voyons s'il est possible de réduire ce nombre.

La *proportion* ne se conçoit pas sans les *rapports*; donc elle les sous-entend et les comprend nécessairement. D'autre part, les idées de *proportion* et

---

(1) Diderot, *Encyclopédie*, au mot *Beau*.
(2) « Dans toute beauté, nous trouvons comme caractère général : Unité dans la variété. » — Hegel.
« Harmonieuse variété convergeant à l'unité, et centrale unité rayonnant en harmonieuse variété. » Voilà l'essence du beau... — Dr Vica of Moffat, *On the Beautiful, the Pittoresque and the Sublime*.
(3) Th. Jouffroy, *Cours d'esthétique*, 36e leçon, p. 368.
(4) A vrai dire, après plusieurs oscillations, Ch. Lévêque finit par faire de la beauté une force agissante. Il dit (t. I, p. 144, 2e édit.) : Les deux idées de *grandeur* et d'*ordre*, avec l'idée de *puissance*, forment l'essence du beau; plus loin (p. 145), il fait rentrer l'idée de *grandeur* dans celle de *puissance;* finalement, il se résume : « Les deux idées de *puissance* et d'*ordre* sont à elles deux toute l'*essence de la beauté*, comme la force. » (2e édit., I, p. 154.) — Pour nous, le beau est une puissance comme peut l'être le vrai et le bien : le vrai enchaîne l'intelligence, le bien captive la volonté, le beau émeut l'âme tout entière; mais alors il ne s'agit plus du beau en lui-même, mais de son effet sur nous.

d'*harmonie* diffèrent à peine. En esthétique, toutes deux nous représentent un arrangement qui subordonne les détails à l'ensemble, qui relie et accorde les parties dans le tout. Pareille disposition n'est autre chose que l'*ordre;* donc, ce dernier élément renferme à la fois l'*harmonie,* la *proportion* et les *rapports.*

En précisant l'essence de l'*ordre,* les philosophes nous disent que l'*ordre,* c'est l'*unité* dans la pluralité ou la *variété*[1]. Donc, ces deux éléments : *unité* et *variété,* sont eux-mêmes implicitement compris dans l'idée d'*ordre.* Donc, il suffit de ce dernier élément, l'ordre, pour représenter *proportion, rapports, harmonie, variété* et *unité.* Des neuf éléments comptés ci-dessus, il n'en reste plus que quatre, savoir : l'*ordre,* la *grandeur,* l'*intégrité,* l'*éclat* ou la *splendeur.*

Nous pouvons pousser encore plus loin la réduction. En y regardant de près, on le voit, l'*intégrité* est inséparable de l'*unité.* En effet, cette dernière est la propriété en vertu de laquelle un être échappe à la division actuelle. Dès lors, l'*unité* doit être entière, sans quoi elle cesse d'exister. Faute d'être dans son intégrité, elle révèle une division en deux parties, l'une présente, l'autre absente. Donc, la condition d'*intégrité* peut elle-même être passée sous silence, car elle rentre dans celle de l'*unité* et avec elle dans l'élément de l'*ordre.*

Quelle est maintenant cette *grandeur* dont nous

---

[1] Ordo est unitas ipsius multitudinis seu varietatis. — Zigliara, *Ontologia,* lib. II, cap. II, a. 7, n° 3.

parlent Aristote et Ch. Lévêque? Ce dernier va nous le dire : « Toutes les fois que nous nous sommes servis du mot de *grandeur*, nous entendions par là, tantôt l'ampleur idéale des signes expressifs, tantôt la puissance idéale de la force vivante ou de l'âme agissante. Pour Aristote, ce terme a les mêmes significations que pour nous [1]. » A travers les nuages de cette déclaration, on le voit suffisamment, cette *grandeur* est, pour Lévêque, beaucoup moins dans la dimension elle-même de l'objet que dans l'effet de cette étendue, ou dans la puissance à provoquer l'admiration. Il ne suffit pas que l'ordre existe, il faut que le spectateur en puisse être vivement impressionné, il faut que cet ordre *resplendisse;* donc, cette grandeur se confond avec la *clarté* ou *splendeur*. Cette dernière réduction opérée, nous n'avons plus devant nous, comme éléments essentiels de la beauté, que l'*ordre* et la *splendeur*. Nous sommes amenés à définir le beau, la *splendeur de l'ordre*.

---

[1] Ch. Lévêque, *la Science du beau*, t. II, p. 409. — En fait, Aristote emploie le mot *grandeur* dans un autre sens, dans celui de dimension proportionnée, ni trop grande ni trop petite, de telle sorte que sa *grandeur* rentre dans l'*ordre*.
Voir Ch. Bénard, *l'Esthétique d'Aristote*, p. 12.

CHAPITRE IV

La variété, matière première de la beauté.

L'*analyse* des formules du beau les plus autorisées nous a conduit à cette définition : Le beau est la splendeur de l'ordre ! Pour mettre ce point dans un nouveau jour, nous allons actuellement retrouver cette définition par une voie opposée, par la *synthèse*. Nous prendrons ainsi une pleine intelligence de ses termes.

La première condition pour qu'une chose soit dite belle, c'est qu'elle arrête les yeux, qu'elle attire l'attention ; or, ce sont les différences qui intéressent ; donc, la présence de différences, la variété est un point de départ essentiel à la beauté. Tout ce qui est varié n'est pas beau, mais sans la variété, nous n'aurons jamais de beauté.

Imaginons une mosaïque formée de petits cubes

de marbre de même dimension et de même couleur. Quel que soit le soin apporté à l'exécution de l'œuvre, à la juxtaposition de ces dés de marbre, cette mosaïque, faute de variété, n'appelle pas l'attention, n'offre aucune beauté. La multiplicité d'éléments ordonnés ne suffit pas, il faut qu'il y ait diversité sinon dans les éléments, au moins dans leur mode de groupement.

L'ennui naquit un jour de l'uniformité.

Il n'est pas nécessaire cependant que la diversité soit assez saillante pour frapper l'esprit, il suffit qu'elle puisse impressionner nos sens, fût-ce à notre insu. Quoi, par exemple, de plus uniforme, de moins varié en apparence qu'un son clair et continu, qu'une couleur unie et pure, qu'un tapis de neige couvrant la campagne? Néanmoins, nous pouvons trouver un grand charme, une vraie beauté à ce son, à cette couleur, à cette couche de neige [1]. C'est qu'en réalité, tous trois ont une vraie variété, le son pour nos oreilles, la couleur et la neige pour nos yeux.

Tout son, quelque nette et précise que soit sa tonalité, n'est pas d'ordinaire si simple qu'il ne soit accompagné de notes harmoniques d'autant plus sensibles que le ton est plus grave. C'est l'intensité relative de ces notes harmoniques qui particularise le timbre de chaque son.

De même, toute couleur, si unie soit-elle, nous apparaît habituellement plus ou moins nuancée,

---

[1] Pourvu toutefois que la sensation ne se prolonge pas jusqu'à causer la lassitude, car alors l'impression devient désagréable.

c'est l'effet, soit des reliefs et des creux de la surface colorée, soit du reflet des objets environnants. De plus, toute couleur évoque autour d'elle une auréole de sa couleur complémentaire : le rouge appelle le vert, le jaune le violet, le bleu l'orangé[1]. Si la lumière blanche est si belle, c'est qu'elle fait surgir la diversité des couleurs de tout ce qu'elle éclaire et qu'elle-même frange richement ses rayons dans le double phénomène de la réfraction et de la diffraction.

Supposons enfin une couche de neige immaculée, couvrant toute la campagne et illuminée par le soleil. A première vue, ce spectacle saisit, on en admire la beauté. Mais où en trouver la variété? Dans la blancheur même de la neige finement diaprée de toutes les nuances de l'arc-en-ciel, par la décomposition de la lumière du jour, grâce aux merveilleux cristaux de glace qui constituent l'épaisseur de la couche. C'est tellement vrai que l'on regardera toujours comme une plaisanterie d'admettre qu'il suffit d'une feuille de papier blanc ou d'une couche de céruse pour représenter, au naturel, un effet de neige dans un désert.

Nous constaterons plus loin[2], pour les sons clairs, les couleurs unies et la neige immaculée, une nouvelle source d'attraits dans leur rareté même.

Ces trois exemples ont été choisis de préférence, parce qu'on les cite[3] parmi les plus rebelles à notre

---

(1) Voir, pour plus de détails, la page 31 de notre *Répertoire chromatique*.
(2) Même livre, chap. VIII.
(3) Cf. M. É. Rabier, *Psychologie*, chap. XLV, p. 629.

théorie. Nous avons pu y faire voir la variété; dès lors, on doit le conclure, il n'est rien de ce que nous trouvons beau où l'analyse ne puisse révéler cet élément essentiel de la beauté. En esthétique, la variété est la matière première que l'unité transfigure, ainsi que le démontrent les chapitres suivants.

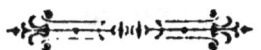

CHAPITRE V

L'unité est la forme radicale de la beauté.

———

Le beau réclame une unité réelle, objective. Les unités de temps ou de lieu sont par elles-mêmes insuffisantes. Que l'on fasse entendre des sons variés, soit simultanés, soit consécutifs, leur succession ne donnera pas nécessairement une mélodie, ni leur simultanéité une harmonie. En vain alignera-t-on des couleurs à la suite les unes des autres, leur juxtaposition ne formera pas nécessairement une gamme. Si, dans la mosaïque dont nous parlions tantôt, les petits cubes de marbre, au lieu d'être de même couleur, sont les uns jaunes, les autres blancs ou noirs, ou rouges, etc., et qu'on les juxtapose à l'aventure, on aura certainement de la variété, mais une bigarrure confuse. Au théâtre, une pièce à tiroir reste une pièce à tiroir, quel que soit le talent de l'auteur et des acteurs; elle peut amuser, elle ne captivera jamais, faute d'unité. Si la variété attire l'attention, c'est l'unité dans la variété qui la captive, car rien ne satisfait l'esprit comme la synthèse.

« La source certaine de la beauté, chez les Grecs, était le grand et immuable principe de l'unité [1]. »

Horace ne recommande à l'artiste rien tant que l'unité [2].

« Poètes, — dit Verpile, — musiciens, peintres, sculpteurs, architectes, orateurs, vous pouvez étonner, éblouir en bravant l'unité, mais vous ne ferez rien de beau sans elle [3]. » — « Que les choses, — se disait Millet, l'incomparable peintre de l'*Angelus*, — n'aient point l'air d'être amalgamées au hasard et par occasion ; qu'elles aient entre elles une liaison indispensable et forcée. Je voudrais que les êtres que je représente aient l'air voués à leur position et qu'il soit impossible d'imaginer qu'il leur puisse venir à l'idée d'être autre chose que ce qu'ils sont. Une œuvre doit être d'une pièce, et gens et choses doivent toujours être là pour une fin [4]. »

Disons-le avec saint Augustin : « L'unité est la forme de toute beauté [5]. »

---

[1] Paillot de Montabert, *Traité de la peinture*, t. IV, p. 97.
[2] Denique sit simplex quodvis duntaxat et unum. *Ars poet.*
[3] Paillot de Montabert, *ibid.*, p. 187.
[4] G. Valbert, *Revue des Deux Mondes*, 1er mai 1898.
[5] Omnis porro pulchritudinis forma unitas est. — B. Augustinus, litt. 18e, édit. Benedict. — En métaphysique où l'on s'occupe du beau, tel qu'il se conçoit par l'abstraction, cette proposition du grand docteur est absolue, l'unité est la forme *essentielle* du beau ; mais en esthétique, dans la science du beau concret, épanoui dans l'existence, à même de nous charmer, l'unité ne suffit pas, il faut de plus qu'elle resplendisse : L'unité est la forme *radicale* du beau esthétique, mais la splendeur en est la forme *nécessaire*.

Pourquoi un son peut-il être beau et un bruit jamais? C'est que, dans ce dernier, l'unité fait toujours défaut, les vibrations n'étant pas isochrones.

Toutes choses égales d'ailleurs, un être est d'autant plus beau qu'il est plus un. Voilà pourquoi Aristote, après avoir dit que « l'unité est le caractère de ce qui est beau, » ajoute de suite : « Toute beauté doit ressembler à ce qui vit [1], » c'est-à-dire doit être *une* comme ce qui vit est *un*. L'unité, en effet, n'est jamais mieux réalisée que dans l'être vivant ou *individu;* le mot lui-même l'affirme par son étymologie (*in-dividere*). Ainsi, dans le beau, les éléments de l'ensemble ne sont pas seulement à l'état de parties reliées entre elles, mais dans la condition de membres intégrants d'un tout où elles occupent la place voulue. « L'unité est le vœu de la nature [2]. »

En esthétique, la nature de l'unité varie avec le genre particulier de la beauté dont il s'agit. Elle est, suivant les cas, une unité d'expression ou d'effet, d'action ou de sentiment, de principe ou de but, tout cela souvent à la fois. Plus complètement sera réalisée cette unité, plus aussi, toutes choses égales d'ailleurs, sera parfaite la beauté elle-même.

Remarquons-le enfin, plus une chose est une, plus elle est achevée et parfaite. La perfection et la beauté trouvent ainsi une commune mesure dans l'unité, elles pourront donc se prendre l'une pour l'autre. Voilà comment Baumgarten, Leibnitz, Wolf

---

(1) Aristote, *Poétique*, XXIII, 2.
(2) Unum et ens convertuntur, ergo omnia appetunt unum. — D. Augustinus.

et Mengs ont pu dire : « Le beau, c'est la perfection rendue sensible [1]. » Néanmoins, le concept de la perfection étant plus général, moins déterminé que celui de l'ordre, ce dernier est préférable en esthétique, car il permet plus facilement d'analyser la beauté et d'en préciser l'essence.

---

[1] « La beauté est la perfection resplendissante. » Die Shönheit ist die strahlende Vollkommenheit. — G. Gietmann, *Allgemeine Aesthetik*, p. 97.

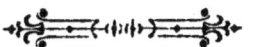

CHAPITRE VI

Réalisation de l'unité dans la variété.

Cette unité qui oriente la variété, l'organise et lui vaut tant de charmes, cette unité qui achève une œuvre et lui donne sa perfection, comment l'obtenir? Comment la faire naître?

En faisant concourir la variété des éléments en présence à la représentation d'une seule et même idée. En établissant entre ces éléments de telles relations de dépendance qu'ils en viennent à s'appeler mutuellement pour former *un* tout.

Revenons à notre mosaïque; nous l'avons laissée à l'état d'un mélange confus de couleurs. Pour y mettre de l'unité, il faut que les couleurs y soient rangées et groupées d'après un plan d'ensemble. Soit, par exemple : au centre, un motif d'ornementation, sur un fond uniforme, limité par un encadrement. Si la symétrie, ou mieux encore le balancement des parties règne dans le cadre et dans le motif; s'il y a harmonie de style entre le cadre et le motif; si le regard peut se reposer sur la continuité d'une même couleur dans le ferme tracé des *lignes* principales, et sur la parenté des nuances qui occupent les *petites surfaces* d'ornementation, tandis que ces dernières et plus encore le cadre se détachent nettement sur la teinte uniforme du fond; alors l'unité sera réalisée dans la variété, la mosaïque charmera par sa beauté.

Ainsi, ce qui fait naître l'unité dans une œuvre, ce sont les relations plus ou moins étroites qui en relient tous les éléments dans une même expression. Ces relations seront : ici, des *accords* de lignes, de galbe, de couleurs ou de sons, de pensées ou de mouvements; là, des *rapports* de dimensions ou de nombre, de dépendance ou de tendance, d'importance ou d'éclat. L'égalité des *rapports* engendre la *proportion*, comme l'existence des *accords* fait l'*harmonie*. En esthétique, nous pouvons définir la proportion : la convenance des parties entre elles et avec le tout. L'harmonie exprime à peu près la même chose; cependant, elle est en général plus sensible, puis elle se reconnaît dans tous les genres de beautés, tandis que la proportion se remarque surtout dans le beau plastique ou architectural. La proportion est plus comprise, l'harmonie plus goûtée. On admire l'harmonie des proportions. Ch. Blanc attribue à la proportion une influence prépondérante en esthétique. Ce n'est pas assez dire encore, car la proportion est synonyme d'ordre, et, par le fait même, reste le fond de toute beauté ; où resplendit la proportion, là règne la beauté.

En esthétique, comme en mathématiques, la proportion suppose la *mesure* et le *nombre*. La mesure qui donne à chaque partie la valeur voulue par la proportion, le nombre qui évalue cette valeur et fixe les rapports des diverses parties. Le nombre prend dès lors une grande importance dans la genèse du beau, qu'il s'épanouisse dans l'espace, comme la sculpture, ou dans le temps, comme la musique. L'antiquité l'avait compris, et saint Augustin s'en faisait l'écho en disant : « Ce qui est beau nous plaît par le nombre [1]. » Ce principe se vérifie aussi bien dans la nature que dans les arts.

C'est la proportion plus que toute autre chose qui donne au beau, considéré en lui-même, sa fixité, et l'empêche d'être uniquement une affaire de goût et de sentiment personnel. En effet, en amenant le nombre, la proportion introduit en esthétique l'élément positif des sciences exactes et réduit à néant l'assertion de Kant : « Il n'y a pas de science du beau, il ne peut y avoir qu'une critique du beau. » H. Taine, après avoir écrit : « Invention de l'artiste et sympathie du public, tout cela est spontané, libre, et en apparence aussi capricieux que le vent qui souffle, » mieux inspiré que Kant, a immédiatement ajouté : « Néanmoins, comme le vent qui souffle, tout cela a des conditions précises et des lois fixes : il serait utile de les démêler [2].

---

[1] Pulchra numero placent. — D. Augustinus, *De musica*, VI, 38.
[2] H. Taine, *Philosophie de l'art*, préface.

Le bon sens du philosophe français voit certainement plus juste que le pédantisme systématique du philosophe allemand. Oui, le beau a ses conditions précises et ses lois fixes, et c'est précisément à les démêler que nous consacrons cette étude de l'essence du beau. Si notre amour-propre d'auteur ne nous égare, il nous semble que les chapitres qu'on vient de lire ont déjà bien avancé la question.

CHAPITRE VII

L'unité dans la variété, l'ordre, c'est le fond même de la beauté.

D'après M. A. Pictet, l'unité dans la variété se rencontrerait dans le laid tout autant que dans le beau : « Un Thersite, dit-il, a autant d'unité ou de variété qu'un Apollon [1]. » Il y a là un sophisme facile à dévoiler. Homère a créé deux beautés littéraires en mettant l'unité et la variété aussi bien dans le caractère du lâche et insolent Thersite que dans celui du noble Apollon. Ce qui est laid, ce n'est pas le tableau du poète dépeignant Thersite, c'est le dit personnage avec sa difformité physique et morale. Toute laideur suppose un déficit dans l'unité, un désordre.

---

(1) A. Pictet, *du Beau dans la nature, l'art et la poésie*, p. 103

Réciproquement, nulle chose au monde n'est belle que par l'ordonnance qui y règne. L'ordre est le fond même de la beauté naturelle ou artificielle. Cet ordre pourra bien ne pas se révéler de suite à l'intelligence; nous pourrons être saisis, charmés par l'effet de l'ordre, avant que nous n'ayons nous-mêmes perçu la présence de cet ordre. Néanmoins, c'est l'impression, le sentiment de cet ordre qui nous plaît et nous ravit dans le beau. Quel que soit l'objet qui nous frappe par sa beauté, en l'analysant, nous y trouverons toujours l'ordre, c'est-à-dire l'unité dans la variété. C'est faute d'avoir fait cette analyse que l'auteur d'un des cours de philosophie les plus répandus a pu écrire : « Il y a des choses belles où nous ne voyons aucun ordre, par exemple une belle couleur, un beau son, la mer, les montagnes, etc. [1] » Ces mêmes exemples, nous les avons précisément étudiés ci-dessus [2], et, nous l'avons constaté, ils rentrent dans la loi générale.

On ne se lasse pas d'admirer le bel ordre qui règne dans l'univers.

Analysons cet ordre, nous y verrons, d'une part, une variété comme infinie, et de l'autre, une unité qui se révèle chaque jour plus surprenante, à mesure que l'étude de la nature fait de nouveaux progrès. Les individus et variétés se groupent en *espèces*, les espèces en *genres*, les genres en *familles*, en ordres, en classes, en embranchements, ces derniers en *règnes*. Les différences qui séparent ces groupes

---

[1] *Cours élémentaire de philosophie*, par E. Boirac, 1893, p. 176.
[2] Voir chap. IV.

divers sont d'autant plus profondes que l'on monte plus haut dans cette hiérarchie; néanmoins, aussi bien entre les *règnes* qu'entre les *familles* et les *genres*, on voit des créatures de transition qui donnent à l'ensemble la continuité d'un même tout.

Il en est de même de la variété des forces physiques. On sait aujourd'hui que la chaleur, la lumière, l'électricité, la puissance mécanique ne sont que les différents aspects d'une même énergie. On peut passer de l'un à l'autre par des transformations successives.

Sous le jeu de ces mêmes forces, le végétal ne saurait se passer du minéral, tous deux sont nécessaires à l'animal. Les êtres, à mesure qu'ils sont mieux connus, nous révèlent de tels liens de solidarité que la disparition de l'un d'entre eux paraît devoir compromettre l'existence de beaucoup d'autres. Quelles conséquences désastreuses n'attribue-t-on pas à l'absence de l'iode dans l'eau, des forêts sur les montagnes, des crapauds dans les jardins, des moineaux et autres petits oiseaux dans les champs et vergers!

Quelque grande que soit la variété que nous présente le monde, l'unité n'y éclate pas moins. Le mot *Univers* en témoigne lui-même, car on le fait dériver des mots latins *unus* et *versus* [1].

---

(1) Littré, *Dictionnaire de la langue française*.

CHAPITRE VIII

Rôle nécessaire de la splendeur.

L'ordre est le fond de la beauté, mais il faut que cet ordre resplendisse pour que le beau se révèle. « La splendeur est au beau ce qu'est l'évidence à la vérité [1]. » Elle est cela et plus encore. En tout genre de beauté, la splendeur est le relief voulu de l'ordre. Quelque belle que soit la lumière, il lui faut une certaine puissance pour révéler sa beauté : la pâle clarté d'une veilleuse ne sera jamais une belle lumière. Si harmonieux que soit un son, il lui faut une certaine intensité pour charmer nos oreilles. « Pour être belles, — nous dit saint François de Sales, — les voix doivent être claires, les couleurs éclatantes. » La masse, la grandeur est nécessaire à

---

[1] M. Paul Vallet, *l'Idée du beau*.

des rochers, à des montagnes pour qu'on les admire. L'étendue est un élément indispensable à la beauté d'un paysage ou d'une vue de la mer. Dans les œuvres de l'esprit, l'irradiation de la pensée ou du sentiment sera toujours une condition essentielle à la beauté.

Il faut que l'ordre resplendisse, c'est-à-dire qu'il soit assez saillant, assez éclatant pour nous affecter, pour frapper nos yeux, nos oreilles, notre intelligence. C'est en ce sens que Ch. Lévêque, à la suite d'Aristote, a pu compter la *grandeur* et que d'autres ont pu nommer la *force* au nombre des éléments du beau. Les coques siliceuses des diatomées ne révèlent leur beauté et n'excitent notre admiration qu'à l'heure où le microscope grandit et fait éclater à nos yeux les merveilles de leur structure.

Il ne faut pas cependant que cet éclat, que cette grandeur dépasse la capacité de nos yeux. Ce qui est splendide charme le regard, ce qui est éblouissant trouble ou même blesse la vue. On ne saurait jouir de la beauté d'une montagne lorsqu'on est à ses pieds, faute de pouvoir l'embrasser du regard. Multiplions les dimensions d'une belle statue jusqu'à la rendre gigantesque ; rien ne sera changé à l'harmonie de ses proportions, cependant elle paraîtra informe à moins qu'on ne puisse la voir d'assez loin pour en réduire suffisamment la taille. On peut voir, à Bruxelles, au milieu des chefs-d'œuvre que renferme le musée Wiertz, une singulière curiosité. C'est un tableau occupant toute la hauteur disponible de l'édifice et montrant quoi ? Une jambe colossale. Cette jambe nue est si bien au premier plan, du haut en bas de la toile, qu'il faut une certaine attention pour se rendre compte qu'elle n'est pas tout le sujet, pour voir que cette jambe de six à sept mètres appartient au cyclope Polyphème qui, le corps plié en deux et quelque peu en arrière, dans l'ombre, étend les bras vers le sol pour y saisir Ulysse dont la taille lilliputienne ne lui va guère qu'à la cheville. Malgré le talent et le savoir-faire prodigieux de l'artiste, l'effet est simplement monstrueux, écrasant, au lieu d'être splendide.

Ce mot de « *splendeur* » a des avantages marqués sur les expressions de « grandeur, d'éclat, » etc., employées par beaucoup d'auteurs pour rendre la même idée. Il les supplée toutes sans pouvoir l'être pleinement par aucune d'elles. En effet, il est toujours pris en bonne part, il indique l'existence de limites en deçà et au delà desquelles le beau ne saurait se manifester; tandis que la grandeur peut être démesurée, l'éclat violent et désagréable.

C'est ici la place de faire remarquer l'influence que peuvent avoir en esthétique la *pureté*, la *netteté*, le *poli* des objets, leur *nouveauté* et leur *rareté*. A coup sûr, ces qualités ne sauraient jamais se confondre avec la beauté, mais elles peuvent, en certains cas, devenir une condition de sa manifestation. Le marbre, par exemple, tant qu'il n'a pas été poli, n'a rien de séduisant, c'est le poli qui fait apparaître la richesse des teintes et la marche des veines. Soit une boule d'agate ou de métal, selon son poli et sa netteté, la lumière fera naître, sur la surface, un jeu de *reflets* plus ou moins éclatants et d'*ombres* plus ou moins foncées dont la variété, se joignant à la parfaite unité de la forme, donnera au globe une vraie beauté. Toujours et partout, la pureté et la netteté d'un objet, éliminant ce qui pourrait en ternir ou en voiler l'éclat, favorise sa beauté. Si, de plus, cette pureté est extraordinaire, sa rareté ajoutera encore à la splendeur de cet objet, en éveillant l'attention par ce qu'elle a d'inaccoutumé. La couleur pure, le son soutenu, le tapis de neige dont nous parlions plus haut, ne doivent pas leur splendeur uniquement à leur éclat natif, mais nos sens moins familiarisés avec ces impressions, se trouvent particulièrement excités, saisis par la *nouveauté* du spectacle ou de l'audition. C'est en ce sens que nous pouvons justifier l'adage : « Tout nouveau, tout beau. » Que ce son, que cette couleur, que cette neige vienne à se perpétuer, la sensation sera de moins en moins agréable. Les Napolitains admirent moins que nous l'azur intense de leur ciel. Les Lapons ne voient rien de particulièrement beau dans l'immense manteau de neige que revêt leur terre pendant leurs longs hivers.

CHAPITRE IX

Conclusion.

Le beau, c'est la splendeur de l'ordre. L'étude que nous venons de faire de cette définition, ainsi que les procédés qui nous y ont fait parvenir, en montrent clairement l'excellence.

Elle n'est pas précisément nouvelle. Elle a été entrevue ou même formulée en termes plus ou moins équivalents sinon textuels, nous l'avons vu, par les plus grands génies et les esthéticiens les plus autorisés des temps anciens ou modernes, par Platon, Aristote, saint Augustin, saint Thomas d'Aquin, le P. André et Diderot, Mendelssohn et V. Cousin, Th. Jouffroy et Ch. Lévêque [1]. Tous ne

---

[1] Cf. Zigliara, O. P., *Ontologia*, p. 448; Delmas, S. J., *Metaphysica generalis*, p. 857-859.

paraissent pas en avoir saisi la portée, car, après l'avoir énoncée, ils ont passé outre ou du moins ne l'ont pas mise en pleine lumière. Autrement, elle eût conquis tous les suffrages.

Cette définition, nous l'avons constaté, renferme toutes les conditions réputées nécessaires à la beauté, dont elle atteint directement et pleinement l'essence. Constituée par le genre prochain, l'ordre, et par la différence spécifique, la splendeur, elle est aussi claire que succincte et adéquate. Quelqu'un a dit : « Le beau, c'est la splendeur du vrai. » Mais le vrai, qu'est-ce, sinon l'ordre dans les idées? La *splendeur de l'ordre* reste la définition générale qui embrasse tous les genres de beautés et toutes leurs définitions particulières.

Ajoutons-le, elle est éminemment suggestive et révélatrice. L'adopter, voir toujours dans la beauté la splendeur de l'ordre, c'est admettre que tout ce qui nous charme dans l'univers obéit à des lois harmonieuses, c'est entrer dans la voie de la découverte de ces lois. Dans la dédicace de son ouvrage [1] à Paul III, Copernic l'avoue, il fut conduit à la découverte de la position du soleil au centre du monde et du mouvement diurne de la terre, non par l'observation et l'analyse, mais par ce qu'il appelle le sentiment d'un manque de symétrie dans le système de Ptolémée.

Voir dans la beauté la splendeur de l'ordre, c'est, partout où la beauté se manifeste, c'est-à-dire à chaque page, à chaque mot du livre de la nature,

---

[1] *De orbium cœlestium revolutionibus...* Nuremberg.

découvrir une finalité divine. En effet, ne pouvant naître du hasard, l'ordre est essentiellement intentionnel, sa présence nous fait chercher l'explication dernière de toutes choses dans un principe supérieur d'intelligence et d'amour. Cet ordre, cette harmonie restera donc toujours la preuve la plus expérimentale, la plus éloquente pour tous de l'existence d'un Dieu très sage et très bon.

En face de cette démonstration toujours saisissante, que fera le matérialiste ? Impuissant à éluder la force de l'argument, il n'a qu'une ressource : celle de Louis Buchner qui rejette la majeure, c'est-à-dire, nie la beauté, l'ordre et l'harmonie du monde visible. Autant nier la clarté du soleil, alors qu'il nous éblouit de ses rayons.

LIVRE SECOND

DIVISION DU BEAU

AVANT-PROPOS

Les auteurs qui ont traité de l'esthétique, ceux-là mêmes qui ont envisagé le beau au point de vue objectif, ne se sont pas toujours préoccupés de savoir s'il y a des beautés spécifiquement différentes et s'il est une partition immédiate du beau. Parmi les divisions qui ont été proposées, une seule nous paraît fondée en raison : nous l'adopterons et la développerons par une étude spéciale de chacun de ses termes.

CHAPITRE I

Établissement de cette division.

« Si j'avais la chance de trouver — dit Socrate — un maître qui sût toujours bien diviser son sujet, je m'attacherais à lui comme à la suite d'un Dieu [1]. »

De fait, une bonne division suppose une excellente définition, et nous assure des idées claires et distinctes. Le besoin s'en fait particulièrement sentir en esthétique. Mais la plupart des auteurs, faute d'avoir pu s'accorder sur la définition du beau, s'égarent nécessairement dans sa division.

Pour Kant, Schiller, Jouffroy et Ch. Blanc, le joli, le sublime et le beau proprement dit, seraient

---

[1] Si nactus fuero ducem qui recte partiri sciat, ejus ego vestigia ut Dei cujusdam sequar. — *Apud* Platon, *Phédon*.

autant d'espèces du genre beau [1]. É. Littré leur répond, dans son *Dictionnaire de la langue française* : « Le joli n'est qu'un diminutif du beau ; il n'en a ni la grandeur, ni la régularité, ni l'idéal. » Le beau est, dans les choses, une perfection ; le joli, un simple agrément. Le joli et le beau appartiennent tous deux au genre agréable ainsi que le gentil et le gracieux, mais il n'y a pas de beau joli. Le sublime est, dans chaque genre, ce qu'il y a de plus élevé ; le beau devient sublime quand il atteint son plus haut point ; le sublime qualifie l'élévation du beau, sans en spécifier la nature.

Nombre d'auteurs divisent le domaine du beau en beau absolu et beau relatif ; d'autres en beau naturel et beau artificiel ; d'autres encore, en beau d'imitation et beau d'expression. Ces distinctions sont fondées, mais pas foncières. D'ailleurs, elles sont loin de partager le même domaine, elles en restreignent de plus en plus l'étendue. La seconde de ces divisions subdivise un membre de la première, et, la troisième, un membre de la seconde, comme le montre le tableau suivant :

$$\text{Beau} \begin{cases} absolu \\ relatif \begin{cases} naturel \\ artificiel \begin{cases} d'imitation \\ d'expression \end{cases} \end{cases} \end{cases}$$

La première division, en beau absolu et relatif, est l'œuvre de philosophes qui ne voient qu'un côté

---

[1] Voir M. l'abbé Vallet, *l'Idée du beau*, p. 325.

de la question; la seconde, en beau naturel et artificiel, n'envisage que l'origine du beau; la troisième enfin se confine dans l'horizon de l'art. Toutes trois pèchent par la base qui est trop étroite; la seconde, et surtout la troisième, sont forcément incomplètes.

Une division, pour avoir toute sa valeur, doit être adéquate, il faut de plus qu'elle soit foncière, c'est-à-dire qu'elle s'appuie sur l'essence même de l'objet à diviser.

Le beau étant la splendeur de l'ordre compte autant d'espèces qu'il y a d'ordres réellement distincts. D'autre part l'*ordre*, qui est l'unité dans la variété, *est spécifié, non par la nature des objets ordonnés, mais par celle des rapports qui relient et unissent entre eux ces éléments.* Or ces rapports peuvent être matériels[1], intellectuels ou moraux. De là trois sortes d'ordres et par suite trois classes de beautés : *la beauté matérielle* ou physique, la *beauté intellectuelle* ou logique et la *beauté morale*.

Cette division est *nécessaire* ; elle correspond à des distinctions profondes et irréductibles. Impossible de ranger dans la même classe ce qui est lié à l'étendue comme la matière et ce qui en est indépendant comme l'esprit; ce qui est fatal comme l'intelligence et ce qui relève de la liberté comme

---

[1] Rapports matériels, c'est-à-dire rapports existant entre des propriétés matérielles, car à proprement parler, aucun rapport n'est matériel, tout rapport étant abstraction.

la volonté. D'autre part, impossible de soutenir que le mot *beau*, appliqué aux choses de l'ordre intellectuel ou moral, ne soit employé qu'*au figuré*, car — et la remarque est de Littré — c'est bien au sens propre que Boileau a dit en son *Art poétique* :

Rien n'est *beau* que le vrai, le vrai seul est aimable.

C'est au sens propre qu'on parle d'un beau caractère, d'une belle âme, d'une belle passion, comme on lit dans Corneille :

Qu'il mourût,
Ou qu'un *beau* désespoir alors le secourût.
Hor., III, 6.

Notre division est *suffisante*, complète, car il n'est aucun genre de beauté qu'elle ne comprenne. Nous aurons constamment lieu de le constater. Enfin, cette division est si obvie et s'impose si naturellement à la réflexion qu'elle a été souvent énoncée.

Victor Cousin la présente dans les termes suivants : « Les couleurs, les sons, les figures, les mouvements sont capables de produire l'idée et le sentiment du beau. Toutes ces beautés se rangent sous le genre de beauté qu'on appelle, à tort ou à raison, *la beauté physique*. Si du monde des sens, nous nous élevons à celui de l'esprit, de la vérité, de la science, nous y trouverons des beautés plus sévères, mais non moins réelles. Les lois universelles qui régissent les corps, celles qui gouvernent les intelligences, les grands principes qui contiennent et engendrent de longues déductions, le génie qui les crée... tout cela est beau comme la nature même ; voilà ce que nous nommons la *beauté intellectuelle*. Enfin, si nous considérons le monde moral et ses lois, l'idée de la liberté, de la vertu, du dévouement; ici, l'austère justice d'un Aristide, là, l'héroïsme d'un Léonidas, les prodiges de la charité et du patriotisme, voilà certes un troisième ordre de beauté qui surpasse encore les deux autres, à savoir, *la beauté morale* (1). »

Faute d'avoir basé cette distinction sur une étude approfondie de l'essence du beau, Victor Cousin ne tarde pas à la lâcher, et deux pages plus loin, il écrit : « Nous pensons que ces trois sortes de beautés se résolvent en une seule et même beauté, la beauté morale; entendant par là, avec la beauté morale proprement dite, toute beauté spirituelle. »

Th. Jouffroy, lui aussi, distingue nettement la beauté physique, intellectuelle et morale (2), mais s'y arrête encore moins que son maître.

Entendons un artiste : « J'accorde, dit Paillot de Montabert, qu'il y a les sens..., la pensée et le sentiment; j'admettrai donc le beau sensible, le beau intellectuel et le beau moral (3). »

Enfin, l'auteur de la *Théorie des belles-lettres*, à la fois philosophe et artiste, nous dit excellemment : « La beauté ne se trouve que dans l'ordre; elle existe dans la mesure même où l'ordre est réalisé... Proportions de lignes, assortiment de couleurs, harmonie des sons : autant de relations ordonnées, autant de beautés physiques. Conceptions vraies,

---

(1) Victor Cousin, *du Vrai, du Beau et du Bien*, 7e leçon, p. 161 et 163.
(2) Th. Jouffroy, *Cours d'esthétique*, 36e leçon.
(3) Paillot de Montabert, *Histoire de la peinture*, t. IV, p. 47.

logique puissante et par ailleurs justice exacte, charité généreuse : autant de beautés intellectuelles ou morales [1]. »

Ces trois classes de beautés, caractérisées par la nature des rapports harmonieux qui leur donnent naissance, le sont encore par la diversité des facultés auxquelles elles s'adressent : la beauté matérielle ou physique parle plus directement aux sens; la beauté intellectuelle se révèle surtout à l'intelligence; la beauté morale, au sentiment et à la conscience.

Voyez ce livre, il sort des presses de Didot ou de Mame. L'impression est artistique, la reliure à l'avenant. Vous direz : C'est un beau volume. Sa beauté matérielle saisit les regards et les captive.

Lisez-le. Il est supérieurement écrit : élévation des pensées, clarté, couleur, richesse d'expressions, tout y charme l'esprit. Ce n'est plus sa beauté physique qui vous frappe, c'est la beauté intelligible.

Enfin, la vertu, le dévouement, la charité sont présentés en cet ouvrage sous des traits si séduisants et si glorieux, qu'à sa lecture, on se sent meilleur. Vous vous écriez : Oh! le beau livre! ravi cette fois de sa beauté morale.

---

(1) R. P. G. Longhaye, *Théorie des belles-lettres*, p. 181 (p. 142 dans l'édition de 1881).

CHAPITRE II

Du beau purement matériel.

Sous l'influence de leur répulsion pour les tendances matérialistes et du désir de les combattre, certains auteurs ont nié la beauté exclusivement sensible. L'intention est meilleure que la thèse dont l'exagération même serait plutôt nuisible aux doctrines spiritualistes.

« On peut dire — écrit un de ces auteurs [1] — qu'il n'y a pas d'ordre purement matériel, car l'ordre qui est établi sur des éléments matériels répond à une conception qui en a réglé la disposition. » Ne pourrait-on pas s'appuyer sur un raisonnement semblable pour soutenir qu'il n'y a pas d'horloge maté-

---

[1] Cf. M. l'abbé Gaborit, *le Beau dans la nature et dans les arts*, t. I, p. 23.

rielle? Toute horloge a pour point de départ une conception créatrice.

A coup sûr, l'ordre, où qu'il soit, ne saurait procéder du hasard. Mais la question n'est pas ici l'origine de l'ordre en vue, elle est la nature des rapports qui le constituent.

L'ordre exclusivement matériel est celui qui résulte de relations strictement matérielles, basées uniquement sur les propriétés de la matière, sur des rapports de dimensions, de forme, de couleur, de position et de distance, de son et de mouvement. Or, un pareil ordre se rencontre à chaque pas dans le monde de la nature et de l'art; souvent il y rayonne avec éclat et nous donne un spectacle d'une grande beauté.

Qui n'admire la lumière du soleil, alors qu'elle multiplie ses jeux à l'aurore, qu'elle azure la voûte des cieux, qu'elle décore la terre, qu'elle déploie la brillante écharpe de l'arc-en-ciel ou pare l'horizon de mille couleurs à la tombée du jour?

De l'avis de tous, il y a de belles montagnes, de belles vallées, de belles rivières, de beaux rochers, de belles plages, de belles fleurs, de beaux arbres, de beaux papillons, de beaux oiseaux, de beaux chevaux. Ce qui fait la beauté de toutes ces créatures, c'est l'unité harmonieuse dans laquelle se fond tout ce que disent à nos yeux leurs diverses parties.

Le même principe de beauté est à l'œuvre dans l'ensemble de la création. Il y a, entre tous les êtres qui la composent, des nuances graduées non seulement de couleur et de taille, mais de structure, nuances qui permettent de passer d'un être à l'autre, d'un règne à l'autre, sans heurt ni lacune : ainsi les zoophytes sont intermédiaires entre les animaux et les végétaux, le *protoplasma*, entre les plantes et les minéraux. « La nature ne fait pas de bond, » a dit Linnée[1]. De là cette unité, cet ordre qui resplendit dans l'univers.

Or, remarquons-le bien, nous sommes frappés de ces beautés générales ou particulières avant toute réflexion, toute association d'idées, toute perspective de finalité, toute suggestion de symbolisme, c'est donc uniquement le beau sensible et matériel qui nous impressionne d'abord. Qu'en face de ces créatures, notre imagination puisse évoquer des relations, notre intelligence découvrir des mystères, notre cœur avoir ses ascensions, par suite notre âme contempler des beautés *suprasensibles,* nous sommes loin de le nier. Mais il est certain qu'en dehors de toutes ces pensées et de tous ces sentiments, nos yeux et nos oreilles nous donnent de vraies jouissances esthétiques. Je ne vous dirai pas : Écoutez le chant du rossignol, assistez au lever du soleil; mais, appuyez l'oreille à l'un de ces poteaux télégraphiques qui s'échelonnent le long de nos voies, vous entendrez un concert de harpes éoliennes qui vous surprendra et vous ravira; mettez votre œil à l'ouverture d'un kaléidoscope, vous y verrez une succession de tableaux colorés dont la beauté est uniquement due à la parfaite symétrie des parties. Dans ces deux cas

---

[1] Natura non facit saltum. — Linnée, *Philosophie botanique.*

du moins, vous ne serez plus tenté d'attribuer votre admiration à d'autres causes qu'à l'impression physique qui ébranle harmonieusement ici votre rétine, là votre tympan. A vrai dire, nous allons chercher trop loin ce que, moins distraits, nous pouvons rencontrer à chaque pas et à toute heure.

Dans l'Éden se trouvait réuni tout ce qui peut réjouir les sens de la vue et de l'ouïe; au contraire, par suite de la sentence qui frappa l'infidélité de l'homme, la terre ne devait lui offrir que des ronces et des épines, que des sujets d'horreur et de tristesse. Avouons-le, Dieu s'est montré indulgent dans l'exécution de cette partie de la sentence. Dans la nature, la laideur est l'exception, tandis que la beauté se montre à peu près partout à divers degrés. On peut donc le dire : le beau matériel a pour domaine l'univers visible.

A certains points de vue, la beauté physique règne encore davantage dans le monde des beaux-arts. N'a-t-on pas défini l'art : la production du beau *sensible?* En réalité, l'art, qui souvent vise plus haut et porte plus loin, évoque avant tout, sauf en poésie lyrique et en architecture[1], l'apparition du beau plastique ou sensible, tous en conviennent.

Combien d'œuvres d'art dans lesquelles on trouverait difficilement autre chose que la beauté physique! La mosquée de Cordoue, l'Alcazar de Séville,

---

(1) Habituellement l'architecte doit d'abord avoir égard à l'utilité. Voir plus bas, chap. vii.

l'Alhambra de Grenade déconcertent la pensée et n'en exercent pas moins sur le spectateur un charme indéfinissable, tant la variété des aspects se fond parfaitement dans l'unité harmonieuse de l'ensemble.

Dans les peintures de Paul Véronèse et d'Eugène Delacroix, on admire la beauté du coloris indépendamment du sujet traité. A propos du tableau *la Famille de Darius*, de Paul Véronèse, Ch. Blanc ne craint pas de dire : « Même dans l'école vénitienne, on ne trouverait pas une composition plus insignifiante ni un plus merveilleux décor. » L. Viardot dit du même artiste : « Il est surtout un savant et brillant coloriste… il étale tout son mérite à la surface. »

De nos jours où le *réalisme* a conquis un si grand nombre d'adeptes, les exemples du beau exclusivement sensible se multiplient. On entendra même des critiques d'art déplorer la recherche de l'expression[1]. Aussi, que d'œuvres d'art qui témoignent d'un vrai talent, d'un grand travail et… ne disent rien. On les rencontre partout en peinture, en sculpture, en musique et particulièrement dans la littérature et la poésie. G. Flaubert ne l'a-t-il pas posé en principe : « Un beau vers qui ne signifie rien est supérieur à un vers moins beau qui signifie quelque chose[2]. »

---

(1) « La préoccupation littéraire (lisez : la préoccupation de l'expression) a été souvent fatale à la peinture, témoin presque toute l'œuvre de Paul Delaroche et d'Ary Scheffer. » — E. Schérer, *apud* E. Rabier, *Psychologie*, p. 360.

(2) *Apud* Guyau, *les Problèmes de l'esthétique contemporaine*, p. 248.

CHAPITRE III

Du beau intelligible.

La beauté purement intelligible ne manque pas d'adversaires. Sans compter ceux qui, avec Théophile Gautier, n'admettent que la beauté plastique ou matérielle, plusieurs prétendent que, s'il y a de la beauté dans les choses intelligibles, elle ne leur appartient pas. Si jamais, disent-ils, nous trouvons de la beauté dans une pensée, dans un discours, dans une entreprise, dans les vérités abstraites, c'est toujours grâce aux signes sensibles par lesquels on exprime cette pensée, on traduit ce discours, on dresse le plan de cette entreprise, on représente ces vérités abstraites. La beauté appartient donc à ces signes matériels, à ces images sensibles, elle participe à leur nature, tombe sous nos sens et ne relève pas du monde intellectuel [1].

---

(1) Voir abbé Gaborit, *le Beau dans la nature*, chap. ii, art. 2 et 3.

Assurément, il est impossible de rien exprimer de spirituel sans recourir à des signes matériels, à des formes sensibles. Mais cela n'empêche aucunement de trouver un sujet d'admiration dans les objets spirituels indépendamment des signes, figures ou images qui les évoquent à la pensée. Je puis admirer le fond d'un discours sans prendre garde à la forme; je puis trouver fort belle une théorie géométrique, alors même que les figures en sont grossièrement faites.

V. Cousin avait donc parfaitement raison de reconnaître la beauté dans les vérités les plus abstraites, du moment qu'elles sont puissamment enchaînées entre elles et forment un système admirable à la fois par sa simplicité et sa fécondité[1].

On l'objecte encore, les vérités abstraites, si évidentes soient-elles, ne sauraient avoir le charme de la beauté. Par exemple : 2 et 2 font 4, les trois angles d'un triangle valent deux angles droits; ces vérités et mille autres semblables ne donneront jamais une jouissance esthétique. Nous l'admettons, car nous ne prétendons pas que l'évidence, immédiate ou non, de la vérité, suffise à réaliser la beauté intelligible. Il faut, nous l'avons vu[2], que la vérité resplendisse; or, l'évidence ne suffit pas à donner la splendeur; celle-ci exige une certaine grandeur, un cortège de conséquences plus ou moins considérables. Les deux vérités données en exemples sont trop limitées, trop isolées pour être splendides.

Au lieu de la simple égalité arithmétique, 2 et 2

---

(1) V. Cousin, *du Vrai, du Beau et du Bien*, 6ᵉ leçon.
(2) Plus haut, liv. I, chap. VIII.

font 4, prenons la théorie des progressions ; au lieu d'énoncer la valeur des trois angles d'un triangle, exposons l'ensemble des théorèmes qui concernent les triangles ; l'effet sera tout autre, il y aura splendeur de vérités et apparition du beau intellectuel. Il va sans dire que nous supposons un esprit ouvert à la science pure et capable d'en apprécier l'harmonieuse synthèse et les fécondes déductions ; autrement, nous serions dans le cas d'un aveugle en face des couleurs.

Dans l'*ordre intellectuel*, dans cet ordre que notre intelligence seule peut constater ou établir, saisir et goûter, l'élément essentiel, *la base, le fond, c'est la vérité :* vérité de pensée, vérité de jugement, vérité de raisonnement, vérité du sentiment, vérité d'expression.

Rien n'est beau que le vrai : le vrai seul est aimable,
Il doit régner partout et même dans la fable.
BOILEAU, *Epître* IX.

Ce rôle de la vérité dans l'ordre intelligible et par suite en esthétique, évoque naturellement à l'esprit la fameuse définition souvent attribuée à Platon ou encore à Plotin : *Le beau, c'est la splendeur du vrai !* « A cause de sa mystérieuse profondeur, — dit Töpffer[1], — à cause de ces rapports intimes que nous voyons et pressentons entre le beau et le vrai, ce mot ressemble à quelque hardie divination du

---

(1) R. Töpffer, *Réflexions et menus propos*, liv. VII, chap. xxxii.

génie qui, sans illuminer l'esprit de clartés complètes, y jette néanmoins des lueurs et semble résumer, dans sa sublime généralité, toutes les inspirations de la pensée en ce qui concerne le beau. »

Le peintre génevois a raison, cette formule ne nous donne pas une clarté complète, elle n'éclaire ni le beau sensible ni le beau moral. Ce qu'elle donne, c'est une idée aussi lumineuse qu'exacte du beau intellectuel, il est bien la *splendeur du vrai*. Cette notion particulière rentre dans la définition générale du beau, la *splendeur de l'ordre*, puisque le vrai est la base et le centre de tout ordre intelligible.

Si la vérité est le fond de l'ordre intellectuel, la logique en est le lien. C'est elle qui fait l'unité dans la variété des objets sur lesquels peut se porter notre esprit.

Cette variété est illimitée, c'est pourquoi, des trois domaines de l'esthétique, celui de l'ordre intellectuel est le plus étendu, il envahit plus ou moins les deux autres. Le beau intelligible aime à spiritualiser le beau matériel, il éclaire le beau moral et occupe de vastes régions dans lesquelles il est le seul maître. Il règne en particulier partout où trône la logique, partout où éclate la sagesse et l'habileté, c'est-à-dire l'heureux choix et l'heureux emploi des moyens dans la poursuite d'une fin.

Cette dernière proposition peut soulever une objection assez grave. Ne semble-t-elle pas confondre, en certains cas, le beau intelligible et l'utile? Or, les auteurs sont unanimes à mettre une distinction profonde, voire *une certaine opposition entre le beau et l'utile :* le beau est pour tous un objet de contemplation désintéressée, l'utile, au contraire, est un objet d'usage intéressé.

Notre réponse à cette difficulté est facile et péremptoire. Entre le beau et l'utile, l'opposition n'est ni constante, ni radicale. Pour plusieurs, le *beau* devient l'objet d'un commerce très lucratif; en certains cas, *l'utile peut être pour tous l'objet d'une admiration sans arrière-pensée d'intérêt.* De même que la beauté peut avoir son utilité, *l'utilité peut avoir sa beauté.* La téléphonie n'est-elle pas une découverte justement qualifiée de belle, de fort belle, au sens propre du mot? Et comment? Il ne s'agit ici ni de beauté plastique, ni de beauté morale; l'invention est belle par ses merveilleux avantages qui sont reliés à la découverte comme les effets à leur cause, c'est donc l'unité dans la variété ou l'ordre; d'autre part, l'éclat même de ces avantages fait resplendir cet ordre; dès lors, nous sommes en face de la beauté intelligible, nous jouissons de sa connaissance et de l'admiration qu'elle nous inspire.

Toutes les fois qu'une découverte triomphe de grandes difficultés ou entraîne à sa suite d'heureuses et brillantes conséquences, elle provoque l'enthousiasme esthétique. N'est-ce pas sous l'influence de cette ravissante émotion qu'Archimède sortit soudain du bain où il se plongeait, criant : « *Eurêka,* J'ai trouvé, j'ai trouvé! » Il venait, en se mettant à l'eau, de découvrir la loi qui régit les corps plongés dans un liquide, et, avec cette loi, l'hydrostatique tout entière. Ainsi, la beauté intelligible des œuvres et inventions humaines surgira souvent du fait de leur grande utilité ou de l'habileté et du génie qu'elles supposent en leur auteur.

Enfin, cette même beauté se révélera avec l'expression des choses, avec leur signification directe ou symbolique, avec leur éloquence à manifester les pensées et les sentiments, car cette éloquence est muette pour les sens, c'est exclusivement à l'intelligence qu'elle s'adresse.

Le beau intellectuel étant méconnu et mis en question par d'assez nombreux auteurs, nous nous arrêterons, dans les chapitres suivants, à le mettre en évidence : d'abord, dans le monde des esprits et dans la nature visible, c'est-à-dire en Dieu et dans ses œuvres; puis, dans les œuvres de l'homme, les sciences, les arts et les beaux-arts.

CHAPITRE IV

Du beau intelligible dans le monde des esprits.

———

A côté de l'univers visible, matériel, dont l'homme fait partie par son corps, il est un monde invisible, immatériel, auquel l'homme appartient par son âme ; c'est le monde des esprits.

Ce monde spirituel, vu sa nature incorporelle, échappe absolument à nos sens et ne saurait avoir de beauté plastique ou sensible. Par contre, le beau intelligible et le beau moral doivent s'y révéler avec une puissance particulière. Une difficulté cependant paraît surgir entre l'idée que nous avons de l'essence du beau et la simplicité qui caractérise la nature des esprits. Nous avons défini le beau la splendeur de l'unité dans la variété ; or, autant la simplicité garantit l'*unité*, autant elle semble faire obstacle à la *variété*. En réalité, il n'en est rien, la variété

CHAP. IV. — DU BEAU INTELLIGIBLE DANS LES ESPRITS.

resplendit dans le monde des esprits non moins que l'unité, c'est ce qu'il nous faut mettre en évidence.

Arrêtons d'abord notre pensée sur Dieu, l'Être suprême, le « Grand Esprit », cause première de toutes les créatures visibles ou invisibles. La simplicité transcendante de la nature divine est si absolue qu'elle exclut toute composition, aussi bien métaphysique que physique [1]; son essence est *unissime*, dit saint Bernard [2]. Néanmoins, nous voyons dans cette essence divine une insondable variété de perfections ou d'attributs. La distinction de ces divers attributs est fondée d'une part sur la richesse et la fécondité infinies de l'essence divine, de l'autre, sur la nature limitée de notre intellect. Dans son infinie perfection, Dieu renferme la plénitude de toute réalité; impossible à notre intelligence bornée de concevoir d'un seul concept cette plénitude immense; donc, il nous faut des concepts multiples correspondant aux diverses perfections que nous pouvons successivement connaître. Nous en distinguons trois classes. L'une d'elles renferme les *attributs moraux*: sainteté, bonté, providence, etc.; ils appartiennent au beau moral. Les deux autres classes font resplendir le beau intelligible. C'est d'abord celle des *attri-*

---

(1) La composition suppose des parties formellement distinctes, soit en fait, elle est alors physique; soit rationnellement, alors la composition n'est que métaphysique.

(2) Deum esse tam simplicem quam unum et si dici potest unissimum. — D. Bernardus, *In cant.*, serm. 81; *De considerat.*, liv. V, chap. VII.

buts immanents ou *statiques* qui nous représentent, sous ses différents aspects, l'ineffable repos de Dieu. Tels sont : l'*éternité,* possession simultanée et parfaite d'une vie sans succession, sans commencement ni fin[1]. L'*immutabilité,* en vertu de laquelle Dieu ne connait pas même l'ombre d'une vicissitude ou d'un changement[2]. L'*immensité,* qui nous montre Dieu partout présent par sa puissance et son essence. Vient enfin la classe des *attributs* qu'on peut appeler *rayonnants* ou *dynamiques,* que manifeste l'opération divine. Tels sont : une *intelligence* pour laquelle tout est connu clairement, passé, présent, futur, voire ce qui est libre, conditionnel ou possible[3]. Une *volonté* jouissant de la plus parfaite indépendance et liberté[4]. Une *puissance* sans limite, à laquelle le néant lui-même obéit[5].

Or, il en est de chacune de ces perfections comme de la *sagesse* divine, il suffit de la contempler pour être épris de sa beauté. Qu'en sera-t-il alors de la beauté de Dieu en qui toutes ces perfections se fondent dans le plus magnifique concert?

Nous n'avons cependant jusqu'ici considéré dans la nature divine que ce que nous pouvons en entrevoir dans les créatures, ses miroirs. Dans sa condescendance infinie, Dieu a daigné nous en apprendre bien davantage : il nous a révélé un mystère

---

(1) Æternitas igitur est interminabilis vitæ tota simul et perfecta possessio. — Boetius, *De consolatione philosoph.,* liv. V, p. 6.

(2) Ego Dominus et non mutor. *Malach.,* III, 6.

(3) Omnia nuda et aperta oculis ejus. *Hebr.,* IV, 13.

(4) Omnia quæcumque voluit Deus fecit in cœlo et in terra. *Ps.* CXXXIV, 6.

(5) Vocat ea quæ non sunt, tanquam ea quæ sunt. *Rom.,* IV, 17.

que la raison humaine n'aurait jamais pu atteindre, à savoir que, tout Dieu unique qu'il est en nature, il est Dieu en trois personnes. A la clarté de cette vérité, nous constatons en Dieu une variété et par suite une beauté plus transcendante. En effet, ces trois personnes ne sont pas seulement distinctes d'une façon virtuelle ainsi que les attributs divins, mais d'une façon absolue, leur nom même le prouve : le Père engendre le Fils comme son image substantielle ; le Saint-Esprit, amour du Père et du Fils, procède de l'un et de l'autre ; chacune des trois personnes est donc caractérisée par l'opposition née de la relation dont cette personne est le terme : le Père en face du Fils, le Saint-Esprit en regard du Père et du Fils. En même temps, ces trois personnes sont également coéternelles et cosouveraines ; le Père est Dieu, le Fils est Dieu, le Saint-Esprit est Dieu ; néanmoins, il n'y a qu'un seul Dieu. Si limitée que soit encore cette connaissance de l'essence divine, sa beauté nous éblouit jusqu'au vertige de notre pauvre raison. L'esthétique divine reste le secret du Ciel. La foi elle-même ne déchire pas le voile, à peine en soulève-t-elle la frange. Consolons-nous dans l'attente du « face à face » de l'éternité.

Si Dieu est au sommet du monde des esprits, c'est l'homme qui en occupe le plus bas degré, et ce degré lui devient un trône au milieu de l'univers visible.

Un esprit vit en nous qui meut tous nos ressorts.
LA FONTAINE.

Nous en avons tous conscience. Nous sentons que cet *esprit,* cette âme (pour lui donner son nom spécifique), est entièrement affranchie de l'inertie de la matière et soustraite aux conditions de l'étendue. Cette conscience que nous avons de notre âme est une connaissance plus immédiate et plus claire que toute autre. Nous ne saurions connaître de la même manière les âmes des autres hommes, mais elles se trahissent elles-mêmes, elles s'expriment et se révèlent par la physionomie, l'attitude, la conduite et surtout le langage des personnes. Le style, c'est l'homme, c'est avant tout l'âme de l'homme.

Nous le constatons, il est de belles âmes, il en est de fort belles. Si nous ne tenions pas à faire ici abstraction du côté moral, nous devrions avouer qu'il y a des âmes laides, fort laides; nous occupant uniquement de la beauté intelligible, nous pouvons dire que toute âme est belle. En créant l'homme, Dieu l'a fait à son image et à sa ressemblance, c'est dans l'âme surtout qu'éclate le reflet de la divine beauté. L'âme est belle de la beauté particulière de chacune de ses facultés, image d'une perfection divine et atteignant son but spécial avec facilité et assurance, belle du concert où toutes ses facultés appréhensives, représentatives ou affectives harmonisent leur jeu et se fusionnent dans la simplicité d'une même essence, dans l'unité du moi humain.

Cette beauté intellectuelle varie d'une âme à l'autre : on rencontre, on admire des mémoires d'une promptitude et d'une fidélité qui tient du prodige; des imaginations d'une richesse et d'une fécondité inépuisables; des intelligences d'une lucidité aussi étendue que pénétrante, d'une logique impeccable; des volontés indomptables par leur énergie et leur constance dans les entreprises les plus ardues et les plus longues, dans les recherches les plus ingrates. Quand la beauté intellectuelle s'élève à un tel degré de puissance qu'elle commence à nous éblouir de ses rayons, nous la saluons du nom de génie. On distinguera le génie littéraire, le génie philosophique, le génie oratoire, le génie scientifique, le génie militaire et gouvernemental; quel qu'il soit, il nous jette dans l'étonnement, et les hommes au front desquels étincelle et brille cette rare beauté, captivent l'attention des siècles.

Entre Dieu qui règne au sommet du monde des esprits et l'homme qui en occupe le dernier degré, se trouve la multitude innombrable des esprits angéliques; quoiqu'ils soient infiniment au-dessous de Dieu, ils sont comme Lui de purs esprits. La raison nous induit à admettre leur existence, mais c'est la révélation divine qui nous fixe sur leur nature, leur histoire et leur rôle. C'est elle qui nous apprend comment, lors de l'épreuve qui devait décider de leur sort éternel, un certain nombre d'entre eux déchurent et restèrent dégradés sous le nom de démons. Laissant le côté moral à part, nous n'avons pas à tenir grand compte de cette dégradation ni de l'abîme qui sépare les bons anges des mauvais. Quand on parle de la laideur des démons, c'est de leur laideur morale qu'il s'agit; et si leur chute a eu quelque retentissement dans leur nature physique, nous ne saurions le connaitre d'une façon certaine.

Les anges, les mauvais comme les bons, sont doués de facultés bien supérieures à celles de l'homme. Leur *intelligence* n'est pas comme la nôtre, discursive, faite pour la réflexion, passant, à l'aide du raisonnement, d'une vérité à l'autre; elle est intuitive, c'est-à-dire qu'elle saisit directement, du premier coup d'œil, les choses que nous n'atteignons que successivement. Leur *volonté* n'a pas, comme la nôtre, à redouter d'être égarée par l'imagination ou asservie par les passions; elle sait vouloir, aimer, haïr avec incomparablement plus d'intensité et de constance. Leur *puissance* dépasse tout ce que nous pourrions imaginer. A la prière du saint roi Ézéchias, l'ange du Seigneur, en une seule nuit, frappa mortellement 185,000 hommes et anéantit l'armée de Sennachérib [1]. Jeté en prison par Hérode, saint Pierre était immobilisé sous une double chaîne, entre deux soldats, dans un cachot dont la porte était gardée. Un ange, envoyé par le Seigneur, fait tomber les chaînes du prisonnier, lui fait franchir la première et la seconde garde et ouvre devant lui la porte de fer qui donnait en ville [2]. Pour l'ange comme pour l'homme et mieux encore, si profonde que soit la distinction des facultés, elles ne sont en réalité que l'activité d'un même esprit variant avec les objets sur lesquels elle s'exerce, intelligence en face du vrai, volonté en face du bien, puissance en

---

(1) IV *Reg.*, xix, 35.
(2) *Act.*, xii, 7-10.

face des résistances à vaincre. Cette nature réalise une inexprimable beauté. Le dernier des esprits bienheureux éclipse toutes les créatures visibles. Tobie et son fils ne restèrent-ils pas trois heures comme anéantis dans leur ravissement après que l'archange Raphaël leur eut laissé entrevoir sa beauté ?

La variété et la multitude des anges nous réserve une nouvelle jouissance esthétique. S'il n'y a qu'une espèce humaine dont les races n'ont entre elles que des différences superficielles, il en est autrement chez les anges. Ils diffèrent profondément les uns des autres. Saint Thomas va jusqu'à dire qu'il y a parmi eux autant d'espèces que d'individus [1]. Les caractères qui les spécifient, pour être purement intelligibles, n'en sont pas moins profondément distincts. Un ordre admirable met la plus splendide unité au sein de cette merveilleuse variété. Tous les esprits angéliques sont répartis en neuf chœurs qui, trois par trois, forment autant de hiérarchies superposées. A commencer par la moins élevée, la plus voisine de l'homme comprend les Anges proprement dits, les Archanges et les Principautés qui tous secondent l'action de la Providence divine. La seconde hiérarchie embrasse les Puissances, les Vertus et les Dominations ; ces trois chœurs ont pour rôle d'être les intermédiaires de Dieu dans l'exercice de son domaine sur l'univers. La troisième hiérarchie, la plus sublime, groupe les Trônes, les Chérubins et les Séraphins, tous plus particulièrement attachés au culte immédiat de la Majesté divine.

---

[1] Ita Div. Thomas, *Summ. theolog.*, I^a p., q. 50, a. 4.

Le spectacle de tous ces esprits célestes, plus beaux les uns que les autres, de leur groupement en chœurs et en hiérarchies successives, de la félicité avec laquelle tous remplissent leur rôle, de l'harmonie dans laquelle tous ces rôles s'accordent et s'échelonnent de degrés en degrés au service de la Souveraine Majesté, sera, dans l'éternité, un sujet toujours nouveau d'ineffable ravissement pour les élus.

CHAPITRE V

Du beau intelligible dans la nature.

L'univers visible s'offre partout à notre admiration. Ses beautés sont, pour la littérature, un thème inépuisable; pour les artistes, des modèles que rien ne peut suppléer; pour tous, un spectacle charmant toujours ouvert. Que du sommet d'une haute montagne, on embrasse le panorama des campagnes, avec ses cours d'eau, ses terres cultivées et ses forêts, ou la vaste étendue des mers avec les variations de sa physionomie tantôt paisible et souriante, tantôt agitée et furieuse; qu'on lève les yeux au ciel pour en contempler la voûte azurée le jour, scintillante la nuit, ou qu'au contraire, armé d'un microscope, on concentre son attention sur un atome, on se trouvera toujours en face de merveilles nouvelles.

Malgré tout cela, la nature est encore plus belle à notre intelligence qu'à nos yeux. La plupart de ses propriétés, les tendances particulières comme les lois générales, échappent à nos sens et ne sont perçues que par notre intelligence. C'est elle qui constate comment, de bas en haut de l'échelle des êtres, de nouvelles propriétés viennent s'ajouter à celles des êtres inférieurs pour former les êtres supérieurs; elle nous montre l'organisation et l'évolution adjointes au minéral pour constituer la plante; les facultés de sentir et de se mouvoir additionnées à la vie végétative, pour nous donner l'animal; enfin l'inertie minérale, la vie des plantes et la sensibilité animale réunies et couronnées dans l'homme par une âme intelligente et libre qui le rapproche des anges. L'homme unit donc le monde visible au monde invisible, en même temps qu'il est le sommaire et le faîte de la création sensible.

Notre intelligence nous révèle partout des finalités [1] constamment poursuivies et infailliblement atteintes; les finalités particulières à chaque être s'accordent harmonieusement d'un être à l'autre et s'échelonnent elles-mêmes hiérarchiquement jusqu'à l'homme, centre et but de toutes les autres créatures visibles : elles sont faites pour le servir comme lui-même est fait pour servir Dieu [2]. Il résulte de cet

---

(1) Nous ne tenons aucun compte des antifinalistes pour qui la science s'enquiert du « comment » et jamais du « pourquoi » des choses, car il n'y a pas de plus funeste erreur. — Voir à ce sujet M. E. Brunetière, *Moralité de la doctrine évolutionniste*, p. 76.

(2) Sicut factus est homo propter Deum ut ei serviret, ita mundus factus est propter hominem ut ei serviret. — Petr. Lombard, lib. II, dist. 1.

ensemble d'accords des moyens avec la fin et des finalités entre elles, comme un concert immense dont l'harmonieuse mélodie ravit jusqu'à l'extase ceux qui savent l'entendre.

Galien, en face de l'organisme humain, entonnait un hymne d'admiration et de reconnaissance.

Kepler tombait à genoux à la découverte des lois qui régissent le mouvement des astres et rythment leurs majestueuses révolutions.

Linnée, cataloguant les plantes et les animaux connus de son temps, à la vue de la variété de leur structure et de leur rôle, restait comme frappé de stupeur.

Ampère était tellement absorbé et ravi par ce qu'il voyait et entrevoyait des lois de l'électricité et de ses applications, qu'il en oubliait tout le reste. Qu'en sera-t-il aujourd'hui que l'on connaît cent fois plus d'espèces, soit minérales, soit vivantes, cent fois mieux les mœurs de celles-ci, les propriétés de celles-là et toutes les forces de la nature? Aujourd'hui que des applications nouvelles de ces forces et surtout de l'électricité ont multiplié au delà de toute attente les ressources de la civilisation matérielle, et ouvert des horizons dont on ne saurait encore sonder toutes les promesses.

Dans toutes ces conquêtes, nous voyons briller le génie de l'homme, mais ce qui éclate beaucoup plus, c'est la sagesse infinie de Celui qui a fait la nature avec tous ses trésors de matériaux et de forces, l'homme avec toute la perspicacité industrieuse et la puissance inventive de ses facultés.

La plupart des beautés intelligibles de la nature sont des finalités, c'est-à-dire des ordonnances de moyens en vue d'une fin. Il ne peut être question d'en donner un sommaire, si succinct soit-il : autant vaudrait chercher à résumer ici toutes les sciences d'observation. Mais nous pouvons donner une idée de la splendeur de ces finalités naturelles en les comparant aux finalités de l'industrie humaine. Le triomphe de ces dernières est de tirer si bien parti des matériaux et forces mises en jeu, qu'il n'y ait aucun déchet. Ce superbe résultat, bien peu d'industries savent en approcher. Or, partout dans l'univers il est atteint par la nature; elle ne connaît pas de déchet, du moins l'induction nous amène à le conclure.

D'abord aucun déchet de *matière*. Étudions par exemple le fonctionnement de la respiration essentielle à toute vie corporelle. L'air est absorbé et fatalement donne lieu à un dégagement d'acide carbonique. Ce gaz est irrespirable; s'il restait dans l'atmosphère, il en vicierait la pureté d'autant plus vite que nos foyers domestiques et industriels, nos locomotives et locomobiles en déversent de leur côté des quantités plus considérables et que, d'autre part, ce gaz, beaucoup plus lourd que l'air, ne se dissiperait pas dans les hauteurs, mais s'accumulerait au niveau de nos habitations.

Non, l'acide carbonique ne reste pas à l'état de déchet, le règne végétal est chargé d'en tirer parti. Tout ce qu'il y a de verdure dans le feuillage de nos arbres ou des plantes herbacées, se met à l'œuvre avec l'aide de la lumière du jour pour humer cet acide carbonique et le décomposer. L'oxygène mis en liberté est réintégré dans l'air atmosphérique, tandis que le carbone absorbé par le végétal se fixe dans ses tissus pour jouer au besoin de nouveau le rôle de combustible. Nous l'avons dit, le végétal ne peut remplir ce mandat de décomposer l'acide carbonique qu'avec le concours de la lumière; aussi le voit-on la chercher, la poursuivre avec un travail et une persévérance qui tiennent du prodige. Examinez une plante dans un endroit où la lumière n'a pas plein accès : vous verrez le végétal tourner constamment ses feuilles du côté d'où elle peut lui venir; s'il le faut, il courbera et tordra ses jeunes branches pour exposer leurs feuilles au jour. On a vu une petite plante, germée accidentellement au fond d'une mine, monter, monter encore, s'allonger de 40 mètres pour trouver la lumière, alors que, dans les circonstances ordinaires, cette plante ne dépasse guère 30 centimètres [1]. Grâce à ce travail incessant des végétaux, l'air est constamment purifié de l'acide carbonique, et le carbone, rentrant en circulation dans la nature vivante, fait de nouveau partie de la structure organique. Quant aux secrets ressorts qui dirigent et meuvent ainsi l'aveugle végétal à la poursuite de la lumière, nous en admirons le jeu sans en percer le mystère.

Passons à l'utilisation des *forces* employées. Nos meilleures machines à vapeur ne profitent que d'une

---

[1] Pouchet : *les Infiniment grands*, p. 124.

faible partie de la chaleur dépensée pour leur fonctionnement. Sur cent calories, plus de soixante sont perdues pour l'industrie; c'est un déchet de plus de moitié. Dans l'immense usine de l'univers, et les innombrables organismes que nous y voyons fonctionner, le Divin Ingénieur atteint ses fins en y faisant régner partout le principe de moindre action et de moindre dépense; toujours il emploie la voie la plus simple et la moins coûteuse : aucune dépense qui n'ait sa raison adéquate, aucun déchet de forces.

Ainsi dans les mouvements ou efforts réalisés par les animaux, nous constatons toujours le *maximum* d'effet obtenu avec le *minimum* d'énergie. « Le travail à faire est effectué au moyen d'une telle disposition de muscles, d'os et de jointures que la dépense de force est moindre que dans toute autre disposition [1]. »

Mais les plus grandes merveilles d'économie de forces nous sont montrées dans le jeu de l'*instinct*.

On donne ce nom à un ensemble de tendances naturelles et machinales, où l'animal, sans connaître le but qu'il poursuit, l'atteint avec une science et un savoir-faire inexplicables; science sans obscurité ni étude, savoir-faire sans tâtonnement ni apprentissage. L'instinct constitue une sorte d'infaillibilité d'*estimative* [2] dont les efforts sont sans déchet. Ces merveilles nous frappent surtout dans la classe des insectes; nous en rappelons deux exemples.

De tout temps, on a célébré l'industrie de l'abeille,

---

(1) Samuel Haughton, *Principes de mécanique animale*, préface.
(2) D'après saint Thomas, l'*estimative* désigne, chez les animaux, non la pensée ou le jugement, mais l'exercice de l'instinct dans son adaptation aux circonstances.

l'art qu'elle déploie dans la construction de ses rayons. L'admiration croît quand on se rend compte des conditions du problème. De quoi s'agit-il pour ces humbles *avettes*? De loger leurs nourrissons avec le moins de frais possible, partant de construire avec la moindre dépense de cire et d'efforts, le plus grand nombre possible de cellules de dimensions voulues, pour leurs larves. En vue de remplir ce programme, nos ingénieuses abeilles construisent une sorte de cité ouvrière, où elles juxtaposent les cellules à la fois côte à côte et dos à dos, de sorte que toutes les cloisons intérieures soient mitoyennes. Jusque-là, rien que d'assez simple. Mais la forme à donner aux alvéoles demandera plus de réflexion. Une cavité cylindrique terminée par un fond hémisphérique, offre le plus d'espace avec le moindre pourtour. S'il s'agissait d'une cellule isolée, ce serait la plus économique. Il en va autrement quand il est question d'alvéoles juxtaposées, leurs cloisons, à courbure cylindrique, ne peuvent être mitoyennes dans toute leur étendue. D'autre part, si les cellules rectangulaires à fond plat peuvent se juxtaposer, côte à côte et dos à dos, le pourtour de chacune devient plus considérable pour un même espace enclos; la construction plus coûteuse que de raison. Seule une forme géométrique intermédiaire peut donner la mitoyenneté des cloisons sans en exagérer l'étendue. C'est le prisme hexagonal terminé par une pyramide.

Cependant le problème se complique : la pyramide terminale ne peut être hexagonale sous peine d'empêcher la mitoyenneté des cloisons du fond. Celle-ci exige entre les cellules dos à dos que les pyramides terminales laissent des creux de même forme que les saillies. La pyramide voulue est un trièdre à base gauche, à faces égales, formant trois dièdres de chacun 120°. La difficulté du problème est telle qu'il a fallu le génie du célèbre Mac Laurin, jésuite écossais, pour en donner la solution mathématique.

Or l'abeille réalise cette construction du premier coup, sans la moindre hésitation. Quelle science infuse, quel savoir-faire de l'humble insecte! Mais non, sa science n'en est pas une, il ignore le but où il va,

s'il l'ignore,
Quelqu'un du moins le sait pour lui [1],

et la sagesse de Celui-là n'en éclate que davantage.

Second exemple. Cette fois, au lieu des calculs d'un ingénieur et de la technique d'un constructeur, nous sommes en présence d'une science anatomique et physiologique, d'une dextérité chirurgicale faites pour étonner les plus savants et les plus habiles de nos académiciens.

Notre héros est pour le bon public une sorte de guêpe fouisseuse; les entomologistes le nomment *Cerceris tuberculé*. A l'opposé de la larve des abeilles, la sienne est carnivore, et, de plus, réclame exclusivement pour sa nourriture la chair palpitante d'un charançon vivant. Ce dernier est un insecte coléoptère, c'est-à-dire protégé par une solide cuirasse de corne; ses jambes sont armées de redoutables éperons.

---

(1) Lamartine, *le Chêne*. (*Harmonies poétiques et religieuses*, liv. II.)

Comment le *cerceris* peut-il connaître les exigences de sa larve? de cette larve qui doit sortir de son œuf, mais qu'il ne verra pas. Comment surtout se rendre maître du charançon, l'apporter et le conserver vivant pour la pâture de sa larve au jour de son éclosion solitaire? Comment enfin ce petit vermisseau ne sera-t-il pas écrasé ou éventré par le charançon vivant dont il doit faire sa nourriture? Le *cerceris* semble connaître de science innée ce que nos savants n'ont découvert que dans ces derniers temps, à savoir que, parmi les nerfs, il en est qui commandent au mouvement des membres, d'autres qui président à la vie de nutrition; qu'en lésant les premiers, tout en respectant les seconds, on paralyse les membres de l'animal sans compromettre directement sa vie. Le *cerceris* part donc en chasse. Sitôt qu'il a trouvé le charançon voulu, il fond sur lui et prompt comme l'éclair, recourbant son abdomen, enfonce son aiguillon au défaut de la cuirasse, à l'articulation du corselet, et foudroie de son venin les centres ou ganglions nerveux qui commandent les pattes. Rien de trop dans cette prestesse. Si le *cerceris* n'avait pas réussi du premier coup, sa lutte avec le charançon aurait pu lui devenir fatale. Actuellement, le coléoptère reste à la fois paralysé et plein de vie. La guêpe le porte au terrier creusé à l'avance, l'y dépose avec un œuf d'où doit sortir la larve dont la nourriture de choix est assurée [1].

Nous nous contenterons de citer ces spécimens

---

[1] Voir J.-H. Favre, *Souvenirs entomologiques*.

du beau intelligible dans la nature; elle en offre bien d'autres non moins merveilleux. Ch. Lévêque nous en a donné un tableau raccourci dans ses *Harmonies providentielles*. L'éditeur français des œuvres de Brehm n'a pas cru pouvoir mettre ses histoires des animaux sous un meilleur titre que celui de *Merveilles de la nature*. En effet, la Divine Sagesse s'est fait un jeu de les multiplier dans l'univers[1].

---

(1) Ludens in orbe terrarum. *Prov.*, VIII, 31.

CHAPITRE VI

Du beau intelligible dans les sciences et dans les arts utiles et industriels.

Le monde des esprits et la nature sensible dans lesquels nous avons jusqu'ici admiré le beau intellectuel sont l'*objet* des sciences philosophiques et naturelles; portons actuellement notre attention sur les *sciences* elles-mêmes [1], là surtout nous nous trouverons en face du beau intelligible ou logique. Il ne saurait en être autrement; toute méthode est une ordonnance particulière, il suffit que l'ordre qui la constitue resplendisse pour faire surgir la beauté.

Les sciences mathématiques vivent d'abstractions, étudient les nombres, l'étendue, les rapports des

---

(1) Toute science étant un ensemble de connaissances systématisées, on peut y considérer soit l'objet de ces connaissances, soit la méthode qui les systématise et en fait une science.

choses, elles procèdent selon la méthode déductive. La géométrie, par exemple, est un des plus beaux chefs-d'œuvre de l'esprit scientifique. Analysant l'idée même de l'étendue, elle part du simple point, en engendre la ligne, puis la surface, le volume, et d'un pas assuré, à la lumière de quelques axiomes, va de déductions en déductions à la mesure de l'espace, sous quelque forme ou détermination qu'il se présente. Devenue analytique par son alliance avec l'algèbre, elle apporte à l'intelligence de nouvelles et splendides surprises.

Les sciences physiques suivent une voie opposée. Leur méthode est expérimentale; au lieu de conclure du général au particulier, elles partent des phénomènes isolés pour arriver d'induction en induction à des lois ou hypothèses toujours plus larges, toujours plus fécondes en applications. Qui peut prendre connaissance des lois de la thermodynamie, en comprendre la portée, sans être ravi d'admiration?

Au reste, la beauté intelligible des sciences est trop évidente et compte de nos jours trop d'adorateurs pour que nous ayons à nous y attarder. Mieux vaut peut-être nous arrêter aux beautés que nous offrent les arts utiles et industriels. Chacun sait que l'on donne ce nom à divers ensembles de procédés par lesquels l'homme applique la science à l'avantage de son bien-être. Impuissants à créer des forces ou des substances, les hommes peuvent toujours dans la nature en découvrir qu'ils ignorent et en exploiter qu'ils négligent. Dans cette voie, notre siècle a réalisé plus de progrès et de conquêtes que tous ses devanciers.

De tout temps, pour utiliser l'action de la pesanteur, la puissance du vent, des chutes et des cours d'eau, on a construit des instruments et appareils plus ou moins ingénieux. Mais de nos jours l'étude de l'élasticité des solides et des gaz a fourni de nouveaux moteurs, a inspiré des machines merveilleuses, les unes de délicatesse, les autres de puissance.

Voyez cette montre de précision. Que de combinaisons ont présidé à sa conception; quel choix judicieux des métaux, quelle habileté d'exécution! Appréciez l'emploi des rubis pour éminuer l'effet du frottement; constatez comment, pour assurer la régularité de la marche et l'exactitude des indications, cet organisme, à l'instar des êtres vivants, réagit automatiquement contre les variations de température qui accéléreraient ou retarderaient son mouvement. Et dites-moi si ce chronomètre n'est pas une des plus belles créations du génie humain.

Jetez les yeux sur une locomotive. Pour qui ne voit que le beau plastique ou matériel, elle paraîtra indifférente, peut-être laide, monstrueuse même. Mais à qui sait apprécier le beau intelligible et comprendre le jeu de la machine, impossible de ne pas y admirer l'éclatant, j'allais dire le prodigieux triomphe de l'homme sur les forces de la nature. D'abord le feu s'associe à l'eau pour fournir la puissance. Puis le tiroir distribue la vapeur et donne le mouvement, et c'est ce même mouvement qui actionne à son tour le tiroir; la chaleur du foyer engendre la vapeur, et c'est la même vapeur qui active le tirage du foyer; l'injecteur Giffard alimente d'eau la chaudière, et c'est la tension de la vapeur d'eau dans cette même chaudière qui fait jouer l'injecteur.

La plupart des machines inventées en vue de répondre aux exigences des diverses industries sont de vrais chefs-d'œuvre du beau intellectuel, pour qui se rend compte des difficultés vaincues. Prenez, par exemple, l'industrie textile. Arrêtez-vous devant un de ses métiers à tisser, à brocher, à broder; ou encore à fabriquer soit le tulle, soit le tricot, soit la tresse ou la passementerie. Passez à l'industrie du livre. Voyez entre autres les presses rotatives de nos journaux populaires : l'énorme rouleau de papier s'imprime des deux côtés, d'un mouvement continu, au besoin en plusieurs couleurs. Il sort de la presse avec une vitesse de plus de cinq mètres par seconde ; il est découpé et assemblé en paquets par la machine, etc. Chacun de ces organismes captivera votre attention, excitera votre admiration, donnera une vraie fête esthétique à votre intelligence.

Grâce à la chimie, on obtient d'une même bûche de bois du charbon, de la potasse, du sucre, de l'alcool, du vinaigre, du papier, etc., etc. Ce n'est qu'un exemple entre cent autres que l'on pourrait apporter.

La physique nous a appris à reconnaître une même énergie sous la variété des manifestations les plus profondément distinctes; à transformer cette énergie, selon nos besoins, en chaleur, en lumière, en puissance mécanique et en courant électrique. Dès lors, cette énergie se transmet avec une facilité inouïe. Il suffit aujourd'hui d'un fil, d'un simple contact avec ce fil, pour mettre en marche et emporter sur les rails un tramway ou même un train qui, bondé de voyageurs, accélère ou ralentit sa marche, s'arrête ou repart, plus docile à son conducteur que le mieux dressé des chevaux.

Que la physique et la chimie travaillent de concert, elles nous donnent, avec la *télégraphie* qui transmet nos dépêches, rapide comme l'éclair, la *photographie* qui fixe l'aspect des choses et la physionomie des personnes, comme l'écriture fixe la pensée. Le son lui-même, que l'on croyait devoir toujours fuir sur l'aile du temps [1], le son de la parole humaine, comme celui des instruments, triomphe à son tour de la durée par le *phonographe*, et de l'espace, par le *téléphone* de Bell. La première fois que le phonographe d'Edison parut à l'Académie des sciences, la surprise fut telle qu'un des témoins, M. Bouillaud, ne voulant pas admettre que la voix entendue sortît de l'instrument, sauta à la gorge de l'exposant pour lui faire confesser son imposture. Quant au téléphone de Bell, il reçoit chaque jour de nouveaux perfectionnements; aujourd'hui on s'entretient de Paris à Londres et à Toulouse, de Chicago à New-York.

Nommons, pour finir, une autre merveille découverte en ces dernières années, et déjà très connue, le *cinématographe*. C'est un appareil qui permet de saisir et de projeter ensuite sur un écran, autant de fois qu'on le voudra, n'importe quelle scène de mouvement et de vie. Ce sera l'arrivée d'un train, la descente empressée des voyageurs, leur prompte

---

[1] *Verba volant, scripta manent*, dit le proverbe.

dispersion; le défilé d'un cortège agrémenté de tous les incidents qui ont pu se produire, un cheval qui se cabre, un curieux qui tombe d'un arbre, une averse qui survient. La vérité de la représentation est telle, qu'on est en proie à tous les sentiments qu'exciterait la réalité vivante. Pour parvenir à cet étonnant résultat, l'appareil a été braqué devant la scène. Pendant la durée que l'on veut saisir, on prend une série continue de photographies instantanées (huit ou dix par seconde), sur une bande de celluloïde en pellicule, qu'un petit moteur électrique déroule en même temps qu'il fait jouer l'obturateur. Quand on veut reproduire la scène ainsi enregistrée, il suffit de projeter cette série de photographies en les faisant se succéder sur l'écran aussi rapidement qu'elles ont été prises par l'instrument.

On parle déjà d'un autre appareil qui combinerait, dans des proportions grandioses, les merveilles du cinématographe avec celles du phonographe; qui reproduirait à la fois les paroles des acteurs et le jeu dont ils les accompagnent, qui ferait revivre les scènes du passé aussi bien aux oreilles qu'aux yeux de l'assistance. Pourquoi pas? Aujourd'hui on en serait plus charmé qu'étonné.

CHAPITRE VII

Le beau intelligible dans les beaux-arts.

Pour passer des arts utiles et industriels aux beaux-arts, l'architecture offre une transition toute naturelle, car elle a pour point de départ l'utilité. « Il faut, en architecture, disait Vitruve, avoir égard à l'utilité, à la solidité, à la beauté d'aspect [1]. » Ce dernier mot désigne la beauté matérielle, tandis que les qualités d'utilité et de solidité, si elles sont splendidement atteintes, réaliseront le beau intelligible. C'est également la pensée de Viollet-le-Duc. D'après lui : « Pour l'architecture, l'art, c'est l'expression sensible d'un besoin satisfait [2]. »

« La première condition en architecture, — écrit

---

[1] Habeatur ratio utilitatis, firmitatis, venustatis. *De architectura.*
[2] Viollet-le-Duc, *Entretiens sur l'architecture,* XII, p. 24. — *Apud* M. Gaborit, *le Beau dans la nature et dans l'art,* t. II, p. 269.

excellemment un auteur tout récent, — est que le monument réponde à son objet. C'est de là que l'édifice tire sa principale beauté, son expression. Une architecture rationnelle doit faire paraître, d'une manière sensible, la destination de l'édifice par sa forme générale et par le caractère de sa décoration; elle doit, comme dans les autres arts plastiques, laisser le corps se deviner sous le vêtement qui le couvre. Un édifice sera d'autant plus beau, du genre de beauté qui lui convient, que son expression générale ressortira mieux de sa construction. Le monument qui par son aspect donnera mieux l'idée d'un temple, d'un palais, d'un théâtre, d'un tribunal, d'une prison, sera le plus beau, parce qu'il répond le mieux à sa fin [1]. » Le beau intelligible est donc bien la première exigence esthétique de l'architecture; les vrais architectes sont des logiciens avant d'être des techniciens et des artistes.

Dans le compte rendu du Salon de 1879 [2], où se trouvaient les plans, élévations et coupes de l'hôtel du Crédit lyonnais, inauguré peu auparavant sur le boulevard des Italiens, M. E. Guillaume, professeur d'esthétique au Collège de France, admire cet édifice et loue sans réserve l'intelligent architecte, M. Bowens van den Bögen. « Étant donné un terrain d'une forme quelconque et un programme bien arrêté, réaliser les dispositions que ce programme exige dans les conditions les meilleures au point de vue de la distribution, de la solidité, même

---

(1) M. Arth. Loth, *l'Art*, p. 206.
(2) *Revue des Deux Mondes*, salon de 1879.

de l'économie; faire en définitive que le caractère et l'expression de l'édifice résultent de son plan, tels sont les principes de raison qui ont dirigé M. Bowens... »

« Ce qui frappe d'abord, c'est la grande salle vitrée qui occupe l'entrée des constructions : tout aboutit à cette salle qui est destinée au public. Deux ordres superposés de piliers élégants déterminent des baies à chaque étage et soutiennent la corniche ornée sur laquelle pose une toiture de verre... Tout cela forme un ensemble d'un aspect brillant et d'une proportion excellente. Au premier étage, l'administration occupe des chambres et des salons décorés avec un goût sévère...; les autres étages sont occupés par des bureaux : là, les charpentes en fer sont apparentes..., les meubles ont la couleur naturelle du bois; on y trouve cependant une sorte de luxe qui vient de l'étendue des surfaces et de l'abondance du jour... La serre des dépôts occupe, dans deux étages du sous-sol, parfaitement éclairés, grâce au pavage de verre qui s'étend sur tout le rez-de-chaussée, des pièces dont les caisses elles-mêmes, apparentes, mais inviolables, avec leurs épaisses murailles de fer, forment comme la robuste décoration... Les conditions de distribution, d'éclairage, de chauffage, d'aération comme de sécurité se trouvent parfaitement remplies. Nous voyons, dans tous leurs détails et heureusement répartis, les services qui assurent la direction et facilitent les opérations d'une grande entreprise financière. Au fond, rien ne semble avoir été soumis à une conception qui ne soit née du sujet. Impossible qu'on s'y trompe, ce n'est pas un hôtel destiné à recevoir des étrangers, encore moins l'habitation d'un particulier, c'est une maison faite pour une administration considérable, maison tout ensemble largement ouverte et bien défendue..., où la lumière pénètre partout... A notre avis, l'architecte a fait preuve d'un grand talent. »

D'autres fois, l'art se révèle en face des difficultés dont il triomphe. C'est probablement à ce point de vue que se sont placés les premiers admirateurs de la tour Eiffel, car tout d'abord elle étonne le regard plus qu'elle ne satisfait [1]. Il en est tout autrement de nos cathédrales gothiques du treizième siècle : le beau sensible et le beau intelligible y rivalisent. Examinons la difficulté du problème à résoudre : la piété des fidèles réclamait des édifices immenses, prodigalement éclairés et aussi élevés que possible. Ce programme, les architectes d'alors devaient le réaliser, non avec des pièces de fer que des rivets rendent solidaires les unes des autres, mais avec des pierres que la pesanteur plus que tout autre lien devait suffire à maintenir en place. A quelles combinaisons savantes ne durent-ils pas recourir? Au plein cintre ils substituèrent l'ogive dont la poussée est moins forte et la résistance plus grande; à la faiblesse des murailles partout ouvertes de larges baies, ils remédièrent par des contreforts dont les uns épaulent les murs restants, les autres vont

---

(1) Nous y reviendrons plus loin. Voir liv. V, chap. III et VI.
Signalons dès à présent, sur le même sujet, un charmant article du P. A. Regnabel (lisez Bélanger), dans les *Études*, du 15 septembre 1896, p. 127-147.

à distance recevoir et supporter la charge des voûtes que leur transmettent des arcs-boutants. Bref, ces magnifiques cathédrales, aujourd'hui vieilles de cinq siècles, chantent encore dans les airs la victoire de l'art [1]. Cette victoire nous apparaîtra plus glorieuse encore si nous considérons ces édifices sous le rapport de l'expression symbolique, tout y semble fait pour détacher de la terre et élever vers le ciel : les colonnes en faisceau qui se multiplient, les nefs qui s'allongent, les arceaux qui s'élancent en gerbe, en fusée dans les voûtes où ils se croisent, la légèreté de la construction, la clarté ou la richesse des couleurs qui l'inondent, tout invite l'âme et la provoque à prendre son élan.

Indiscutable dans la plupart des chefs-d'œuvre de l'architecture, l'existence du beau intellectuel est mise en question dans la sculpture et la peinture. Grand nombre d'artistes déclarent ne poursuivre, dans leurs statues et leurs tableaux, que la beauté matérielle, plastique. Que faut-il en croire? Le plus souvent, ils se donnent à eux-mêmes un éloquent démenti. Ils tiennent en effet à donner à leurs œuvres de l'*expression*; or, qu'est-ce que l'expression?

---

(1) « Dans la nef d'Amiens, on respire à l'aise..., les murs ont disparu... Partout entre la lumière... Cependant, cette nef, dont la hauteur est de 42m 50, et la largeur d'axe en axe des piles, de 14m 60, ne s'est jamais déformée ni déversée. La construction n'a subi aucune atteinte sensible; elle est faite pour durer encore des siècles, pourvu que les moyens d'écoulement des eaux soient maintenus en bon état. » — Viollet-le-Duc, *Dictionnaire raisonné de l'architecture*, art. *Cathédrale*.

N'appartient-elle pas à l'ordre intellectuel? Et quand elle est vraie, saisissante, ne nous met-elle pas en face du beau intelligible? La plupart de ceux qui nient ce beau en théorie, pratiquement l'admettent et le poursuivent en le confondant avec le beau plastique. Après tout, peu importe cette illusion s'ils atteignent le but, et nous donnent des chefs-d'œuvre comme la *Jeanne d'Arc à Domremy*, de Chapu [1].

La jeune bergère est à la fois agenouillée et assise sur le sol. La simplicité de ses vêtements fait ressortir la grâce et la vigueur de sa structure. Son torse est redressé, sa tête relevée, ses yeux fixent une vision dans l'espace, elle entend des voix. La scène qu'elle regarde, les paroles qu'elle écoute, les sentiments qui agitent son cœur, l'artiste a su rendre tout cela. L'attitude du buste et de la tête, la fermeté et la tension des traits, l'ardeur généreuse des regards, la compassion des lèvres, nous disent qu'elle contemple les péripéties sanglantes de la guerre avec les Anglais, l'ennemi victorieux, la patrie envahie à deux doigts de sa perte; son patriotisme s'enflamme, il n'est rien qu'elle ne soit prête à faire pour venir à la rescousse de la pauvre France. D'autre part, les voix lui disent qu'il faut qu'elle s'arme, qu'elle parte, qu'elle se mette à la tête des troupes et boute dehors les Anglais. La stupeur où la jettent ces ordres, le sentiment de sa faiblesse, de son inexpérience se trahissent dans ses bras étendus, dans ses mains douloureusement enlacées et posées sur ses

---

[1] Au musée du Luxembourg.

genoux. Tout à la fois saisie et vaillante, elle demande grâce, mais ne veut pas reculer devant la volonté divine. La tête et le haut du corps révèlent déjà la guerrière intrépide, la stratégiste triomphante; tout le reste, en elle, montre l'humble vierge, modeste et réservée, qui s'épouvante à la pensée d'avoir à paraître au milieu des camps, à commander sur les champs de bataille, à être témoin de tout le sang versé.

Quelle que soit la beauté plastique de cette sculpture, ce qui domine en elle, c'est l'expression; ce qu'on y admire le plus, c'est le beau intelligible.

Comme exemple de peinture expressive, nous citerons une des premières toiles d'Orsel : *Caïn maudit devant le corps d'Abel;* elle se trouve actuellement au musée de Lyon. Adam vient d'apporter et de déposer sur le sol le corps inanimé d'Abel; Ève s'est assise au pied d'un arbre pour recevoir le cadavre de son pauvre enfant et en appuyer la tête sur son genou; au second plan, à gauche, en arrière, un serpent à demi caché; à droite, Caïn s'éloigne épouvanté. L'artiste a su mettre une telle beauté plastique en ses personnages du premier plan, que l'attention est tout d'abord saisie; bientôt, on est captivé, ravi à soi-même par l'éloquence de la scène. Quel contraste entre la jeunesse d'Abel, épanouie en sa forme la plus riche, et l'inertie glacée qui l'immobilise et la voue à la dissolution! Adam est debout, l'indignation le dispute à la douleur en son âme, il se retourne du côté du meurtrier fuyant à grands pas, et déjà étend le bras droit pour le maudire; mais non, Ève a saisi le bras gauche de notre premier père et demande grâce pour l'enfant qui lui reste; en même temps, sentant son cœur éclater, elle y porte son autre main, et, élevant les yeux vers le ciel, elle l'implore par la plus ardente des prières. Ce tableau laisse d'inoubliables impressions. Nous n'aurions que l'embarras du choix, même parmi les contemporains, pour nommer des artistes qui savent faire resplendir le beau intelligible; il nous semble plus utile de le faire reconnaître dans certaines œuvres que nombre de critiques voudraient bannir du domaine esthétique.

Je veux parler de ce qu'on appelle les *trompe-l'œil*. On sait l'histoire de la lutte engagée entre deux grands peintres de l'antiquité : Parrhasios et Zeuxis. Celui-ci peignit une grappe de raisin si parfaite de ressemblance que des oiseaux s'y laissèrent prendre et vinrent les becqueter; Parrhasios, à son tour, figura un rideau, mais avec une telle vérité de représentation que Zeuxis, son rival, se laissa prendre à vouloir le tirer pour voir le tableau qu'il supposait caché derrière. Ces effets d'illusion sont diversement appréciés, beaucoup n'y veulent voir que des habiletés de métier. C'est, ce nous semble, une vue trop étroite, une sévérité outrée. Qu'il y ait de l'habileté dans ces trompe-l'œil, c'est chose indiscutable, mais l'art y a sa place à côté du métier, de même que la parfaite ressemblance d'un portrait (nous ne parlons pas ici de photographie) sera toujours le fait d'un artiste. A coup sûr, s'il s'agit de raisins, d'un rideau, ou de toute nature morte, la réussite ne suffira pas à ravir les yeux comme le fait une toile de Puvis de Chavannes; mais encore elle parlera à l'esprit, et, lui rappelant les difficultés vaincues, lui fera admirer la *beauté du succès*.

Ruskin se demande quelque part [1] pourquoi, dans une galerie de peintures, nous nous arrêtons devant l'image de feuilles mortes avec leurs mordorures et leurs flétrissures telles que sait les représenter le pinceau vénitien, alors qu'avant d'entrer, nous avons passé indifférents devant la splendeur de vraies feuilles mortes illuminées par le soleil. Pourquoi? sinon parce que, dans la galerie, nous sommes en face de difficultés vaincues. Au point de vue esthétique, ce sont ces difficultés qui séparent l'art de la nature.

En est-il de la musique comme de la peinture, offre-t-elle des beautés spéciales à l'intelligence? Par elle-même, la musique n'est pas un signe, elle ne saurait donc directement traduire ni pensée ni sentiment. Elle ne peut que donner son concours aux passions du cœur; c'est en ce sens qu'elle est dite expressive. N'en concluons cependant pas que le beau intelligible soit exclu de la musique, car toute la science déployée dans notre musique moderne relève nécessairement de l'intelligence. A mesure surtout que l'harmonie semble prendre le pas sur la mélodie, la science sur l'art, les beautés musicales deviennent de moins en moins sensibles, et, par suite, de moins en moins accessibles au

---

(1) Ruskin, *Stones of Venice*, III, § 26. — *Apud* R. de la Sizeranne, p. 125.

commun des hommes. Dans la musique wagnérienne surtout, le rythme semble se dérober par les changements de mesure, la mélodie par les changements de ton; l'oreille et l'esprit de l'auditoire se fatiguent à la poursuite d'un motif qui fuit sans cesse. S'il y a, comme plusieurs le prétendent, de vraies beautés dans semblables compositions, ce sont des beautés savantes qui ne peuvent être perçues et goûtées que par des intelligences préparées par une culture spéciale.

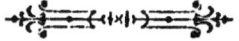

CHAPITRE VIII

Du beau moral.

Le langage parle souvent de beaux dévouements, de beaux, de nobles sacrifices; il proclame que la vertu parvenue à un certain degré d'éclat est vraiment belle. Quelle est cette beauté nouvelle et sous quelle dénomination spécifique la ranger? En elle nous ne saisissons aucune harmonie de lignes, de couleurs ou de sons, ce n'est donc pas une beauté plastique, matérielle, sensible. Ce n'est pas davantage une beauté purement intelligible : ce qui frappe notre sens esthétique, ce n'est ici ni l'intelligence, ni la logique, ni la science, ni l'habileté, c'est un resplendissement de l'ordre moral.

Qu'est-ce que l'ordre moral? C'est celui dont la conscience est le mémorial vivant et le juge.

Voix mystérieuse, écho de la voix du divin Maître, la conscience dit au cœur de tout homme tantôt : « Ceci est bien, c'est le devoir, la vertu; » tantôt : « Ceci est mal, c'est le désordre, le vice. » Après chacun de nos actes, elle fait retentir le cuisant langage du remords ou la douce et pacifiante approbation divine. Ce dictamen de la conscience atteint tout ce qui positivement ou négativement appartient à l'ordre moral, mais sans nous révéler l'essence de cet ordre. C'est l'intelligence de la vertu qui nous en fera connaître le fond et le lien.

La vertu en action n'est autre chose que la pratique du *bien,* que la poursuite de ce bien qui est pleinement digne d'être désiré et atteint par la volonté humaine. De même que la science éclaire notre esprit et perfectionne notre âme par rapport au vrai, la vertu ennoblit la volonté et perfectionne l'âme par rapport au bien. Ce bien moral, ce bien par excellence, que l'homme a tout avantage à poursuivre, c'est son propre achèvement, sa perfection, la fin dernière à laquelle il a été destiné par le Créateur. D'après Aug. Comte, la destinée d'un être est indiquée par ses attractions naturelles. Ici le philosophe positiviste a raison, le Créateur ne peut pas vouloir se contredire. Or, toutes les tendances instinctives de l'homme sont pour le bonheur. Ce bonheur, quel est-il? Notre instinct le poursuit sans le connaître, parce que l'instinct ne connaît jamais son but. Mais l'expérience nous apprend que nous le cherchons vainement dans le plaisir, la fortune, la science, l'amour ou la gloire. Où que nous croyions le trouver ici-bas, nous ne tarderons pas à le constater, il est toujours plus ou moins creux et fragile. La raison nous fait entrevoir et la foi nous révèle que le vrai bonheur, le seul qui puisse combler les capacités de notre cœur, consiste en la vue et la possession de Dieu, vérité et bonté suprêmes, dans le partage éternel de la félicité divine.

Reste à déterminer les moyens de poursuivre cette destinée et d'arriver à cette union avec Dieu. La raison et la foi sont d'accord pour nous répondre que, créés à l'image de Dieu, nous trouverons notre perfection et partant notre bonheur dans l'achèvement de cette ressemblance. Nous l'obtiendrons par une conformité chaque jour plus complète de notre volonté avec la sienne, par une observation plus parfaite de sa loi. Dans notre langue française habituellement si philosophique dans la formation de ses mots, commander a pour synonyme *ordonner* ou procurer l'ordre. Ce dernier sens, discutable quand il s'agit des commandements de l'homme, se vérifie parfaitement dans ceux qui émanent de Dieu; ils sont nécessairement dictés par la sainteté même, c'est-à-dire par un amour infini de l'ordre.

Concluons-le donc : la fidélité à la loi divine réalise l'ordre moral. Cet ordre a pour fond le bien que poursuit la vertu et pour lien la destinée de l'homme. Dès lors nous pouvons avec saint Augustin définir la beauté morale : *la splendeur du bien*[1], ou la splendeur de la fidélité au service de Dieu, ou encore *la splendeur de l'ordre dans l'exercice de la liberté*. Car cette faculté n'a été donnée à l'homme

---

(1) Vide *Epistolam* (cxx) *ad Consentium*, 20.

que pour lui permettre de servir Dieu volontairement et lui valoir, s'il le veut, l'honneur et la joie d'être l'artisan de sa félicité éternelle.

Est-ce à dire qu'il ne saurait y avoir de vertu hors ce culte explicite du vrai Dieu? Nullement, car tout ce qui est conforme à l'ordre est par là même en conformité avec la volonté divine, et nous trouvons, jusque dans le paganisme, çà et là, d'admirables exemples de vertu. Nous n'en rappellerons qu'un seul des plus connus, emprunté à l'histoire romaine. L'empereur Auguste avait comblé de faveurs le jeune Cinna, et l'aimait comme son propre fils. Cependant, égaré par de perfides conseils, le favori du prince entre dans une conjuration ourdie contre la vie de son bienfaiteur et s'engage à lui porter de sa main le coup mortel. Auguste l'apprend, fait venir l'ingrat, lui montre qu'il sait la conjuration où il est entré et le crime qu'il médite. Puis, tandis que le coupable atterré reste muet d'épouvante, l'empereur lui prend affectueusement la main :

> Soyons amis, Cinna, c'est moi qui t'en convie !

Comment ne pas admirer pareille magnanimité !

D'autre part, toute fidélité au devoir, toute vertu, même chrétienne, ne suffira point à donner la vision de la beauté morale. Le premier degré de la vertu, c'est l'accomplissement du devoir, c'est l'entrée dans la carrière du bien; il reste de nombreux degrés à franchir avant d'arriver à l'héroïsme. Pour être vraiment belles et provoquer notre admiration, la fidélité, la vertu doivent resplendir.

Tel est le général de Sonis, à Loigny, le 2 décembre 1870. En présence d'une troupe démoralisée qu'il veut ramener au combat, il tente de l'électriser par son exemple. Il fait déployer la bannière du Sacré-Cœur, et se précipite à la tête de ses trois cents zouaves pontificaux, affrontant à bout portant la mousqueterie allemande. Il tombe avec les deux tiers de ses braves.

Telle encore la duchesse d'Alençon, au milieu de l'affolement et des horreurs de l'incendie du Grand Bazar de la Charité, à Paris, le 4 mai 1897. Au moment où le feu, courant d'un bout à l'autre du léger bâtiment avec la rapidité d'une fusée, faisant pleuvoir les flammèches et les brandons ardents, ne laissait plus d'espoir que dans une fuite immédiate, la noble dame ne songe qu'au salut des jeunes filles qui l'entouraient. A Mlle d'Andlau qui lui crie : « Sauvons-nous! » elle répond : « Ne vous occupez pas de moi! » A Mlle Jeanne de la Cornilière qui la prend par la taille et veut l'entraîner : « Non, non, dit-elle, sauvons d'abord nos invités. » A la marquise de Lubersac, elle ajoutait, quelques minutes après, et déjà atteinte par les flammes : « Non, plus tard, la dernière. » Et, regardant le ciel : « Le devoir avant tout! » Victime de sa charité, elle tombe près de son comptoir où l'on retrouva son corps carbonisé.

Pour être belle, la vertu n'a pas toujours besoin de s'élever aussi haut; il n'est pas même nécessaire qu'elle éclate de fait aux yeux du public. Le beau moral peut se rencontrer jusque dans l'accomplissement de devoirs obscurs et dans la pratique d'une vie en apparence commune. Il est des splendeurs cachées, des vertus héroïques ignorées, les bienheureux et les anges se plaisent à les contempler.

Tous les hommes admirent la vertu dans son héroïsme, mais plusieurs se refusent à y voir une beauté qui puisse occuper les esthètes et rentrer dans la définition générale : la splendeur de l'ordre. Comment par exemple, disent-ils, reconnaître les deux éléments essentiels de l'ordre, l'unité et la variété, dans le dévouement du chevalier d'Assas ou dans la charité de saint Vincent de Paul [1]?

Un peu de réflexion y suffira, pensons-nous. Au moment où d'Assas voit dix épées dirigées contre sa poitrine, prêtes à le percer s'il pousse le cri d'alarme, que se passe-t-il dans son cœur? Une variété de sentiments s'élèvent comme une tempête; lutte sublime, décisive entre l'amour des siens, l'instinct de la conservation, le patriotisme et l'honneur. Mais soudain : « A moi, Auvergne! » s'écrie le héros, et il tombe transpercé. L'amour de la patrie et de l'honneur a triomphé des autres sentiments, et en les subordonnant au devoir, réalisé et fait resplendir l'unité de l'ordre moral.

Saint Vincent de Paul dépense sa vie au soulagement des malheureux. Sa compassion ingénieuse fait surgir partout des institutions charitables; devenue contagieuse, elle suscite une légion de sœurs grises, légion depuis lors sans cesse renouvelée. Plus de vingt mille de ces héroïques filles se voient de nos jours appliquées à toutes les œuvres de miséricorde. La charité du grand saint est aussi *variée*

---

(1) M. É. Rabier, *Psychologie*, p. 629.

que les misères qu'elle soulage, elle est aussi *une* que l'amour de Dieu, source de son dévouement. Lui-même nous l'apprend, il voyait dans tous les malheureux l'image de Celui qui s'est fait misérable pour l'amour de nous. « Retournez la médaille, » disait-il parfois en parlant de ses pauvres. « Retournez la médaille, vous verrez Jésus-Christ. » Sous l'influence de cet amour unique dans son principe, multiple dans ses applications, non content d'accomplir son devoir, le Serviteur de Dieu va jusqu'à l'héroïsme et nous remet sur les lèvres le mot de David : « Que Dieu est admirable dans ses saints [1] ! »

Les adversaires insistent : La beauté morale ne saurait naître de la réalisation de l'unité dans la variété, « car elle existe aussi bien dans le caractère d'un scélérat que dans celui d'un honnête homme [2]. » Qu'il puisse y avoir *unité psychologique* dans les divers sentiments d'un scélérat autant que chez l'homme de bien, supposons-le. Néanmoins, l'*unité morale* fait radicalement défaut dans l'âme du scélérat, car il abuse de sa liberté pour se porter à l'opposé de sa destinée. L'âme, la vie de ce scélérat est laide par le désordre et la perversion de ses tendances et de sa conduite.

La vertu tient le milieu entre deux excès opposés, la philosophie païenne elle-même l'a reconnu [3].

---

(1) *Psalm.* David, LXVII, 36.
(2) M. É. Rabier, *Psychologie*, p. 629.
(3) In medio virtus !
    Virtus est medium vitiorum et utrinque reductum.
    Horat. *Epist.* XVIII, v. 11.

Dès lors, la mesure y règne en souveraine [1], le moindre excès dans un sens ou dans un autre est un défaut qui empêche la vertu de briller. Plus que toute autre, l'unité morale est jalouse de son intégrité [2].

La connaissance distincte de la beauté morale nous permet de résoudre une difficulté laissée pendante depuis l'antiquité; s'il faut en croire le docte M. Ch. Bénard [3], Platon, Aristote, Plotin et en général tous les philosophes métaphysiciens ont reconnu et proclamé l'unité fondamentale des trois idées du vrai, du beau et du bien, mais on peut ajouter qu'ils les ont confondues, faute de marquer les différences qui séparent le beau du vrai et du bien. Pour qui nous a suivi jusqu'ici, il est une différence fort claire : le vrai, le bien et le beau ne sont pas sur le même niveau ; le beau intelligible étant la splendeur du vrai, le beau moral la splendeur du bien, le beau l'emporte sur le vrai et sur le bien, car il en est la splendeur. Il n'y aura donc pas lieu de s'étonner si l'esthétique jette de la lumière sur nombre de problèmes philosophiques, et nous donne d'atteindre certaines vérités des plus précieuses pour la conduite de l'existence.

L'homme est le seul être moral de la création visible, car il est le seul à avoir conscience du bien

---

[1] Est modus in rebus, sunt certi denique fines
Quos ultra citraque nequit consistere rectum.
Horat. *Satyr*.

[2] Bonum ex integra causa, malum ex quocumque defectu. — Auct. antiq.

[3] Ch. Bénard, *l'Esthétique d'Aristote et de ses successeurs*, p. 21, 22.

et du mal, le seul à jouir de la liberté, à porter la responsabilité de ses actes. Cependant, le domaine de l'ordre moral ne se confine pas dans l'homme, il s'étend à tout ce qui peut exercer une influence sur les mœurs. Partout où cette influence remportera d'éclatantes victoires, elle nous donnera la vision du beau moral. Nous pourrons ainsi le constater dans la religion, la philosophie, les beaux-arts et la nature. Ce sera l'objet des chapitres suivants.

CHAPITRE IX

Du beau moral dans la religion et la philosophie.

La religion est belle, elle se révèle d'autant plus ravissante qu'on la connaît davantage. Ceux qui ignorent ou méconnaissent cette beauté, il faut les plaindre. — De quelle religion parlez-vous? dira peut-être quelqu'un. — De toute religion, dans la mesure où elle est vraie; nous parlons surtout de la religion chrétienne, catholique et romaine, en qui réside la plénitude de la vérité religieuse. Elle est le plus riche thème offert à l'esthétique, à qui elle présente tous les genres de beautés. Rivale de la nature sous le rapport de la beauté sensible et intelligible, elle l'emporte incomparablement par la beauté morale. Avant de parler de celle-ci, disons quelques mots de la présence des deux premières dans la religion.

On admire la structure du corps humain, la puissante et heureuse distribution de son ossature, des tissus qui la revêtent et des viscères qu'elle protège ; la ramification des vaisseaux sanguins et du réseau nerveux sous l'influence desquels fonctionne la vie. Mais cette organisation, si merveilleuse, n'est qu'une image et comme une ébauche de celle de l'Église catholique en qui se réalise et vit la religion chrétienne. Tous ses membres fortement unis entre eux par les liens d'une même foi et des mêmes pratiques, s'échelonnent hiérarchiquement : les simples fidèles sont confiés à la sollicitude des prêtres, leurs pasteurs ; ceux-ci, rangés sous la houlette de leurs évêques, voient régner à leur tête le Souverain Pontife, gardien de toute vérité, source de toute juridiction, Vicaire de Jésus-Christ foyer de toute vie. Grâce à cette constitution, l'Église est toujours jeune, sa beauté brave les siècles, parée successivement des divers ordres religieux comme d'autant de joyaux. D'ailleurs quelle splendeur dans ses monuments et ses cathédrales, dans ses cérémonies et sa musique, dans toutes les manifestations de son culte !

Il est d'autres beautés qui s'adressent moins à nos yeux, à nos oreilles ; qui parlent plus spécialement à notre intelligence.

Telle est en particulier celle des *dogmes* catholiques, si vastes, qu'ils embrassent l'homme et Dieu, le temps et l'éternité ; si savants qu'ils résolvent des énigmes inabordables à l'investigation humaine. La parfaite unité dans laquelle ils s'harmonisent les rend solidaires les uns des autres, à ce point qu'un seul admis, par exemple la résurrection du Sauveur, tous les autres le sont par une conséquence nécessaire ; un seul rejeté, par exemple le péché originel, de déductions en déductions, aucun ne peut être conservé. Ces dogmes sont si clairs que le plus jeune enfant les saisit et les goûte ; en même temps ils sont si profonds que les plus grands génies ne peuvent en sonder l'abîme. Saint Grégoire les compare aux eaux d'un fleuve qu'un agneau peut passer à gué, tandis qu'un éléphant peut y nager à l'aise. La beauté des *préceptes* n'est pas moins grande ; ils répondent si complètement, si parfaitement aux exigences de notre nature que, l'expérience le prouve, Fr. le Play le déclare, leur observation suffit à assurer la prospérité des individus, des familles et des nations.

Une dans l'univers, la religion catholique triomphe de la diversité des peuples et crée une société dont tous les membres professent les mêmes convictions, nourrissent les mêmes espérances, s'animent d'un même amour au cœur ; *une dans la durée*, elle garde aujourd'hui la doctrine que prêchaient les apôtres, il y a dix-neuf siècles, elle maintient le suprême pontificat de Pierre dans la série ininterrompue de ses successeurs.

Sa liturgie nous déploie le plus éloquent symbolisme ; rien n'égale l'élévation et la poésie de ses chants. « David, — nous dit Lamartine, — c'est le premier des poètes du sentiment, c'est le roi des lyriques. Jamais la fibre humaine n'a résonné d'accords si intimes, si pénétrants et si graves ! Jamais la pensée du poète ne s'est adressée si haut et n'a crié si juste ! Jamais l'âme de l'homme ne s'est répandue devant l'homme et devant Dieu en expressions et en sentiments si tendres, si sympathiques et si déchirants [1]! » Ce qui est vrai des Psaumes l'est également de la plupart des hymnes de l'Église et en particulier de celles de l'office du Très-Saint-Sacrement.

Mais ce que nous voulons surtout mettre en lumière, c'est le beau moral de la religion.

Cent fois on l'a montré, cent fois il faut l'établir de nouveau, la religion est la base nécessaire, indispensable, essentielle de la moralité. En vain voudrait-on lui substituer la force : le désir de mal faire échappe aux gendarmes, l'acte criminel n'est plus qu'une affaire d'occasion. On invoque l'honneur comme base de la moralité : ce noble sentiment n'est pas, hélas! l'apanage de tous; et même chez les privilégiés, il demeure parfois inefficace, lorsqu'ils sont loin du regard des hommes. La conscience pourrait-elle suffire? Que devient-elle sans la religion? Au représentant du gouvernement français, chargé de traiter avec lui, Abd-el-Kader répondait avec justesse : « Il m'est impossible d'avoir confiance en vous, parce que vous ne croyez pas en Dieu. Celui qui ne croit pas en Dieu n'a pas de conscience. »

Qu'on ne parle pas d'une morale indépendante : elle répugne dans les termes. Qui dit morale, dit un ensemble d'obligations : impossible de concevoir une obligation indépendante de toute autorité; autant

---

(1) Lamartine, *Voyage en Orient*, t. I, p. 412.

imaginer un cercle-carré. On dira peut-être qu'il y a des gens sans religion qui ne laissent pas que d'avoir de la moralité. E. Renan se flattait d'être du nombre, et voici l'explication qu'il en donnait en pleine Académie française : « A notre insu, c'est souvent à ces formules rebutées (des dogmes chrétiens) que nous devons les restes de notre vertu. Nous vivons du parfum d'un vase vide; après nous, on vivra de l'ombre d'une ombre; je crains par moment que ce ne soit un peu léger [1]. »

La religion n'est pas seulement la base de la morale, elle est l'ordre moral lui-même dans son expression la plus concrète et la plus splendide. En effet, nous l'avons vu plus haut (chap. VIII), l'ordre moral, c'est pratiquement la fidélité au service de Dieu, c'est l'unité faite entre la volonté humaine et la volonté divine, unité dont la vertu occupe les prémisses et dont la sainteté est le terme. Or, la religion, qu'est-ce? sinon l'ensemble des liens qui rattachent l'homme à Dieu, liens de doctrine et de fidélité dont l'objet final est la pratique de la vertu, la conformité à la volonté divine. Donc, la religion en acte se confond avec l'ordre moral; mieux elle est pratiquée, plus cet ordre resplendit et fait briller la beauté morale.

Pour mettre cette vérité dans un jour plus grand, laissons les généralités et donnons quelques instants

---

[1] E. Renan, *Discours à l'Académie française lors de la réception de M. Cherbuliez*, mai 1882.

aux dogmes, aux préceptes et aux institutions de la religion.

Le granit immuable sur lequel repose la morale évangélique, ce sont les dogmes chrétiens : celui de la Création nous met devant les yeux notre origine, notre dépendance absolue; ceux de l'Incarnation et de la Rédemption nous révèlent en Notre-Seigneur Jésus-Christ la bonté infinie, la condescendance sans limite, l'amour, humainement parlant, insensé de notre Dieu pour sa créature, et, par là même, tout ce qui est le plus capable de gagner notre cœur à un retour d'amour et de fidélité.

Le Décalogue est le code de la morale chrétienne; tous les vices y sont proscrits, toutes les vertus recommandées, et ces lois sont sanctionnées par des récompenses et des peines éternelles. Notre intérêt devient solidaire de notre devoir. A côté de ces préceptes, qui représentent les exigences de l'ordre moral, il y a les conseils évangéliques qui ouvrent une carrière indéfinie au progrès dans la vertu et la perfection. Ces conseils ne limitent en rien notre liberté; ils provoquent la générosité de notre cœur et l'encouragent par la perspective d'une plus riche couronne dans l'éternité. Séduits par ces promesses, gagnés par l'exemple et par l'amour du Fils de Dieu fait homme, des légions de chrétiens et de chrétiennes s'enrôlent sous la bannière des conseils et s'engagent à la poursuite de la perfection morale par l'émission des trois vœux de pauvreté, de chasteté et d'obéissance religieuse. Est-il plus beau spectacle que cette variété d'ordres et de congrégations, unis dans la poursuite de leur sanctification? Tous s'oublient eux-mêmes et se vouent sans réserve au service des plus nécessiteux ; ceux-ci à l'enfance, ceux-là à la vieillesse, un grand nombre à l'instruction des ignorants, à la garde des malades, à la prédication ou enfin à une vie de prière et de mortification pour servir de paratonnerre à la société.

La pratique des vertus chrétiennes, et, à plus forte raison, de l'immolation religieuse, est trop en opposition avec les tendances vicieuses de notre nature, pour pouvoir se maintenir sans une assistance divine toute particulière. Ce secours nous est assuré par les sacrements, autant de canaux visibles à l'aide desquels la vie divine nous est communiquée. Parmi les sacrements, il en est un qui domine tous les autres, c'est l'Eucharistie où la personne adorable de Notre-Seigneur, présente, vivante, est cachée sous les apparences du pain d'autel. Ce sacrement renferme la plénitude de cette vie divine que le Baptême a fait naître en nous, que la Confirmation a consolidée, que la Pénitence restaure ou ressuscite au besoin, que l'Extrême-Onction réconforte pour le passage du temps à l'éternité. L'Ordre et le Mariage assurent la perpétuité, celui-là de l'Eucharistie, celui-ci de la vie naturelle sur laquelle se greffe la vie divine. Le sacrement de l'Autel est donc bien le centre et la raison d'être de tous les autres, il est l'aliment de la vertu, de la sainteté, le faîte de la beauté morale. Tel l'a entrevu le prophète Zacharie [1], tel l'expérience le révèle, c'est lui qui fait germer et

---

[1] Quid pulchrum ejus nisi frumentum electorum et vinum germinans virgines? *Zach.*, IX, 17.

grandir le lis de la virginité dans l'Église. Qu'elle est belle cette génération des chastes [1] ! C'est lui encore qui fait les cœurs intrépides. Au temps des persécutions, nous dit saint Jean Chrysostôme, les chrétiens puisaient dans la sainte Communion un courage invincible, ils sortaient de la Table sainte ardents pour le martyre comme le lion au combat. De nos jours, il en est encore de même, rien ne rend les âmes vaillantes comme la réception de la sainte Eucharistie. Témoin ce court dialogue entendu dans nos dernières guerres : « Commandant, que vous étiez beau ce matin, vous rayonniez sous le feu ennemi ! — Mon général, j'avais communié ! » Enfin, il le faut répéter, « c'est l'Eucharistie surtout qui fait de la religion catholique la plus esthétique des religions. Voyez le protestantisme : pour avoir supprimé le sacrifice, il est devenu sombre, lourd et froid ; ses temples sont sans autel, ses rites sans onction ; ses tableaux, ses statues, sa musique, parfois mélancoliques comme un regret ou tristes comme un remords, n'ont jamais le plein élan de l'amour [2]. »

Ces dogmes, ces préceptes, ces conseils, ces sacrements de l'Église nous sont sans cesse rappelés et commentés, soit du haut de la chaire chrétienne, soit dans des livres à la portée de tous. Toutes les fois qu'au sortir d'une prédication ou d'une lecture, nous comprenons mieux, nous goûtons davantage l'oracle évangélique : « A quoi bon gagner l'univers,

---

[1] O quam pulchra est casta generatio ! *Sap.*, IV, 1.
[2] Buathier, *le Sacrifice et le beau*, p. 37.

si l'on vient à compromettre son âme, » toutes les fois que notre cœur est saisi du regret de ses fautes, d'un ardent désir de les réparer par une vie meilleure, alors, soyons-en sûrs, dans ce sermon, dans cette lecture, le vice nous est apparu avec sa laideur repoussante, la vertu avec sa beauté pleine d'attraits.

En dehors de la Bible et particulièrement du saint Évangile ou du Catéchisme qui en résume la doctrine, s'il faut citer quelques ouvrages dans lesquels éclate davantage la puissance séductrice de la beauté morale, nous nommerons : l'*Imitation de N.-S. J.-C.*, attribuée à Thomas de Kempis. Au dire de Fontenelle, « c'est le plus beau livre qui soit sorti de la main des hommes. » *Le Combat spirituel*, dû à la plume de Lorenzo Scupoli, ouvrage si beau de bonté que saint François de Sales, ne pouvant s'en séparer, le porta sur lui dix-huit années consécutives. *Les Exercices spirituels,* de saint Ignace de Loyola : ce petit livre médité a converti du mal au bien ou du bien au mieux plus d'âmes qu'il ne contient de lettres ; la doctrine chrétienne y resplendit avec un ordre si logique, une puissance tellement persuasive qu'on en est captivé. Tout d'abord, le saint auteur nous met en face de notre fin dernière et la fait briller d'un tel éclat, qu'il est comme impossible d'en détourner les yeux et de soustraire sa volonté aux impulsions généreuses qui en jaillissent. Puis, c'est Notre-Seigneur, la beauté morale en personne, qu'Ignace offre à notre contemplation ; ses divers attraits agissent avec une force irrésistible sur le cœur humain pour se l'attacher à jamais.

Ce serait le lieu de parler des vies de saints et des biographies édifiantes ; les exemples qu'elles mettent sous les yeux ont une grande puissance d'entraînement. Notre siècle en a vu paraître de supérieurement belles. Citons seulement : la Vie de sainte Élisabeth de Hongrie, par Montalembert ; celle de saint François de Sales, par l'abbé Hamon ; de sainte Thérèse, d'après les Bollandistes ; de saint François d'Assise, par M. Léon Le Monnier ; les vies du P. de Ravignan, de Garcia Moreno, de Lamoricière, du général de Sonis, du colonel Pâqueron, du capitaine Marceau, de Th. Wibaux, etc.

Après la religion, c'est la philosophie qui prétend au premier rang comme inspiratrice et promotrice des bonnes mœurs. De tous temps elle a, sous le nom d'Éthique, compté la morale au nombre de ses parties intégrantes. De fait, la philosophie, elle aussi, étudie la fin de l'homme, l'obligation d'y tendre et les moyens de l'atteindre par la vertu. Mais il y a cette grande différence entre la morale chrétienne et la morale philosophique, que la première s'illumine des clartés infaillibles de la foi, tandis que la seconde n'a pour elle que la lumière souvent vacillante de la raison. Conséquemment, la morale des philosophes est loin d'avoir les mêmes assurances que la morale de l'Évangile, elle manque de l'autorité nécessaire pour s'imposer comme un frein aux passions, et ne peut offrir aucun des secours que la religion met à notre disposition.

Néanmoins, la philosophie, en proclamant la loi

du devoir, en faisant ressortir la laideur du vice et la beauté de la vertu, peut, dans une certaine mesure, exercer une influence salutaire. Nous trouvons çà et là, dans les ouvrages que nous a légués l'antiquité, de fort belles sentences, voire de belles pages, au point de vue moral; on a pu en dresser de remarquables recueils.

Dans les temps modernes, une distinction est à faire parmi les philosophes, d'après leur attitude à l'égard de la révélation divine. Les moralistes chrétiens, alors même qu'ils font abstraction des vérités révélées et qu'ils veulent, dans leurs recherches, ne s'éclairer que des lumières de la raison, trouvent encore, dans leur respect des enseignements de la foi, une garantie contre l'erreur, une assurance dans l'affirmation du devoir. Le contraire arrive chez les philosophes rationalistes : les préjugés qu'ils nourrissent à l'endroit de la foi les mettent en garde même contre les vérités qu'elle n'est pas seule à enseigner. Leur raison s'égare et leurs conclusions demeurent plus ou moins flottantes sinon erronées.

CHAPITRE X

Du beau moral dans la littérature et les beaux-arts.

La poésie et la littérature nous offrent des beautés très artistiques. Il ne faut pas moins de sens esthétique pour être grand écrivain que pour être grand peintre ou grand sculpteur. Il y a cependant une différence, les belles-lettres ne sauraient révéler directement le beau matériel à nos sens comme le font la peinture et la sculpture. Elles ne nous montrent le beau plastique que par l'intermédiaire de l'imagination. En face du beau intellectuel et du beau moral, elles reprennent l'avantage, grâce aux ressources beaucoup plus grandes qu'elles ont pour l'exprimer.

Tout écrit, prose ou vers, gros volume ou feuille du jour, dès lors qu'il s'inspire de l'amour du vrai et du bien, fait œuvre moralisatrice. Si cette influence rayonne et passionne pour la vertu, c'est la beauté morale qui brille et séduit l'âme du lecteur. On a pu se servir des lettres pour corrompre. La vraie littérature est saine et bienfaisante. Laissons ici de côté la littérature religieuse, elle est hors de concours, et nous en avons d'ailleurs traité plus haut, comme d'une dépendance de la religion. Parlons seulement des ouvrages profanes.

En dehors de toute exhortation, de tout appel direct à la vertu, l'écrivain a mille moyens d'y attirer les âmes, de leur faire apprécier l'ordre moral, et aimer à le faire resplendir. Il y réussit habituellement d'autant mieux qu'il paraît moins poursuivre ce but. Ce ne sont pas toujours les vérités explicitement formulées qui s'imposent le plus efficacement. « L'amour-propre n'aime pas à se sentir régenté, ni les chères faiblesses de l'âme à se voir trop franchement poursuivies [1]. » Il suffit que les vérités soient insinuées, ou mieux encore qu'elles résultent, comme une conséquence nécessaire, de l'impression finale laissée dans l'imagination et la sensibilité, à la suite de la lecture. Cette impression résultante a souvent plus de puissance que les déductions les plus logiques, car la volonté obéit plus volontiers aux suggestions du cœur qu'elle n'écoute les données de la raison.

Quel que soit le genre littéraire que l'on cultive, les études dont on se fait le pionnier ou le vulgarisateur, pourvu que l'on fasse écho à la conscience

---

[1] G. Longhaye, *Théorie des belles-lettres*, p. 74.

humaine, ou mieux encore, qu'on la venge dans la flétrissure du mal et la glorification du bien, si peu que l'on ait le prestige du style et de l'éloquence, on est promoteur du beau moral, on est artiste au meilleur sens du mot.

Non moins que la littérature, les beaux-arts exercent une grande influence sur les idées, les sentiments, les passions, et par suite sur les mœurs. S'ils sont fidèles à leur mission providentielle, ils sont les auxiliaires de la religion pour procurer la divine ascension des âmes en les portant à l'amour et à la pratique de toutes les vertus.

L'architecture chrétienne n'élève pas seulement les pensées au-dessus du terre-à-terre et des intérêts du temps, c'est l'âme tout entière qu'elle saisit, et qu'elle imprègne du sentiment religieux. Dans une visite à la cathédrale d'Amiens, Napoléon, vivement impressionné de l'immensité de la nef, ne put retenir cette réflexion : « Un athée doit se sentir mal à l'aise sous de pareilles voûtes. » Dans nos grandes églises, et, proportion gardée, dans nos plus petits sanctuaires, tout est fait pour redire l'enseignement chrétien ; tout est symbolisme religieux. La croix n'est pas seulement arborée sur l'autel et sur le faîte de l'édifice, elle est souvent figurée dans le plan même de la construction. Or, cette croix de notre Sauveur, c'est, d'après saint Paul, le mémorial de tous ses exemples et de toute sa doctrine. L'architecture appelle à son aide la sculpture et la peinture, elle veut que statues et tableaux, que tout dans nos églises ait son éloquence. Particulièrement au moyen âge, ces deux arts, bien que souvent imparfaits sous le rapport plastique, sont admirables par leur touchante expression de piété.

Les sculpteurs du treizième siècle semblent au premier abord appartenir à une tout autre école que les grands artistes du siècle de Périclès; leurs œuvres diffèrent beaucoup quant à la forme, ils n'avaient pas à exprimer le même genre de beauté; au fond, ils suivent la même voie : les artistes grecs rendaient la beauté plastique avec toute l'expression possible, nos grands imagiers traduisaient avec une véritable éloquence la beauté morale pour la proposer à l'admiration et à l'imitation de tous. Un critique éminent et des mieux inspirés ne craint pas d'écrire : « Si je disais que, parmi les statues du moyen âge, celles qu'on peut sans crainte appeler des chefs-d'œuvre, vrais modèles de sentiment moral et d'onction religieuse, sont conçues et exécutées dans l'esprit de l'école de Phidias, j'aurais l'air de faire un paradoxe, et pourtant je n'affirmerais que la chose du monde la plus facile à démontrer. Une madone du treizième siècle, drapée et modelée naïvement par un habile imagier qui n'a pas vu d'antiques, mais qui consulta la nature, tout en obéissant à la foi, ressemble plus à une statue de Phidias et me reproduit mieux la beauté essentielle qu'un marbre sculpté à Rome, au temps des Antonins, par un savant et subtil praticien venu de Sicyone ou d'Athènes [1]. »

---

(1) L. Vitet, *Études sur l'histoire de l'art*, t. I, p. 38. *Apud* Gaborit.

Nous n'avons pas à faire ici une histoire de la sculpture, il nous suffira d'apporter, à l'appui de notre thèse sur le beau moral, une ou deux œuvres que nous prendrons dans les temps modernes. Nous les empruntons, la première à un sculpteur du commencement du dix-neuvième siècle, l'autre à l'un de nos plus célèbres artistes contemporains.

Canova était l'admirateur passionné des chefs-d'œuvre de l'antiquité païenne ; émule de Praxitèle, il ne songea guère qu'à atteindre l'idéal de la beauté plastique en des sujets profanes. Cependant un prélat romain lui demanda un ouvrage de son ciseau, lui laissant le choix du sujet, pourvu qu'il fût religieux. L'artiste s'arrêta au dessein de faire une Madeleine, mais une *Madeleine pénitente,* aussi touchante que possible dans l'expression du regret de ses fautes. Achevée, la statue fut envoyée et exposée à Paris ; elle eut un très grand succès, fut l'objet d'un concours énorme de curieux, d'une admiration prodigieuse, au dire de Quatremère de Quincy. La composition est des plus simples : Madeleine est représentée telle que la tradition nous la montre dans la grotte sauvage de la Sainte-Baume, expiant le luxe et les désordres de sa vie passée, se livrant aux austérités de la pénitence, aux rigueurs d'un dénûment absolu. Une corde grossière lui ceint les reins et maintient le lambeau d'étoffe qui cache sa nudité ; ses cheveux tombent épars sur ses épaules et sur sa poitrine. Elle est agenouillée à même sur le rocher, à demi assise sur ses talons, le corps courbé en arc, les bras étendus, ses mains tiennent sur ses genoux une croix rustique ; elle adore, elle est absorbée dans la contemplation douloureuse de tout ce qui lui rappelle cette croix. Ses yeux pleurent, ses lèvres semblent dire : « O mon Jésus, c'est pour expier mes péchés que vous êtes mort sur cette croix ; pardon, mon Dieu, pardon ; désormais, je vous aimerai toujours ! » L'effet incroyable produit par cette statue ne fut pas stérile. On rapporte qu'une des pécheresses les plus en vue de l'époque, la comtesse B***, alla comme tout le monde admirer le chef-d'œuvre. A la vue de cette Madeleine en qui tout parle d'un ineffable repentir, où l'amour se mêle à la douleur, la comtesse fut profondément émue, saisie, retournée. La foi se réveilla en son cœur. Elle conçut une telle horreur de sa vie, elle prit une résolution d'en changer si sincère et si ferme que, le jour même, elle rompit les liens qui la rendaient l'esclave de ses propres séductions ; le lendemain, elle distribuait ses biens aux pauvres, et, le surlendemain, s'enfermait dans un couvent. N'était-ce pas un triomphe pour la beauté morale de cette sculpture ?

La cathédrale de Nantes possède le tombeau de Lamoricière, œuvre magistrale de M. Paul Dubois, directeur de l'École des beaux-arts. « Ce monument le place sans conteste au premier rang de tous les sculpteurs vivants. Œuvre maîtresse où le bronze et le marbre se marient avec un art complet. La figure martiale du mort, couché dans un linceul comme un soldat dans son manteau..., c'est le croyant qui repose [1]. » Aux quatre coins du mausolée se voient

---

(1) J. Claretie, *Peintres et sculpteurs.*

des statues : la *charité,* le *courage militaire,* la *méditation* et la *foi;* elles sont fort belles et produisent un effet saisissant. La *méditation* est représentée sous les traits fins et réfléchis d'un vieillard; le *courage militaire,* par un guerrier pensif et résolu, superbe et fort; la *charité* est figurée par une mère pressant dans ses bras ses enfants contre son sein; mais la *foi* l'emporte par l'éloquence de son expression. Elle est personnifiée en une jeune fille; l'artiste, dédaigneux de tous les artifices de la forme et du vêtement, nous montre une humble paysanne bretonne, au front pur, à la robe longue et sans plis. Comme les trois autres personnages, elle est assise, mais il y a dans le regard de ses yeux, le dessin de ses lèvres, l'attitude de ses mains jointes, de ses bras et de sa tête élevés au ciel, une supplication à la fois si fervente et si confiante, que cette *orante* semble ne plus s'appuyer sur le marbre. On la dirait tout entière soulevée par sa prière; elle l'accompagne dans son ascension. L'aspect de cette statue est des plus persuasifs, c'est une véritable exhortation au beau moral de l'élévation de l'âme vers Dieu.

La peinture est plus accessible que la sculpture, plus aisée, moins coûteuse à l'artiste, plus facilement comprise du public. C'est une des raisons pour lesquelles l'apostolat est plus fréquent chez les peintres que chez les sculpteurs. Ce qu'est le disciple bien-aimé, saint Jean, parmi les Évangélistes, le dominicain Fra Giovanni l'est parmi les peintres chrétiens. Né à Fiesole, en 1383, mort à Rome en 1455, il mérita le nom de Fra Angelico par le caractère tout céleste de ses compositions. Nul artiste n'a réussi comme lui à transfigurer un visage humain par le reflet de la sainteté. Il tient le premier rang parmi les interprètes du sentiment chrétien. Michel-Ange disait de lui : « En vérité, il faut que ce bon moine ait vu le Paradis et qu'il ait eu permission d'y prendre ses modèles [1]. »

Chez les peintres modernes, parmi beaucoup d'autres, tels que Le Sueur, H. Flandrin, etc., nous aimons à citer, ici encore, le pieux Orsel avec cette œuvre si suggestive à laquelle il donna pour exergue : *Le bien et le mal*. Cette composition capitale a été exposée à Paris en 1833. Elle a été gravée par V. Vibert. Jamais toile n'a été plus résolument l'auxiliaire de la morale et de la religion. La composition renferme deux grands tableaux superposés, et, dans l'encadrement, huit médaillons, quatre de chaque côté.

Le premier tableau occupe les deux tiers de la hauteur de l'ensemble et représente l'inspiration de la vie dans le temps. A droite, la suggestion du bien est figurée par une jeune fille modestement assise, tenant de sa main gauche un livre, tandis que sa main droite repose sur son cœur; elle lit attentivement, tout en elle dit le recueillement et la paix d'une âme qui goûte des pensées sérieuses et salutaires; son bon ange se tient à ses côtés, la couvre de son bouclier et menace de son épée flamboyante tout ennemi qui s'approcherait. A gauche,

---

(1) *Apud* A. Pelissier, *les Chefs-d'Œuvre de l'art moderne*.

la suggestion du mal : une jeune fille est mollement assise, penchée en avant, les jambes croisées; le bras gauche est replié dans son giron, le bras droit accoudé sur le genou, la main caresse le menton. Les cheveux sont dénoués, les yeux grands ouverts, étincelants, avides, semblent poursuivre avec ivresse les perspectives d'un rêve passionné que lui suggère l'ange des ténèbres planant au-dessus de sa tête. Le livre de la Sagesse est sous les pieds de l'égarée; au lieu de la méditation qui la sauverait, c'est la rêverie qui la perd.

Les sujets de médaillons déroulent les suites et conséquences de cette double suggestion : dans la série de droite, c'est la pudique réserve de la jeune fille attendant de la main de Dieu et de ses parents celui auquel elle doit associer sa vie; puis c'est le mariage chrétien, la maternité, le bonheur domestique; dans la série de gauche, c'est l'amour coupable auquel se livre éperdument la jeune fille aveuglée par la passion, c'est le mépris et l'abandon où elle tombe, ce sont les remords qui la torturent, c'est l'abîme de désespoir où elle se jette par le suicide.

Le second grand tableau remplit le plein cintre qui surmonte le premier, il représente la sanction pour l'éternité. Au milieu, le Souverain Juge, le Seigneur Jésus siège avec un visage impassible comme la justice; de sa main gauche, il repousse l'âme infidèle dont le démon se saisit; de la main droite, il accueille l'âme fidèle que présente son ange gardien : c'est la béatitude du Ciel.

Quant à l'exécution, il nous suffira de dire que

cette composition du *bien et du mal* valut immédiatement à l'auteur la commande de la chapelle de la Vierge à Notre-Dame de Lorette, et qu'elle se voit au Louvre, dans la partie française. Orsel avait toutes les ressources de l'art moderne au service d'un sens exquis des formes les plus parfaites. Qui pourra dire ce que nous avons perdu par sa mort prématurée!

Quelques années plus tard, au Salon de 1846, Ary Scheffer exposait *Saint Augustin et Sainte Monique*. L'artiste s'était dépassé dans cette œuvre; jamais il n'a déployé une plus grande puissance d'expression, jamais il n'a mieux réussi à mettre l'éloquence du sentiment sur la physionomie humaine. Dans ce tableau, il a traduit en peinture ce passage des *Confessions* de saint Augustin : « Déjà le jour approchait où ma mère devait quitter cette vie... nous nous trouvions seuls... avec un charme ineffable, oubliant le passé, nous tâchions de lire dans l'avenir, et, sous le regard de la Vérité, ô mon Dieu! nous cherchions quelle sera, pour les saints, cette vie éternelle que l'œil de l'homme n'a point vue et que son cœur n'atteint pas. Nous montions par la pensée... Et tandis que nos paroles et nos désirs s'élevaient vers cette vie, nous y touchâmes un instant par un élan de nos âmes [1]. » L'artiste nous montre la figure de sainte Monique se détachant sur un ciel limpide et pur, elle est pâle et en même temps rayonnante et comme transfigurée par l'extase; ses mains pressent dans l'étreinte d'un suprême

---

[1] D. August., *Confess.*, lib. IX, cap. x.

adieu les mains de ce fils racheté par ses larmes. Augustin plonge ses regards avides dans ce ciel où sa mère paraît vouloir l'entraîner avec elle. On lit en lui tout ensemble la tendresse filiale et l'enthousiasme chrétien; son visage a quelque chose d'ardent, d'enflammé qui contraste avec la pâleur ascétique de Monique proche de sa fin. « Ce n'est pas de la peinture, c'est bien mieux! — dit M. L. Vitet [1], — puisque vous vous sentez comme emporté avec son fils vers ces régions éthérées où s'élève l'âme. L'élan de la vie céleste, la vision du surnaturel rendue sensible et fixée sur la toile, voilà le mot de ce succès. » Il fut immense, et après un demi-siècle, l'enthousiasme n'est pas refroidi. Cette composition sera toujours admirée.

Ajoutons un mot sur la musique. Elle ne peut exprimer aucune pensée, aucun sentiment particulier, c'est vrai (voir ci-dessus, chap. VII, p. 91). Elle n'en a pas moins une grande puissance pour entretenir, exciter, enflammer les sentiments auxquels elle donne son concours. Si ces sentiments sont bons et salutaires, la musique qui les développe sera elle-même bonne et salutaire; s'ils sont dégradants, il en sera de même de la musique qui les nourrit. Ces sentiments seront parfois exprimés par des paroles ou par une pantomime dont la musique n'est que l'accompagnement. D'autres fois, c'est la musique instrumentale qui se fait seule entendre;

---

[1] L. Vitet, *Études sur l'histoire de l'art*, t. III, p. 350.

alors encore elle pourra exercer une influence morale. Au lieu des sentiments qu'eussent suggérés des paroles ou des gestes, elle en rencontre en permanence dans le cœur humain ; elle peut les fomenter et les exalter, et dès lors elle en revêt la moralité.

Toute musique n'est pas de nature à favoriser également tout sentiment : il en est de grave et de légère, d'énergique et de molle, de gaie et de mélancolique, etc. Tel genre de musique conviendra à tel genre de sentiment. Comment alors se fait-il, — dira quelqu'un, — que le ton ou mode lydien, rejeté comme lascif par Platon, ait été adopté par l'Église qui en a fait le Vme ton de son plain-chant, dit *ton joyeux*? C'est que ce mode lydien, avec la fréquence de ses demi-tons, flatte la sensibilité : s'il s'agit d'âmes païennes, plus ou moins esclaves de la volupté, la joie sera lascive ; s'il est question d'âmes chrétiennes, plus affranchies des sens, la joie sera noble et salutaire.

Notre siècle, grâce aux cafés-concerts, a vu naître un genre de musique que l'on peut appeler *genre canaille*, l'incohérence qui y règne semble faite pour aider au désordre moral.

Le plain-chant, au contraire, toujours calme, ne sera jamais l'interprète de passions violentes, mais avec une variété d'expression merveilleuse, il se prête, mieux qu'aucune autre musique, à rendre tous les sentiments dont le cœur humain peut battre au pied des autels de son Dieu.

CHAPITRE XI

Du beau moral dans la nature.

Bien que la responsabilité morale soit le propre des êtres intelligents et libres, tout ce qui peut exercer une influence sur les mœurs de l'homme relève de l'ordre moral et peut, sous ce rapport, nous ravir par sa beauté ou nous repousser par sa laideur.

La philosophie, la littérature et les beaux-arts ne sont pas seuls à avoir cette puissance de faire monter ou descendre le niveau des mœurs, la nature la possède également, quoiqu'elle ne puisse l'exercer que d'une façon indirecte. Elle a sa chaire de morale partout dressée et ne chômant jamais. Son enseignement, pour n'être pas saisi de tous au même degré, n'est pas moins persuasif pour ceux qui sont attentifs à ses leçons.

Aux âmes sensibles et imaginatives, la nature

parle à la manière des *symboles*. Grâce aux rapports de ressemblance et de finalité qui nous relient aux autres créatures, elles nous sont sympathiques, et volontiers nous leur prêtons des sentiments et une vie analogue aux nôtres [1].

A l'égard des animaux, rien de plus naturel : leurs passions sont pareilles à nos passions; il ne reste plus qu'à leur imaginer la conscience morale de leurs actes pour les voir vertueux ou vicieux, et admirer la fidélité du chien, la douceur du mouton, la résignation de l'âne; pour condamner l'hypocrisie du chat, la perfidie du serpent. Toute l'éloquence de l'apologue procède de cette supposition. « Il semble, dit Bossuet [2], que Dieu ait voulu nous donner dans les animaux une image de vertu et une image de vice; une image de piété dans le soin qu'ils montrent tous pour leurs petits et quelques-uns pour leurs frères; une image de prévoyance, une image de fidélité, une image de flatterie; une image de jalousie et d'orgueil, une image de cruauté, une image de fierté et de courage. Aussi, les animaux nous sont un spectacle où nous voyons nos devoirs et nos manquements dépeints. »

Les arbres, les fleurs, les moindres végétaux nous offrent des ressources semblables, dans une certaine mesure. Le chêne nous représente la constance et la force; le roseau, la soumission et la docilité; le lis est l'image de la pureté, la violette de l'humilité, la pivoine de la vaine complaisance, etc.

---

(1) Cf. G. Longhaye, *Théorie des belles-lettres*, liv. II, chap. IV, 2.
(2) Bossuet, *Connaissance de Dieu et de soi-même*, chap. V.

« La nature inanimée elle-même n'est pas sans action sur nous, nos impressions morales peuvent en dépendre, elle nous fait du mal ou du bien[1]. » Quand l'âme est au repos, elle se sent influencée par le spectacle qu'elle a sous les yeux et tend à devenir comme ce spectacle, ou gaie ou triste, ou gracieuse, ou grandiose, ou sévère. Quand l'âme est antérieurement affectée, elle cherche et veut trouver dans la nature des spectacles en rapport avec ses impressions intimes, joyeuses ou sombres. On conçoit que dans certains cas, cette influence sympathique puisse aller jusqu'à enflammer peu à peu le cœur des plus nobles et des plus beaux sentiments.

Sur les esprits réfléchis, sur les âmes méditatives, la nature agit encore autrement et avec plus grande efficacité.

Par ses exemples, elle est non plus seulement un symbole, mais un *memento* perpétuel de la fidélité à Dieu, c'est-à-dire de l'ordre moral dans son essence. En effet, chaque créature a reçu de son auteur une fin, une destinée à atteindre, un rôle à remplir. Or, il n'en est pas une seule qui ne montre une fidélité incomparable dans l'accomplissement de son mandat, dans la poursuite de sa fin. Les siècles se succèdent, les créatures restent, comme au premier jour, ce que Dieu les a faites, appliquées au rôle qui leur a été assigné, le chien, le cheval, le lézard, la truite, l'hirondelle, le papillon, chaque

---

[1] Mme Swetchine, *Airelles*. — *Apud* G. Longhaye, loc. cit.

animal garde son organisation spéciale pour courir, ramper, nager, voler; son instinct de chasseur, de pêcheur, de filateur. Le chêne, le cerisier, le lis, la mousse, chaque végétal conserve les particularités qui le distinguent, le port de sa tige, la forme de ses feuilles, la structure et le parfum de ses fleurs, la saveur de ses fruits. En un mot, tout être vivant maintient et transmet de générations en générations tous les caractères qui le spécifient, avec une telle fixité, que l'on a pu faire la Faune et la Flore des diverses régions connues du globe. Ces catalogues descriptifs permettent d'identifier des animaux et végétaux après des milliers d'années d'intervalle. Dès le commencement du quatrième siècle, Ausone a décrit les poissons de la Moselle; on peut, encore aujourd'hui, les reconnaître à ses descriptions.

Les éléments matériels eux-mêmes, les forces cachées qu'ils recèlent ou manifestent, montrent une telle constance dans leurs propriétés distinctives, que l'énoncé de ces dernières devient la formule des lois de la physique, de la chimie, de la mécanique et de l'astronomie. Fidélité aveugle, dira-t-on! Elle n'est pas moins éloquente pour nous rappeler le devoir de poursuivre notre fin, de servir Dieu; elle n'en contraste pas moins avec nos rébellions. François Arago, que personne ne traitera de mystique, en porte témoignage. C'était en son cours d'astronomie, il parlait d'une prochaine éclipse : « A tel jour, messieurs, disait-il, à telle heure, à telle seconde, du milieu des cieux, ces astres répondront, non pas à notre prédiction, mais à l'ordre de Dieu. Il n'y a que les hommes qui soient récalcitrants. »

Le rôle assigné à une créature rencontre-t-il des obstacles? Elle fera tout pour les franchir. Voici un arbre, un chêne, il a pour mission de fournir à l'homme un des bois les plus employés dans la charpente, la menuiserie, le chauffage; il faut donc qu'il grandisse, qu'il se développe; la pesanteur lui oppose une résistance continuelle, le chêne en triomphe, élève chaque jour sa puissante tige, et finit par porter sa tête touffue de branches, lourde de plusieurs tonnes, à plus de quarante mètres de hauteur.

Les obstacles sont-ils insurmontables? La créature ne s'avoue jamais vaincue, elle persévérera dans des efforts que rien ne pourra lasser. L'eau, par exemple, a pour mandat d'obéir à la pesanteur, et celle-ci lui ordonne de descendre à l'océan. Avec quel empressement ne descend-elle pas de nos montagnes, ne court-elle pas dans les ruisseaux, ne se presse-t-elle pas dans les rivières et les fleuves! Soudain, elle est arrêtée par un barrage, emprisonnée dans les rives d'un bassin, dans les limites d'un vase où l'homme l'a recueillie. Elle est impuissante en face de ces obstacles, mais n'importe, elle ne cessera jamais de faire une poussée, d'exercer une pression sur la chaussée du réservoir, sur les parois du vase; elle veut passer, elle profitera des moindres fissures pour se faire une issue et continuer sa descente vers la mer.

Il en est ainsi de toutes les créatures, elles rivalisent d'obéissance. La nature entière nous offre le plus beau, le plus magnifique concert de fidélité. Comment oserions-nous faire entendre une note discordante? Comment ne serions-nous pas gagnés par une aussi splendide exhortation à la vertu et en même temps à l'amour de Dieu? En effet, servir Dieu, c'est l'aimer, lui-même l'affirme dans son Évangile [1]. Parmi les créatures, les fleurs ont une éloquence particulière pour provoquer nos cœurs à l'amour divin. Ne sont-elles pas autant de sourires de la bonté divine? Le bienheureux Paul de la Croix, entre autres saints, avait pris l'habitude de prêter attention à cette prédication des fleurs. Peu à peu, elles excitèrent dans son cœur de si violents désirs d'aimer Dieu plus ardemment, qu'elles le mettaient comme hors de lui. Il lui semblait les entendre lui reprocher de ne pas aimer assez; ce reproche était un supplice pour lui; on le vit quelquefois toucher ces fleurs de son bâton pour leur imposer silence, il leur demandait grâce!

---

[1] Qui habet mandata et servet ea : ille est qui diligit me. *Joan.*, xiv, 21.

LIVRE TROISIÈME

GRADATION DU BEAU

AVANT-PROPOS

Après la définition du beau et sa division en espèces irréductibles, il nous reste, pour en achever l'étude objective, à en considérer les divers étages. Nous exposerons d'abord ce qui concerne le beau absolu, puis nous passerons successivement aux principaux degrés du beau relatif.

Quelques lecteurs pourront s'étonner de voir, en ce livre, la place que nous avons faite aux vérités révélées. Mais pourquoi s'étonner? L'évidence de l'autorité divine ne vaut-elle pas l'autorité de l'évidence personnelle? Faut-il taire ce que l'on sait par égard pour l'ignorance des autres? Ce ne pourrait être qu'à leur détriment. Nous serions incomplet en passant sous silence les beautés supérieures qui couronnent la série esthétique.

CHAPITRE I

La beauté absolue est en Dieu.

———

Dans le *Banquet* de Platon, Diotime parle ainsi à Socrate : « Au-dessus de tous les degrés du beau, il est une beauté éternelle, incréée et impérissable..., beauté de laquelle participent toutes les autres, sans que de leur naissance ou de leur destruction résultent le moindre gain, la moindre perte... O mon cher ami, si quelque chose peut donner du prix à la vie humaine, c'est la contemplation de cette beauté absolue. Quelle ne serait pas la destinée d'un mortel à qui il serait donné de contempler le beau sans mélange, dans sa pureté et sa simplicité, non plus revêtu de chair et de couleurs humaines, et de tous ces vains agréments condamnés à périr ! Heureux l'homme à qui il serait donné de voir face à face la beauté divine [1]. » Ailleurs le même Platon nomme Dieu « l'océan de la beauté [2] ». Telle a été la doctrine de Plotin et de l'école d'Alexandrie, tel depuis lors l'enseignement habituel des dialecticiens qui se sont occupés de la question.

M. V. Cherbuliez s'en étonne : « Il s'est trouvé — écrit-il — des philosophes pour enseigner que Dieu est le beau souverain, comme il est le souverain bien. Un musicien de ma connaissance disait à ce propos : « Quand on a le malheur d'être un infini » sans détails, on n'est pas beau, mais je conviens » qu'on a le droit de s'en passer. » Les artistes savent qu'il n'y a pas de beauté sans forme, ni de forme sans caractère, et qu'on n'a de caractère qu'à la condition d'avoir des bornes et de n'être que ce que l'on peut être [3]. »

Les artistes consultés par le disert écrivain doivent être de ceux qui en fait ne connaissent que le beau sensible. Apparemment d'ailleurs, ces artistes ont toujours existé, car déjà au troisième siècle Plotin lui-même leur faisait une réponse qu'on dirait à l'adresse de V. Cherbuliez : « La beauté participée a une forme, la beauté absolue n'en a pas. Quand nous parlons de beauté absolue, il faut éloigner notre pensée de toute forme déterminée, ne nous en mettre aucune sous les yeux, sinon nous nous expo-

---

[1] *Œuvres* de Platon, t. VI, p. 318, édit. de Cousin.
[2] *Alcinous*, c. 10.
[3] *Revue des Deux Mondes*, 15 août 1891, p. 737.

serions à descendre de la beauté absolue à une chose qui ne mérite le nom de belle qu'en vertu d'une faible et obscure participation [1]. »

S'il faut à des artistes le témoignage d'autres artistes, nous citerons celui de Michel-Ange. Sculpteur, peintre et architecte, nulle voix n'est plus autorisée en esthétique : « Déployant ses ailes pour s'élever vers les lieux d'où elle est descendue, l'âme ne s'arrête pas à la beauté qui séduit les yeux et qui est aussi fragile que trompeuse, mais elle cherche dans son vol sublime à atteindre le beau universel. »

Voulez-vous entendre un autre artiste, de moindre note sans contredit, cependant peintre et écrivain de mérite, dont l'affirmation convaincue a d'autant plus de poids qu'elle tranche sur le ton habituel de ses écrits. « Aujourd'hui, — dit R. Töpffer, — après avoir pénétré plus avant dans la question, il m'arrive ce qui a dû arriver à plusieurs, c'est d'éprouver à la fois une conviction incomparablement plus forte au sujet de l'existence réelle du beau, et une conviction mieux raisonnée de n'en pouvoir saisir les éléments essentiels dans rien de particulier, dans rien de relatif; or ces deux convictions sont les prémisses même qui engendrent pour conclusion rigoureuse que le beau dans son essence absolue, c'est Dieu. »

« Un grand nombre d'auteurs parmi ceux qui sont le plus recommandables par leur savoir, par leur haute raison et par la profondeur de leur pensée, se sont rencontrés, bien qu'ayant suivi des

---

[1] Plotin, V. *Ennéade* 8, apud Ch. Bénard, p. 345.

chemins très divers, autour de cette même pensée qu'exprimaient Winckelmann, Mengs, Wakenvoder, Tieck, à savoir que la beauté suprême réside en Dieu, ou, pour parler dans sa rigueur le langage philosophique, que le beau, dans son essence absolue, c'est Dieu. C'est là un accord d'autant plus remarquable que les auteurs dont je parle sont arrivés à cette conclusion par le travail seul de leurs méditations philosophiques et indépendamment de toute considération religieuse [1]. »

Dieu étant l'infinie sagesse et l'infinie sainteté est nécessairement le suprême degré de la beauté, soit intelligible, soit morale. Mais une difficulté surgit quand il s'agit du beau plastique ou sensible, le seul universellement admis des artistes. Peut-il exister en Dieu? D'abord, nul doute qu'il n'y soit comme l'effet est dans sa cause. On ne donne que ce que l'on a. Si Dieu est l'auteur de toutes les beautés sensibles qui nous enchantent, s'il est l'inspirateur de tout génie artistique, c'est que dans les trésors de son essence infinie, il possède éminemment toutes ces beautés et toutes ces inspirations.

Mais cette essence divine, réplique-t-on, échappe à toute atteinte directe de l'intelligence, à plus forte raison à tout effort de l'imagination. Nous ne pouvons nous former une image de Dieu, donc sa beauté est pour nous comme si elle n'existait pas, et, de ce chef, ne saurait être l'objet de l'esthétique. Il est vrai que nous n'atteignons pas directement l'essence

---

[1] R. Töpffer, *Menus Propos d'un peintre genevois*, liv. VII, épigraphe et chap. x.

divine. Néanmoins nous pouvons connaître Dieu et nous le représenter dans une certaine mesure; et cela grâce à deux moyens, les créatures et les témoignages de la foi.

Livrée à elle-même dans cette recherche de Dieu à travers les créatures, la raison serait exposée soit à confondre le créateur avec ses œuvres, soit à attribuer formellement à Dieu ce qui ne convient qu'à la créature. La première déviation mènerait au panthéisme, la seconde à l'anthropomorphisme. La foi aide la raison à éviter ce double péril en s'élevant des perfections bornées des créatures aux perfections infinies du créateur, par l'élimination de tout ce que les premières contiennent d'imparfait.

Saint Augustin donne un magnifique exemple de ces élévations : « Qu'aimé-je donc en vous aimant, ô mon Dieu? Ce n'est pas la beauté selon l'étendue, ni la gloire selon le temps, ni l'éclat de cette lumière amie de nos yeux, ni les douces mélodies du chant, ni la suave odeur des fleurs et des parfums, ni la manne, ni le miel, ni les autres délices des sens. Ce n'est pas là ce que j'aime en aimant mon Dieu. Et pourtant j'aime une lumière, une mélodie, une odeur, un aliment, un plaisir en aimant mon Dieu; cette lumière, cette mélodie, cette odeur, cet aliment, ce plaisir qui défient les limites de l'étendue et les mesures du temps, et le souffle des vents, et la dent de la faim, et le dégoût de la jouissance: voilà ce que j'aime en aimant mon Dieu. Et qu'est-ce enfin? J'ai interrogé la terre et elle m'a dit : « Ce n'est pas moi. » Et tout ce qu'elle renferme m'a fait le même aveu. J'ai interrogé la mer et les abîmes et les êtres animés qui glissent sous les eaux. Ils ont répondu : « Nous ne sommes pas ton Dieu ; cherche au-dessus de nous. » J'ai interrogé l'air que je respire. L'air et ses habitants m'a dit de toutes parts : « Anaximène se trompe, je ne suis pas ton Dieu. » J'interroge le ciel, le soleil, la lune, les étoiles, et ils me répondent : « Nous ne sommes pas non plus le Dieu que tu cherches. » Je dis enfin à tous les objets qui se pressent aux portes de mes sens : « Parlez-moi de mon Dieu puisque vous n'êtes pas lui ; dites-moi de lui quelque chose. » Et ils me crient d'une voix éclatante : « C'est lui qui nous a faits [1] ! »

Par destinée comme par nature le monde physique nous raconte la gloire de son auteur. David l'a chanté dans ses psaumes et Dante en son poème :

« La gloire de Celui qui donne le mouvement et la vie pénètre l'univers et y resplendit à des degrés différents..... » « Toutes choses ont un ordre entre elles, et cet ordre est la beauté qui fait l'univers ressemblant à Dieu [2]. »

En effet, Dieu n'est pas seulement l'auteur, il est le prototype de toute beauté. « Toutes les créatures sont belles par ce qu'elles nous reflètent de Dieu, mais laides en comparaison de Lui [3]. »

---

[1] D. Aug., *Confess.*, lib. X, cap. vi, trad. L. Moreau.

[2] La gloria di Colui che tutto muove,
Per l'universo penetra, e resplende
In una parte più e meno altrove.
... Le cose tutte quante
Hanno ordine tra loro, e questo è forma
Che l'universo a Dio fa simigliante.
Dante Alighieri, *Paradiso*, cant. I, terz. I e 35.

[3] Cujus imitatione pulchra, cujus comparatione fœda sunt omnia. — D. Aug., *De ordine*, lib. II, cap. xix.

Toutes les créatures, dans la mesure même de leur beauté, sont autant de miroirs où nous pouvons contempler la beauté divine. Quand un peintre ou un sculpteur veut se représenter lui-même, il recourt à un miroir. Les artistes, qui cherchent à fixer dans le marbre ou sur la toile l'ineffable Majesté, recourent aux créatures où Dieu reflète sa beauté. L'apôtre saint Paul le déclare en sa lettre aux Romains : « Les merveilles invisibles de l'essence divine, grâce aux créatures, on en a l'intelligence, on les voit [1], » « comme dans le jeu d'un miroir [2]. »

La foi elle-même n'oublie pas que l'imagination est la collaboratrice nécessaire de notre intelligence ; dans les révélations qu'elle nous fait sur la nature divine, elle recourt à des analogies empruntées à la création. Elle nous montre Dieu avec des yeux toujours ouverts, des oreilles toujours attentives aux besoins et aux désirs de ses créatures, avec des mains pleines de bénédictions, des bras qui déploient leur puissance ; elle nous le décrit tantôt s'applaudissant de son œuvre et tantôt regrettant d'avoir créé l'homme. Mais en même temps, elle nous rappelle que ces expressions ne doivent pas être prises à la lettre, car Dieu est un pur esprit en qui il n'y a pas ombre de passion ou de vicissitude. Ces manières de parler s'accommodent à notre nature mixte et mieux que toute autre font comprendre ce qu'elles veulent dire.

---

[1] Invisibilia ipsius a creatura mundi, per ea quæ facta sunt intellecta conspiciuntur. *Rom.*, I, 20.

[2] Per speculum in ænigmate. I *Cor.*, XIII, 12.

A l'aide de toutes ces données, fournies soit par la nature, soit par la révélation, de grands artistes ont su, dans les œuvres de leur pinceau ou de leur ciseau, nous faire apparaître la beauté divine, la beauté incréée du Dieu éternel.

Nommons en particulier le prince incontesté de tous les peintres dont le génie honore l'humanité. Raphaël Sanzio, dans sa fresque de *la Création*, nous a donné une splendide représentation de l'Auteur de toutes choses. Il nous le montre, sous la figure d'un personnage du plus grand style, franchissant les espaces, séparant les ombres d'avec la lumière et faisant surgir au firmament d'une main le soleil, de l'autre la lune. Tout en cette figure rayonne de vie, de force, de sagesse, de puissance, de sérénité et de bonté; tout s'y harmonise dans une incomparable beauté. Si, dans la structure athlétique du personnage, Raphaël paraît avoir voulu rivaliser avec Michel-Ange, il se retrouve tout entier avec son génie inimitable dans la noblesse et la grâce de sa composition.

Quelle que soit la magnificence de ce chef-d'œuvre, il reste infiniment en deçà de la réalité. En lui-même, Dieu est la beauté au même titre qu'il est la perfection. Il est la beauté absolue et sans mélange, comme il est l'être pur et absolu; il est l'idéal de toutes les beautés qui peuvent nous ravir, l'idéal du beau sensible comme l'idéal du beau intelligible et du beau moral.

Nous disons l'*idéal*, mais dans un sens bien différent de celui de certains philosophes contemporains, pour qui ce mot ne désigne ce qui n'existe que dans l'idée. Tel est Ét. Vacherot. Il reconnaît en Dieu l'idéal de toutes choses, mais c'est pour le reléguer en dehors de la réalité. « Ce qui mérite nos adorations, — écrit-il, — c'est l'être infini, universel, parfait, immuable, supérieur au temps et à l'espace... Il ne prend la divinité qu'en perdant la réalité [1]. » C'est sous une autre forme l'impiété d'E. Renan faisant de Dieu la catégorie de l'idéal.

Pour nous, quand nos pensées s'élèvent à la suprême beauté, elles ne se perdent pas dans le vide. Pour nous, l'idéal de toute beauté est la réalité par excellence [2].

« Il n'y a de beau que Dieu, — a dit Joubert, — et après Dieu, ce qu'il y a de plus beau, c'est l'âme; et après l'âme, c'est la pensée; et après la pensée, la parole. Donc plus une âme est semblable à Dieu, plus une pensée est semblable à une âme, et plus une parole est semblable à une pensée, plus tout cela est beau [3]. »

Rien ici-bas de divin comme le beau; si nous comprenons bien ce que c'est que la beauté en sa plénitude, nous verrons qu'il n'y a rien de plus divin, même en Dieu, où tout est divin.

---

(1) *La Métaphysique et la science*, t. II, p. 501 et 598.
(2) Il est la réalité par excellence, mais non toute réalité comme le veut une nouvelle école panthéiste : « Il n'y a pas d'autre réalité que D'eu; il n'y a pas d'autre vérité que Dieu; il n'y a pas d'autre beauté que Dieu. » Sar Péladon, *l'Art idéaliste et mystique*, p. 33.
(3) Joubert, *Pensées*, tit. II, n° 2.

CHAPITRE II

Dans le beau relatif, il y a une gradation esthétique définie.

Indépendamment des préférences personnelles et du goût particulier de chacun, les choses belles le sont en elles-mêmes dans une mesure diverse. Il y a du plus ou du moins dans leur beauté, on en convient unanimement. Pour tout le monde, la rose l'emporte sur le bouton d'or, et l'on trouverait facilement des fleurs qui d'un commun accord se placeraient, au point de vue esthétique, entre la rose et le bouton d'or. Il y a donc, parmi les fleurs, une gradation de beauté, mais qui ne peut en embrasser qu'un fort petit nombre; à l'égard des autres, il y aura autant d'avis que de personnes. De plus, cette gradation, si limitée soit-elle, ne saurait être généralisée dans une formule et offrira peu d'utilité pratique. Ce qu'il nous faut, c'est une gradation qui, au lieu de procéder insensiblement, à la manière d'un plan incliné, s'élève par degrés définis semblables aux marches d'un escalier, aux étages d'un édifice. Mais où trouver ces échelons en esthétique? Nous en constaterons l'existence grâce à la corrélation du beau avec son sujet ou substratum. L'échelle de la beauté est parallèle à celle des êtres, les degrés esthétiques correspondent aux degrés ontologiques des êtres en qui resplendit la beauté.

Rappelons, et au besoin, établissons la superposition hiérarchique des êtres; nous montrerons ensuite la gradation correspondante de leur beauté.

Tout le monde est d'accord pour dire que les différents ordres et règnes *de l'existence* s'échelonnent les uns au-dessus des autres. L'ordre intellectuel est superposé à l'ordre matériel, et l'ordre moral à l'ordre intellectuel; l'homme est tenu pour supérieur à l'animal, celui-ci au végétal et ce dernier au minéral. Ce classement dicté par le sens commun est admis sans discussion; néanmoins la philosophie moderne, qui aime à se rendre compte de toutes choses, peut se demander quelle est la base rationnelle de ce placement hiérarchique. A quoi tient, qu'est-ce qui fait la valeur d'un être? Quelle est la règle qui nous dirige dans l'estimation des choses? Nous ne parlons pas de la valeur conventionnelle ou occasionnelle résultant de circonstances particulières; il s'agit de la valeur intrinsèque, réelle. Pourquoi ontologiquement la créature humaine vaut-elle plus qu'une montagne, celle-ci fût-elle de marbre ou d'or massif?

Sans nous embarrasser en des abstractions métaphysiques sur l'essence même des êtres, nous pouvons répondre en formulant ce principe : *Le degré d'excellence d'un être est défini par son degré d'indépendance.* La supériorité de l'indépendance entraîne toutes les autres. L'aséité, l'indépendance la plus absolue que nous puissions concevoir, est précisément la caractéristique de l'être suprême, l'attribut le plus formel de Dieu. Appliquons ce principe successivement aux différents ordres et règnes de l'existence.

D'abord, tout nous le démontre, la *matière* est enchaînée au point de l'espace et de la durée où elle se trouve, tyrannisée par le mouvement qu'on lui donne, maîtrisée par son poids, paralysée par son inertie, assujettie à toutes les influences physiques. Elle est dépendante comme jamais esclave ne pourra l'être.

L'*esprit* au contraire est essentiellement libre; il n'est en aucune manière enchaîné; il se transporte dans l'espace et la durée, s'arrête et se meut comme bon lui semble. Il n'est embarrassé d'aucune masse qui puisse l'alourdir ou lui faire obstacle; il échappe à toute étreinte physique; il est donc aussi réellement indépendant que la matière l'est peu. Donc l'ordre intellectuel est évidemment supérieur à l'ordre matériel; les rapports logiques de cause et d'effet, de déduction et de finalité l'emportent évidemment sur les rapports d'étendue et de couleur, etc.

Nous établirons de même l'excellence de l'*ordre moral* sur l'ordre intellectuel, de la vertu sur la science. En effet, autant les actes particuliers de l'intelligence ont quelque chose d'inévitable et de fatal, autant ceux de la volonté (qui constituent l'ordre moral) sont essentiellement spontanés et libres ; l'intelligence ne fait pas la vérité, elle la constate ; la volonté, au contraire, fait le choix auquel elle s'arrête et détermine son vouloir dans les cas particuliers. Si je lis un journal, si j'écris une lettre ou m'adonne à une occupation quelconque, j'ai conscience de le faire parce que je le veux ; je sens que, si je voulais, je ne le ferais pas et pourrais à mon gré faire autre chose : ma volonté est donc très libre. Mais quand mon intelligence me dit que quatre fois cinq font vingt, qu'il y a loin de Paris à Pékin, que telle maison est spacieuse, je n'y suis pour rien et n'y puis rien changer ; la vérité, le fait que saisit mon intelligence ne dépend aucunement de moi ; cette vérité, ce fait que je perçois s'impose à mon esprit.

De plus, au point de vue de l'influence, la vertu l'emporte encore sur la science, car elle affranchit l'homme des passions, tandis que la science coexiste trop bien avec leur esclavage, comme le prouve l'expérience. Quelquefois même la science, enchaînée au service des passions, assurera le triomphe de leur tyrannie.

On ne nous demandera pas de mettre en évidence la supériorité de l'ordre surnaturel et divin sur l'ordre moral humain : la démonstration serait pareille.

Passons plutôt au classement hiérarchique des règnes de la nature.

On place universellement le règne minéral au bas de l'échelle, puis le règne végétal, le règne animal et au sommet le règne hominal [1] ou humain. Ce classement est pleinement justifié par les accroissements successifs d'indépendance d'un règne à l'autre.

Le *minéral* n'est que matière; par suite il vérifie tout ce que nous avons dit plus haut de l'esclavage de la matière. Il est soumis sans résistance possible à toutes les influences, aux attractions moléculaires, à la pesanteur, aux vibrations calorifiques, lumineuses ou électriques, à tout effort mécanique; il est à la merci de tous les autres êtres.

Le *végétal* lui est fort supérieur, la vie l'affranchit dans une certaine mesure : il sait se soustraire aux forces moléculaires et à la pesanteur pour s'organiser, grandir et porter souvent à une remarquable hauteur un poids énorme de tige et de branches. Il réalise un type spécifique, mais avec une latitude qui n'a rien de la rigueur mathématique qui préside à la structure du cristal; il sait réagir contre le froid, le chaud, la sécheresse; on le voit même travailler à la cicatrisation des plaies qui peuvent lui survenir; il se perpétue par des graines ou rejetons; enfin il fait concourir le minéral à son entretien et à son développement.

L'indépendance de l'*animal* est beaucoup plus

---

[1] Le mot est d'Isidore Geoffroy Saint-Hilaire.

grande. Grâce à la vie sensitive et à la spontanéité de mouvement dont il jouit, non seulement il réagit sous l'action des influences et excitations extérieures, mais il y répond par une perception ou connaissance qui l'éclaire sur ce qu'il peut en attendre. Ses yeux, ses oreilles, son adorat l'avertissent à distance des dangers qui le menacent ou des joies qui lui sont offertes ; sa faculté de locomotion lui permet de fuir les uns et de se porter aux autres. De plus, il fait servir à son entretien minéraux et végétaux, qu'il s'assimile au point de vérifier l'expression du Dante, *se immedesima, se enluia,* il les fait lui-même, il se les identifie.

L'homme enfin jouit d'une indépendance royale. Nous avons vu le minéral assujetti au végétal, le végétal ainsi que le minéral soumis aux besoins de l'animal. Or ce dernier lui-même, ainsi que les deux règnes précédents, est au service de l'homme. L'homme est donc bien le terme, le sommet où aboutit cette hiérarchie des êtres visibles.

Son indépendance personnelle a bien d'autres caractères d'élévation. D'abord *organiquement* ses sens possèdent un équilibre de puissance et une universalité d'aptitudes dont rien n'approche chez les animaux ; chez ces derniers, la supériorité d'un sens est toujours aux dépens de la perfection des autres. Les sens même qui dans la brute ont le plus d'acuité ont chez l'homme une variété de discernement que n'a pas l'animal. Par exemple, le chien a l'odorat plus fin pour certains effluves ; mais il est insensible à la grande diversité des odeurs ; le vautour a l'œil plus perçant, mais il est incapable de discerner la variété des couleurs ; le lièvre a l'oreille plus sensible au moindre bruit, mais ne saurait distinguer les tons de l'échelle musicale.

Au point de vue intellectuel, l'indépendance de l'homme en fait un règne à part : il pense, il juge, il raisonne, combine ; parle, écrit, imprime ; exploite les ressources plus ou moins cachées de la nature, tandis que l'animal n'a jamais eu l'esprit de se faire un outil ni même de se servir de ceux de l'homme.

Enfin, *sous le rapport moral* ou de la vertu, l'homme n'a pas seulement la spontanéité de ses actes, il a la liberté de ses déterminations. Cette liberté est si grande, si complète, que Dieu lui-même s'interdit de la violenter [1]. L'homme est maître de sa propre valeur ; à son choix, il s'élève ou se dégrade ; il est maître de ses destinées éternelles, car elles seront la conséquence de ses œuvres, la sanction de l'usage qu'il aura fait de sa liberté. L'indépendance de l'homme s'étend donc au delà de l'horizon de la terre et du temps ; son excellence par rapport aux autres créatures de l'univers grandit et l'emporte dans la même mesure.

Ainsi la gradation hiérarchique de la matière à l'esprit et à la vertu, du minéral au végétal, à l'animal et à l'homme, est fondée sur la nature même. Or, à cette gradation ontologique en correspond une semblable en esthétique. En effet, un instinct naturel que la raison justifie nous fait prendre dans

---

[1] Reliquit illum in manu consilii sui. *Eccli.*, xx, 14.

les données extérieures d'un être une idée de sa nature intime. Quoi qu'il en soit des exceptions, il est dans l'ordre qu'habituellement la tenue, les vêtements d'une personne nous donnent une idée de sa condition [1]. Or, la beauté est une parure, un brillant manteau, il est normal qu'une nature supérieure revête un manteau plus riche et que la beauté augmente parallèlement à l'excellence de l'être.

Ce n'est pas seulement une convenance, c'est une nécessité. La splendeur ou l'éclat avec lequel les êtres peuvent se manifester ne fait que révéler davantage ce qu'ils sont en réalité. Si donc il y a gradation parmi ces êtres sous le rapport ontologique, cette gradation ne pourra devenir que plus saillante alors que son resplendissement provoquera notre sens esthétique.

Nous nous bornons ici à ces simples indications, les chapitres suivants offriront une démonstration complète.

---

(1) Exterior cultus indicium quoddam est conditionis humanæ. — D. Thom., *Sum. th.*, II^a II^æ, q. 169, a. 1, 3um.

CHAPITRE III

Le beau intelligible est supérieur au beau sensible.

L'ordre intellectuel étant, par nature, supérieur à l'ordre matériel, le beau intelligible doit l'emporter nécessairement sur le beau sensible [1].

Jetons les yeux sur la nature : elle est belle, bien belle à qui la contemple, beaucoup plus belle encore à qui la comprend. Il en est un peu de la nature comme de cette princesse dont parle le roi David quand il nous dit : Quelque riche que soit sa parure, sa vraie gloire lui vient de ses qualités intimes [2]. Déjà nous en avons fourni des preuves éclatantes,

---

[1] Rappelons que le beau intelligible, c'est la splendeur de l'ordre résultant des rapports purement intelligibles tels que ceux de finalité, de rôle, d'expression, de logique, etc.
[2] Omnis gloria ejus filiæ regis ab intus. *Ps.* XLIV, 14.

car nous n'avons pu montrer l'existence du beau intelligible dans la nature [1], en parcourir le domaine, sans révéler sa supériorité.

Mes sens peuvent être frappés de la beauté d'un site, je puis admirer les montagnes boisées qui l'encadrent ou la mer qui en étend les perspectives, l'or des moissons ou l'émail des prairies, l'harmonie des couleurs et des sons, la grâce et l'activité de tout ce qui va, vient, travaille, court, vole ou nage. Mais mon intelligence ne s'arrête pas à cette surface, elle pénètre plus avant, elle saisit dans une certaine mesure la raison d'être de ces créatures, elle découvre leur rôle, la sagesse qui l'a dicté, la perfection avec laquelle il est rempli. En même temps, ma mémoire évoque tous les souvenirs, l'imagination m'apporte toutes les représentations qui se rattachent à cette vue du présent. Les analogies, les symboles qui en surgissent éveillent en moi de secrètes sympathies, et finalement, mon âme s'enivre de cette contemplation. Souvent, à notre insu, les plus grandes jouissances que nous éprouvons dans le spectacle de la nature sont dues beaucoup moins aux beautés matérielles qui frappent nos sens qu'aux beautés intelligibles qui captivent et ravissent notre esprit. Citons quelques exemples.

Parmi toutes les créatures, l'eau est l'une de celles qui offrent à nos yeux la plus merveilleuse variété d'aspects : d'abord elle se prête admirable-

---

(1) Voir ci-dessus, liv. II, chap. iii-vii.

ment à l'action de ce décorateur qu'on appelle la lumière et dont le pinceau féerique embellit toutes choses. L'eau lui doit la blancheur éblouissante de sa neige, l'irisation de ses cristaux, le diaphane de ses fontaines, le limpide miroir de ses lacs, les rubans d'argent de ses rivières, la moire de ses mers aux reflets bleus et verts, brochés d'or. Bientôt, sous l'action des vents, l'eau s'anime, s'agite, empanache ses vagues et leur fait donner un tournoi; houleuse, elle les lance à la poursuite ou à l'assaut les unes des autres, elle se creuse en abîmes ou s'élève en montagnes mugissantes qui se heurtent, se brisent et confondent leur masse. Le spectateur est saisi, ravi; mais est-ce seulement par le côté sensible de ce qu'il voit et entend? par l'éclat et le mouvement, la violence et le bruit? Non; son imagination et son intelligence sont intervenues pour interpréter ses sensations, et leur donner une véritable éloquence.

L'eau réserve des ravissements plus grands encore à qui se rend compte du rôle utilitaire qu'elle remplit dans le monde. Elle apparaît alors comme un des agents les plus universels de la nature [1]. Grâce à ses propriétés dissolvantes, elle se charge de sels et de gaz dans le sol où les racines des végétaux viennent la pomper. Elle devient ainsi l'élément principal de la sève ascendante ou descendante, l'intermédiaire de la circulation et de la vie, la première condition de l'évolution.

L'eau constitue les neuf dixièmes du corps des

---

(1) Corpora non agunt nisi soluta. — Veter. Auct.

animaux et de l'homme ; elle est le véhicule des globules du sang et de la lymphe, la base de toutes les humeurs de l'organisme.

Pour être constamment à la portée et au service des êtres vivants, l'eau demande des ailes à la chaleur, s'élève du sein des mers et se laisse transporter par les vents au-dessus des terres fermes. A la rencontre des plus hautes montagnes, une partie de cette eau se cristallise en neige ou se prend en glaciers, l'autre va plus loin à l'état de nuées pour abreuver et féconder la terre végétale, alimenter les sources, former les ruisseaux, les rivières et les fleuves, maintenir le niveau des lacs et des mers, entretenir partout la fraîcheur et la vie. Aux yeux de l'intelligence ce rôle est splendide.

C'est l'eau encore qui, grâce à sa grande capacité calorifique, entretient l'équilibre de température à la surface de notre globe. Sur les côtes de la zone torride, elle fait naître et régner des brises rafraîchissantes. Le matin, la masse des eaux de la mer s'échauffe plus lentement, de là un courant atmosphérique allant de la mer plus froide à la terre plus chaude, c'est la brise de mer ; le soir, les eaux se refroidissent moins vite que le sol, il en résulte un courant de la terre refroidie à la mer encore chaude, c'est la brise de terre. Cette double influence se fait sentir plus ou moins sur toutes les côtes. Elle adoucit les ardeurs de l'été et les rigueurs de l'hiver, procure ce qu'on appelle le climat des îles.

A l'état de vapeur, l'action modératrice de l'eau est plus générale :

« Des observations nombreuses et assez précises

nous ont appris que dans les régions équatoriales l'évaporation fait disparaître chaque année une couche d'eau ayant au moins cinq mètres d'épaisseur. Supposons que dans ces mêmes régions, il tombe annuellement une couche de deux mètres : il reste encore une quantité d'eau représentée par une couche de trois mètres qui, à l'état de vapeur, se trouve transportée vers les pays les plus rapprochés du pôle. Cette couche de trois mètres à la surface des mers est évaluée à 721 trillions de mètres cubes ; à l'état de vapeur, cette masse énorme laisse échapper une quantité non moins énorme de chaleur, quand, dans les pays moins chauds, elle se transforme en eau, puis en glace ; elle contribue d'une façon efficace à adoucir le climat de pays désolés... Le capitaine Maury le fait ici remarquer : avec un gaz proprement dit, on n'aurait jamais obtenu pareil résultat. En effet, pour transporter par son intermédiaire la même quantité de chaleur, il aurait fallu l'échauffer à la température d'une fournaise [1]. »

Dans les êtres vivants, la supériorité du beau intelligible sur le beau sensible est encore plus frappante. Ce que nous avons dit plus haut [2] du rôle assainissant de la végétation, des merveilles de l'instinct chez les animaux, et en général du domaine du beau intelligible, suffirait largement à prouver

---

[1] P. Secchi, S. J., *le Soleil*.
[2] Liv. II, chap. v.

notre thèse. Ajoutons cependant quelques traits généraux ou particuliers.

Littérateurs et artistes exaltent la beauté des forêts ; ils célèbrent à l'envi le vert tendre des rameaux printaniers, les teintes mordorées des feuillages d'automne. Mais encore est-ce avec plus de complaisance d'art et de poésie qu'ils se font les interprètes du symbolisme caché sous le réveil de la végétation ou la chute des feuilles.

La science à son tour nous révèle des charmes nouveaux et plus saisissants dans les forêts en nous apprenant leur influence régulatrice sur le climat et le régime des eaux.

« La forêt conserve à la température une constance plus grande qu'un terrain découvert : cette action modératrice des forêts ressemble à celle des océans. C'est à elle que l'on doit l'atténuation des effets désastreux des gelées printanières, etc. La pluie est plus abondante dans une région boisée que dans un pays qui l'est peu ou point, toutes choses égales d'ailleurs. L'évaporation est trois à quatre fois moindre sous bois. C'est ce qui explique l'action si bienfaisante des massifs boisés sur l'alimentation des sources [1]. »

Rien de fortuit dans la variété des essences forestières que la nature offre à nos yeux : « Ce bouquet de pins qui pyramide avec tant de bonheur au centre d'un couvert formé par le chêne, le charme, le bouleau, sûrement trahit une variation bien

---

[1] Observations faites par M. Claudet à l'École forestière de Nancy, *Cosmos* du 13 août 1898.

localisée du terrain ; par exemple, une sablière coupant des terrains plus compacts. En tout cas, la différence des feuillages et la différence des sols sont connexes [1]. »

L'infinie variété de forme et de structure dans les règnes organiques est d'un grand effet décoratif. Mais elle a bien d'autres raisons d'être, elle correspond à une diversité non moins grande dans les fonctions de l'individu et dans son rôle au sein de l'harmonie universelle. Comparons la corolle de la tulipe et celle du fuchsia. La première est dressée, ouverte vers le ciel, la seconde est renversée comme une coupe que l'on vide. Le contraste est charmant ; il le devient davantage quand, à y regarder de plus près, l'esprit saisit dans la structure des organes intérieurs la raison de la divergence. On le sait, la fécondation du végétal exige que le pollen des anthères vienne en contact avec le stigmate du pistil, il y a donc tout avantage à ce que les anthères soient au moins au niveau du stigmate. C'est ce que nous constatons dans la tulipe et la plupart des fleurs. Or dans le fuchsia, vu la longueur du pistil, si la fleur était dressée, le stigmate se trouvant beaucoup plus haut que les anthères ne pourrait en recevoir le pollen ; c'est pourquoi elle est renversée, le stigmate est dès lors au-dessous des anthères et à même d'en accueillir la poussière fécondante.

Il existe dans les eaux peu profondes du midi de la France une petite plante qui n'a rien de bien séduisant à première vue, et cependant les poètes

---

[1] Maurice Griveau, article du *Cosmos*, n° 726.

Castel et Delille l'ont célébrée; elle est, en effet, ravissante à étudier. C'est la vallisnérie en spirale. Les étamines et le pistil sont sur des pieds distincts. L'épithète « en spirale » fait allusion à la structure de la fleur pistillée, portée sur un long pétiole enroulé sur lui-même, en hélice serrée, comme un ressort à boudin. Au temps de la pleine floraison, la fleur staminée se détache de son pied, et, du fond de l'eau, vient à la surface flotter à l'aventure, avec ses anthères prêtes à s'ouvrir et à répandre leur pollen. A la même heure, la fleur pistillée déroule sa spirale, s'allonge, s'allonge encore, quelquefois à plus d'un mètre, jusqu'à ce qu'elle arrive elle aussi à la surface de l'eau, à la rencontre de la fleur staminée, au contact du pollen. Une fois fécondée, son pétiole se raccourcit, reforme et resserre ses spires, et la fleur redescend au fond de l'eau pour y mûrir son fruit. Est-ce assez merveilleux!

Il serait facile de multiplier les exemples; le règne animal nous en offrirait de plus variés et de plus frappants. Nous ne déchiffrons cependant tout au plus que quelques pages du livre de la nature et quelques lignes en chacune de ces pages..... Que sera-ce quand ce livre sera mieux connu! Alors on aura l'explication d'une infinité de particularités; on saisira la raison d'être de ce qui nous semble aujourd'hui autant de bizarreries; on assistera à un concert universel de finalités plus harmonieuses les unes que les autres.

L'homme en sa personne résume la nature et la couronne; en lui, plus qu'en aucune autre créature, éclate la suprématie du beau intelligible sur le beau physique. L'âme de l'homme se reflète sur son visage et lui donne peu à peu cette empreinte spéciale qui constitue la physionomie. Si régulière que puisse être la figure d'un idiot, elle reste sans expression, et par là même ne saurait plaire[1]. Au contraire, comme toute lumière, une intelligence rayonne au delà de son foyer, elle irradie à travers le corps et illumine si bien les traits, qu'ils captivent par leur expression.

La laideur de Mirabeau était proverbiale : les traits de sa figure flétrie, livide, étaient épais et criblés de petite vérole. Néanmoins, quand il occupait la tribune, l'ironie de ses lèvres se mariant à l'éclair de ses yeux, sa laideur disparaissait ; son visage fulgurant d'expression jetait dans l'admiration.

La grande tragédienne, Rachel, était loin d'être belle, avec son long cou maigre et noir, son front bombé, ses pommettes saillantes et son menton aminci. En scène cependant, alors qu'elle s'identifiait avec son rôle, sa figure s'idéalisait.

Nous trouvons une dernière confirmation de notre thèse dans ce fait que plusieurs auteurs ne conçoivent pas la beauté sans une expression de vie, réelle ou figurée. Ils ont tort de restreindre ainsi le domaine du beau ; mais ils rendent hommage à l'excellence de la beauté intelligible. Cette dernière seule séduit dans l'organisation et l'évolution qui caractérisent la vie.

---

[1] Circulus aureus in naribus (porci) mulier pulchra et fatua. — *Prov.*, xi, 22.

CHAPITRE IV

Le beau moral est supérieur au beau intelligible.

Le beau moral, nous l'avons vu [1], c'est la splendeur de l'ordre dans l'exercice de la liberté, ou plus brièvement la splendeur du bien, de ce bien que poursuit la vertu. La supériorité du beau moral n'est pas seulement affirmée par la religion, elle est proclamée par l'humanité. Justifiée par la raison, elle est mise en tout son jour par les enseignements de la foi.

« Si la beauté d'une âme sage et vertueuse était vue des yeux corporels, — nous dit Platon [2], — elle enflammerait de son amour le cœur de tous les hommes. »

---

[1] Ci-dessus, liv. II, chap. VIII.
[2] Platon, *Phédon*.

« Si belle que soit la beauté de l'étoile du soir et du matin, elle pâlit devant la beauté de la vertu, » — reprend Aristote [1].

De nos jours, H. Taine écrit : « L'être moral est le terme et comme la fleur de l'animal physique; si le premier faisait défaut, le second ne serait pas complet;... un corps si parfait ne s'achève que par une âme parfaite [2]. »

Pour tous la vertu est belle et le vice est laid. On s'attend à les voir l'une et l'autre se trahir sur la physionomie, l'une pour la transfigurer, l'autre pour la dépraver; car l'âme réagit sur le corps encore plus que le corps sur l'âme. L'âme transpire au dehors et fait le corps à son image. De là vient que « l'expression du visage apparaît tantôt dure comme l'égoïsme, repoussante comme le vice, tantôt attrayante comme la bonté, limpide comme la pureté, recueillie comme la prière, ardente comme l'amour, intrépide comme le courage, noble comme l'héroïsme. Que si, chez plusieurs, elle est nulle ou presque nulle, c'est que nombre d'âmes, hélas! sont endormies et sans vigueur, banales et sans caractère : âmes sans figure, elles ne façonnent que des figures sans âme [3]. »

Les traits physiques n'exercent qu'une influence très secondaire sur la physionomie. Un exemple souvent cité est celui de deux hommes célèbres à des titres fort différents, Voltaire et le curé d'Ars.

---

(1) Aristote *apud* Plotin. Cf. Ch. Bénard, *l'Esthétique d'Aristote*, p. 340.
(2) H. Taine, *Philosophie de l'art*, t. II, p. 348, 349.
(3) Buathier, *le Sacrifice et le beau*, p. 13.

Ils avaient le même galbe de tête et de figure, des traits presque semblables; néanmoins où trouver deux expressions de visages plus opposées? Avec beaucoup de talent, énormément d'esprit, une grande puissance de travail, une verve intarissable, Voltaire a su écrire sur toute espèce de sujets et dans tous les genres; ces grands dons intellectuels, sa physionomie les reflétait. Néanmoins, ce qui domine en elle, surtout en ses dernières années, c'est ce *rictus* hideux dont parle Joseph de Maistre [1], témoignage et flétrissure de ses haines basses et de sa vie honteuse. — Le curé d'Ars, lui, Jean-Marie Vianney, ne brillait point par son intelligence; il avait eu peu de succès dans ses études, son savoir était fort limité; mais « on ne pouvait le regarder sans être ému jusqu'au fond de l'âme : cette figure émaciée par la pénitence; ces yeux profonds et doux, familiarisés avec le ciel, le tabernacle et les larmes; ces lèvres d'où ne montait que la prière et d'où ne descendait que le pardon; toute cette physionomie céleste et transparente, telle que Cabuchet l'a rendue dans son œuvre immortelle, parlait de Dieu, attirait les hommes, provoquait leur admiration. Elle était belle de toutes les splendeurs de l'âme et l'âme de toutes les splendeurs de Dieu [2]. » Tant il est vrai que la beauté morale éclipse toute beauté intellectuelle parce qu'elle suffit à elle seule à faire resplendir une âme.

D'où vient que les bons anges sont tenus pour

---

[1] J. de Maistre, *Soirées de Saint-Pétersbourg*, 4ᵉ entretien.
[2] Buathier, *op. cit.*, p. 15.

types de beauté et les démons pour types de laideur? Les uns et les autres ont une même richesse de nature physique; mais nous faisons abstraction de cette beauté intellectuelle pour ne considérer dans leur être que la présence ou l'absence de la beauté morale. C'est encore proclamer la suprématie de cette dernière.

Elle est au reste parfaitement justifiée par la raison.

Déjà, nous l'avons vu d'une manière générale [1], l'ordre moral l'emporte nécessairement sur l'ordre intellectuel, donc la vertu l'emporte sur la science. Cette supériorité se vérifie au triple point de vue de l'origine, du prix et de la portée finale.

La vertu est fille de ses œuvres; elle est par droit de naissance affranchie de toute sujétion. Il n'en est pas ainsi de la science, du moins au même degré. Il n'est pas donné à l'homme d'avoir, à son choix, plus ou moins d'esprit; sous le rapport de la science, il dépend grandement des autres hommes, car — dit fort justement Lacordaire — l'homme est un être enseigné. Au point de vue moral, c'est différent; il est entre les mains de son propre conseil, il peut être bon ou mauvais, au choix de son libre arbitre. Dès lors, il est lui-même l'artisan de sa beauté morale, et celle-ci, en raison même de cette liberté [2], est plus noble que toute autre beauté.

---

(1) Ci-dessus, même livre, chap. II.
(2) Voir ci-dessus, liv. III, chap. II.

« Les belles choses sont difficiles [1] » et par suite coûteuses. Cela est vrai surtout de la vertu. Le mot vertu lui-même, par sa racine, signifie quelque chose de viril, un effort de la volonté appliquée au bien. Les Grecs avaient encore accentué cette signification, en appelant la vertue *arété*, de *Arês*, Mars, dieu de la guerre. La vertu est la fille de ses œuvres ; mais ses œuvres sont des victoires. Si l'acquisition de la science, si l'accès des hauteurs du vrai est laborieux, la conquête de la vertu, l'ascension des hauteurs du bien l'est davantage [2]. On n'y arrive qu'au prix d'une lutte continuelle, souvent violente, quelquefois héroïque, où l'homme doit dompter ses passions et s'immoler lui-même dans le renoncement et le sacrifice. « Aussi les anciens dont quelques-uns ont eu le sens esthétique si affiné, ont-ils, eux aussi, cherché le beau sur les cimes du sacrifice. Ils ont compris que non seulement l'air y est plus pur, la lumière plus limpide, l'horizon plus vaste ; mais que les cieux y sont plus proches et l'infini plus familier : témoin leur Psyché, leur Prométhée, leur Œdipe, leur Antigone, leur Iphigénie, toutes leurs grandes créations [3]. »

La portée finale de la vertu est certaine, absolue ; celle de la science reste conditionnelle, elle dépend de l'usage que l'on fera de cette science. La vertu, même sans la science, sera toujours estimée et bénie ; la science sans la vertu sera regrettable et

---

(1) Proverbe grec cité par Platon dans le *Premier Hippias*.
(2) Melior est... qui dominatur animo suo expugnatore urbium. *Prov.*, xvi, 32.
(3) Buathier, *op. cit.*, p. 9.

maudite. La flèche du sauvage est bien moins redoutable que le revolver ou la dynamite de l'homme civilisé. Les banqueroutiers, les fabricants de produits falsifiés, les faussaires et les empoisonneurs trouvent dans leur science le moyen d'accomplir leurs forfaits. Quand un savant veut commettre un crime, sa science multiplie pour lui les chances de succès et d'impunité. Donc quels que soient l'étendue et l'éclat de la science, la vertu est fort préférable, sa beauté bien supérieure.

Les enseignements de la foi mettent cette supériorité dans une lumière plus grande encore. Au jour de la création, Dieu voulant faire l'homme à son image, lui mit au cœur avant tout la bonté, la tendance à faire le bien, à pratiquer la vertu, à réaliser l'ordre et le beau moral. C'est la fin dernière, l'objectif de la vie humaine, tellement essentiel à atteindre que sa poursuite est en réalité notre unique affaire.

Après la création du ciel et de la terre, Dieu s'applaudit; il s'applaudit encore de l'excellence des autres créatures au soir du cinquième jour; mais le sixième, quand il eut créé l'homme, son chef-d'œuvre, on ne l'entendit pas se louer. Il sembla suspendre son jugement. C'est qu'en effet, quelle que soit la perfection physique et intellectuelle de l'homme, cette beauté n'est rien, comparée à la perfection morale que la créature humaine doit réaliser par l'usage de sa liberté, sous la dépendance de son divin auteur. C'est à cette beauté morale que Dieu se réserve d'applaudir, c'est en elle qu'il veut mettre ses complaisances.

Aux yeux de Dieu, la science n'a de valeur qu'au service de la vertu. Les connaissances les meilleures, faute d'être utilisées à la poursuite de sa fin, ne font qu'augmenter la culpabilité de l'homme. Les philosophes anciens qui, parvenus à la connaissance du vrai Dieu, ne l'ont pas glorifié, sont déclarés inexcusables [1]. « Soyez donc — conclut saint Jacques — non de simples auditeurs de la loi de Dieu, mais ses fidèles observateurs [2]. »

Un jour viendra où l'ordre et la beauté triompheront pour toujours. Alors Dieu donnera pleine satisfaction à sa justice (c'est-à-dire aux exigences de l'ordre) et à sa sainteté (c'est-à-dire à son amour de l'ordre); alors Dieu assignera à chacun la place qu'il doit occuper pendant l'éternité. Dans l'exposé que nous fait Notre-Seigneur de ce grand jour des rétributions divines, il nous révèle la base de l'appréciation de la vie. Ce ne sera ni le génie, ni les grandes découvertes de la science, ni les brillantes conquêtes de l'industrie ou de l'ambition, ni les chefs-d'œuvre de la littérature ou de l'art. Rien de tout cela ne pèse dans la balance divine. Ce qui compte, — nous apprend le Seigneur Jésus [3], — ce sont les actes de vertu, et en particulier les œuvres de charité. C'est uniquement notre plus ou moins de beauté morale qui détermine notre place et notre sort éternel.

---

(1) *Rom.*, I, 21.
(2) *Jac.*, I, 22.
(3) *Math.*, xxv, 34-46.

CHAPITRE V

La beauté est croissante du minéral à l'homme[1].

Les naturalistes répartissent la création visible en quatre règnes : le règne minéral, le règne végétal, le règne animal et le règne hominal. D'un règne à l'autre, la distinction est nettement tranchée, et l'ordre de superposition clairement établi par la présence de fonctions nouvelles qui viennent s'ajouter aux fonctions antérieures. Le minéral subsiste avec ses propriétés spécifiques; le végétal ne subsiste pas seulement, il vit; l'animal vit, et, en plus de la vie, il possède la faculté de sentir et de se mouvoir; l'homme enfin vit, sent, se meut, pense, parle et veut à son gré, affirme sa royauté par le jeu de son intelligence et de son libre arbitre.

---

[1] Cf. Lessius, *De Providentia*, liv. I, n° 42; *De summo bono;* liv. II, chap. xvi. P. Vallet, *l'Idée du beau*, et G. Longhaye, *Théorie des belles-lettres.*

Chaque règne enchérissant sur le règne inférieur au point de vue ontologique doit l'emporter aussi au point de vue esthétique : par nature, le végétal est plus beau que le minéral, l'animal plus beau que le végétal et l'homme plus beau que l'animal. En démontrant clairement cette ascension du beau à l'aide de sa définition, — la splendeur de l'unité dans la variété, — nous aurons à la fois une application et une confirmation de la gradation esthétique établie dans les chapitres précédents.

D'un règne à l'autre la variété est plus grande et l'unité plus complète. Constatons-le.

Prenez un minéral à votre choix parmi les plus beaux, marbre, agate, malachite ou diamant : la variété qu'il peut offrir est fort restreinte, elle est limitée à l'aspect, à la couleur, à la forme, à la composition. L'unité est celle que peut avoir un lingot de métal ou un bloc de pierre ; elle consiste à peu près exclusivement dans la cohésion des parties.

Pour la plante, il en est autrement. Nous avons d'abord une source intarissable de variété dans le fait de l'organisation végétale, dans la structure et la diversité des cellules, des vaisseaux et des tissus, dans les modifications que l'évolution apporte sans cesse à la taille, à la forme, à la couleur, au parfum, à la fécondité. Racines, tige, branches, feuilles et fruits se développent et se multiplient sans jamais rester identiques à eux-mêmes. En même temps cependant, l'unité est des plus étroites. Indépendamment de la cohésion, l'organisation coordonne les éléments à la structure des organes, ceux-ci à l'accomplissement des fonctions, ces dernières à l'évolution de la plante entière. Si nous nous bornions à considérer la beauté qui charme les yeux, le diamant l'emporterait évidemment sur une moisissure ; mais si nous tenons compte de la beauté intelligible, la moindre cellule vivante est supérieure en beauté au Kohi-noor du Grand Mogol ou au Régent de la couronne de France.

Chez l'animal, la présence des fonctions supérieures de la sensibilité et du mouvement amène nécessairement une diversité d'aspect et de structure dont rien n'approche dans le végétal. L'animal voit, entend, flaire, goûte, palpe ; il rampe, il marche, il saute, il court, il vole ou il nage. A cette variété de mouvements et de milieu en correspondent d'autres dans la forme du corps ; dans la présence, la disposition, le nombre des membres et des organes ; dans les tissus osseux, musculaires, nerveux, etc. ; dans les téguments, plumes, écailles, fourrure, etc. L'animal a des passions, il aime, il est jaloux, colère, etc. : autant de passions, autant de changements d'expression plus ou moins accentués. Néanmoins cette même vie sensitive réalise dans l'animal une unité anatomique et physiologique très supérieure à celle des plantes ; impossible d'employer à l'égard des animaux rien qui ressemble aux marcottes, aux boutures et autres procédés en usage constant dans l'horticulture pour la multiplication des sujets. D'ailleurs l'unité psychologique vaut à l'animal une individualité nettement définie. Cette individualité s'accentue à mesure que l'on s'élève dans l'échelle zoologique ;

les organes et les fonctions se spécialisent de plus en plus, leur coordination est plus absolue sous l'influence d'un système nerveux mieux centralisé, d'une connaissance et d'un instinct plus développés.

A qui objecterait que la moindre fleur l'emportera toujours en beauté sur l'araignée ou le ver de terre, nous répondrons : Si l'on s'en tient à l'aspect, soit ; mais si l'on étudie dans cette araignée ou dans ce ver la structure et le jeu des organes, l'évolution de la vie et des mœurs, on y découvrira des merveilles inattendues qui mettront la supériorité esthétique de l'animal hors de tout conteste.

Dans l'homme, la variété et l'unité atteignent leur apogée.

La variété y est à son comble. D'abord les extrêmes se rencontrent et s'associent dans le composé humain : il tient de l'ange et de l'animal, il est esprit et matière. Son organisme offre des ressources de jeu et de sensibilité inconnues aux animaux ; que de prodiges d'habileté sa main ne sait-elle pas réaliser ! Quel festin ne trouvent pas ses yeux dans la lumière et les couleurs, ses oreilles dans les sons ! Les facultés de l'âme déploient dans leurs opérations une variété presque infinie de pensées, d'images, de projets, de jugements ou de résolutions dont la succession défie l'analyse. L'étendue du domaine de notre intelligence semble ne pas connaître de limites. Elle franchit les espaces, veut tout atteindre, tout connaître ; dans ses nobles poursuites, elle fait plus de chemin en une seconde que la lumière en un siècle. En même temps, elle aime à sonder le fond des choses, à comprendre; elle sait voir la cause derrière l'effet, l'immuable à travers ce qui change, le créateur dans le miroir de ses créatures. Quant à la volonté, qui dira la variété et souvent l'immensité de ses désirs, le caprice de ses fantaisies, la diversité de ses choix et de ses déterminations, l'inconstance ou l'héroïsme de ses résolutions?

D'autre part, l'unité dans l'homme est réellement admirable d'achèvement et d'harmonie. Il y a d'abord unité dans l'objet respectif de nos facultés rationnelles, le vrai pour l'intelligence, le bien pour la volonté, quelque variées que soient leurs opérations. La volonté dirige tous ses efforts vers l'unique conquête du bonheur, tandis que l'intelligence à la recherche de la vérité classe et subordonne ses connaissances d'après leurs analogies ou leurs différences, leur succession logique ou chronologique, joint la synthèse à l'analyse et tend sans cesse à l'unification de sa science. Vient ensuite l'unité du principe connaissant et voulant : sans se confondre jamais, les différentes facultés de notre âme ne vont point l'une sans l'autre : les facultés affectives suivent celles que l'on nomme appréhensives. Que l'homme pense, imagine, se souvienne, sente ou veuille, c'est toujours le même principe spirituel, la même âme qui fait tout cela.

L'organisme lui-même présente en l'homme une unité plastique sans égale dans la création. Cette unité résultée de la concentration plus complète des systèmes vasculaires et nerveux et de la proportion plus harmonieuse des membres entre eux et avec le tronc; de l'exquise sensibilité du tact réparti dans tout le corps; de cet équilibre si parfait de tous les sens qui les établit dans une harmonieuse égalité, équilibre que l'on chercherait vainement chez les animaux en qui tel ou tel sens ne domine qu'aux dépens de l'acuité des autres.

Enfin le corps et l'âme de l'homme sont faits l'un pour l'autre et agissent de concert. La volonté ne se meut qu'à la lumière de l'intelligence; celle-ci suppose le concours préalable des sens, et la sensation à son tour présuppose la vie, comme cette dernière réclame la matière inerte pour substratum. Gardons-nous d'admettre que la relation du corps à l'âme ne dépasse pas en intimité celle du serviteur au maître; que l'homme est une intelligence servie par des organes, un être raisonnable ayant à diriger une brute. A Philaminte de Molière disant en ses dédains superbes : « Le corps, cette guenille ! » le bon sens répond par la bouche de Chrysale : « Ouais! mon corps, c'est moi-même. »

Je dis avec la même conviction et dans le même sens : Je vois, je comprends, je souffre, je juge, je marche, je veux. A toutes ces actions, j'attribue une seule et même cause, un seul et même moi; cependant les unes se passent dans le corps, les autres dans l'âme seulement. Donc le moi n'est ni mon corps ni mon âme, mais la résultante de mon corps et de mon âme, une seule et même personne [1].

---

[1] Un médecin philosophe, J.-P. Tessier, disait énergiquement : « L'homme n'est ni ange ni bête, il est homme. Ne soyons ni moralistes ni vétérinaires; soyons médecins. »

Si parfois, au point de vue moral, je sens comme deux hommes en moi avec des tendances opposées, c'est au moins en partie une conséquence du péché originel, un désordre que je dois combattre [1]. De cette lutte victorieuse résulte l'unité morale qui, ajoutant l'éclat de la vertu à celui de l'unité plastique et intellectuelle, fait de l'homme le roi de la création autant par la beauté morale que par la sagesse et la puissance.

Vauvenargues a écrit : « Tôt ou tard, on ne jouit que des âmes. » — Il y a beaucoup de vrai dans cette parole ; mais elle ne contredit en rien ce que nous disions tout à l'heure de la fusion du corps et de l'âme [2]. Car ces âmes, qui dès lors seules captivent, comment se révèlent-elles ? sinon par le corps, par son attitude, ses gestes, son regard reflétant toutes les variations du sentiment, son langage donnant à la parole autant d'inflexions que la pensée peut avoir de nuances. Afin que le visage humain se prêtât plus facilement à la manifestation de l'âme et en devînt le miroir vivant, Dieu l'a construit en étroite et parfaite harmonie avec les facultés et aspirations supérieures de l'âme. Dans la tête des animaux, le mufle qui doit saisir et broyer les aliments est dans leur physionomie la partie saillante et dominante. Le nez qui s'avance pour flairer la proie, l'œil qui l'épie, restent subordonnés à la mâchoire et n'en sont que les auxiliaires. La tête humaine, au contraire, présente une conformation dans la-

---

[1] Sub te erit appetitus... et tu dominaberis illius. Gen., IV, 7.
[2] Mixtura quædam animæ et corporis. — Div. August.

quelle les appétits purement matériels se montrent subordonnés aux organes révélateurs de la pensée qui sont le front et les yeux. Les lèvres elles-mêmes paraissent avoir pour rôle principal de rivaliser d'expression avec les yeux, et c'est quand la parole se tait qu'elles se montrent le plus éloquentes.

Lorsque, dans un visage humain, le beau plastique est ensoleillé, irradié par une belle âme, alors — nous dit un auteur du dix-septième siècle — « cette beauté est parfois si grande, si excellente, si admirable, que ceux qui la voient en reçoivent de merveilleuses atteintes. Nous savons par l'histoire du passé que la beauté qui brille sur quelques visages fait une telle impression qu'elle rend fous les plus sages, appauvrit les plus riches, captive les plus libres, subjugue les conquérants et les monarques. »

CHAPITRE VI

La beauté du chrétien et surtout du saint est supérieure à toute beauté naturelle.

Quand nous comparons à la beauté que peut donner la nature celle que peut acquérir le chrétien, il s'agit uniquement, on le comprend, de la beauté morale fort indépendante du brillant de l'intelligence ou de la régularité des traits, partant bien distincte de la beauté plastique ou intellectuelle.

Déjà nous avons eu lieu d'admirer [1] la puissance moralisatrice de la religion, l'harmonieuse solidarité de ses dogmes; la parfaite correspondance de ses préceptes et de ses conseils, avec les exigences et les aspirations de notre nature; la merveilleuse efficacité des sacrements, la splendeur de la liturgie.

---

[1] Plus haut, liv. I, chap. IX.

Nous devons à la vérité d'ajouter que cette mystérieuse influence appartient à peu près exclusivement à la religion chrétienne, au catholicisme. Nous le disons sans hésitation possible, aux yeux de la foi, de la raison et de l'expérience, la vertu chrétienne l'emporte en beauté sur les plus éclatantes vertus naturelles.

La gradation esthétique que nous exposons en ce livre procède non par pente douce, mais par échelons distincts plus ou moins espacés. La distance qui sépare le niveau de la vertu chrétienne de celui de la vertu purement humaine est la plus grande que nous ayons eu jusqu'ici à franchir. La vertu chrétienne appartient à l'ordre surnaturel, ordre dont les liens et les rapports, au lieu de dériver de la nature sensible, intellectuelle ou morale, telle que l'a faite la création, résultent de l'élévation de l'homme à la dignité et à la vie d'enfant de Dieu, et de sa destination au partage de la félicité divine.

L'ordre moral surnaturel est — comme les autres ordres — constitué par l'unité dans la variété. Son resplendissement produit une beauté aussi supérieure que l'ordre auquel elle appartient. Constatons ce fait dans le chrétien et surtout dans le parfait chrétien, le saint.

D'abord, outre la vie du corps et de l'âme, le chrétien possède en soi un élément divin, la grâce qui le fait participer à la vie divine [1].

---

(1) Divinae consortes naturæ. II *Petr.*, I, 4.

Ce nouvel élément de variété n'est-il pas contrebalancé dans l'âme chrétienne? D'aucuns prétendent que la vie divine ne pénètre en nous qu'au prix de l'extinction plus ou moins complète de la sensibilité du cœur. C'est là un préjugé : le contraire se vérifie tous les jours. Dans un arbre, la greffe ne détruit pas le sauvageon, elle donne une qualité supérieure à ses fruits; de même dans l'homme, l'élévation à l'ordre surnaturel et divin ne détruit pas les facultés et ressources naturelles, elle les perfectionne. Si le chrétien veille sur ses impressions, sur les inclinations et entraînements qui peuvent solliciter son cœur, c'est uniquement pour empêcher celui-ci de s'égarer en des sympathies aveugles sous lesquelles se cache la recherche personnelle toujours égoïste; s'il amortit l'amour-propre, c'est afin d'ouvrir plus largement son cœur à toute généreuse affection. Bientôt les émotions de la sensibilité, de l'amitié et du dévouement se retrouvent en lui plus désintéressées, plus ardentes et plus délicates par leur parenté avec l'amour divin[1]. Le saint aime ses proches, ses amis, les malheureux, les âmes avec lesquelles la Providence le met en contact; il aime les animaux, les arbres, les fleurs, la nature entière; il a des attendrissements qui surprennent. Pour s'en convaincre, il suffit d'ouvrir la vie de saint François d'Assise, de sainte Thérèse, de saint François de Sales. « Quiconque — disait ce dernier — me provoque en la contention d'amitié, il faut qu'il soit bien ferme, car je ne l'épargne point... J'ai l'affec-

---

[1] Cf. H. Joly, *Psychologie des saints,* chap. v.

tion fort tenante, immuable à l'endroit de ceux qui me donnent le bonheur de leur amitié [1]. »

Au milieu de cette variété d'éléments et de sentiments, plus riche dans un chrétien que dans tout autre homme, règne, surtout chez les saints, une unité supérieure. Unité la plus logique. Sachant que le tout de l'homme est de se sanctifier au service de Dieu, le chrétien n'a qu'une visée, qu'une devise :

Vivre sans vivre en saint, c'est vivre en insensé [2] !

Unité la plus complète. Rien dans la vie, pas une démarche, une action, une parole, une pensée ou un sentiment qui ne tende au service, à l'amour, à la gloire de son Dieu. Le même saint François de Sales disait : « Si je connaissais dans mon cœur la moindre fibre qui ne fût pas toute détrempée de l'amour de mon Dieu, je l'arracherais à l'instant [3]. » — Unité réellement divine, car la grâce de Jésus-Christ, l'élément divin pénètre l'homme tout entier, corps et âme, pour élever sa personne à la dignité d'enfant de Dieu.

Enfin, sous l'influence de cette grâce divine, chaque acte de vertu revêt un mérite divin qui le fait resplendir d'une beauté supérieure à toute autre beauté. Cette beauté surnaturelle ne saurait, il est vrai, tomber sous nos sens; ici-bas la foi seule l'atteint

---

(1) M. Hamon, *Vie de saint François de Sales*, liv. VIII.
(2) Ce vers est attribué à l'abbé de Rancé, réformateur de la Trappe. Un ancien a dit la même chose en d'autres termes :

Linquo coax ranis, cras corvis, vanaque vanis;
Ad logicam pergo quæ mortis non timet ergo.

(3) M. Hamon, *op. cit.*, ibid.

directement. Est-ce une raison pour en faire moins de cas? Nullement; car en fait, les choses du monde invisible révélées par la foi ont plus de réalité que celles de ce monde sensible, où tout est silhouette, figure passagère [1], plus ou moins trompeuse.

Cette beauté mystérieuse n'est pas sans avoir son rejaillissement dans la manifestation de la vertu chrétienne. Celle-ci en devient plus éclairée, plus éclatante, plus assurée, plus glorieuse. Constatons-le.

Dans l'antiquité païenne ou actuellement dans les pays infidèles, nous trouvons un certain patrimoine de vertus morales, reste de la tradition primitive. Mais si l'on veut en faire l'inventaire, on est surpris de sa pauvreté et de ses incertitudes. Jusqu'où s'étendent les obligations de l'homme envers la divinité, envers ses semblables et envers lui-même? Quelle est cette divinité qu'il faut adorer; est-elle une ou multiple? Où se trouve la sanction du devoir pour l'homme? Autant de questions sur lesquelles on ne s'accorde pas. La morale purement humaine est obscure, mutilée, douloureusement inachevée. Avec Jésus-Christ, l'obscurité s'évanouit; le code de la morale se retrouve avec son intégrité première, avec une perfection nouvelle. Chez toute nation chrétienne, il est un petit livre que tous apprennent par cœur, le catéchisme. Grâce à lui, un enfant, même du peuple, a la conscience plus éclairée que ne l'eut jamais aucun des plus doctes philosophes non chrétiens,

---

[1] Præterit enim figura hujus mundi. I *Cor.*, VII, 31.

et, s'il est fidèle à ces lumières, sa vertu éclipsera, même aux yeux des hommes, tout ce que la nature a jamais pu inspirer de plus beau.

Il adorera son Créateur, mais sous l'inspiration de l'amour autant que sous l'empire du respect et de la crainte. Dieu est pour lui le meilleur des pères en même temps que la majesté souveraine. Il acceptera avec une résignation douce, joyeuse même, les afflictions de cette vie, soutenu qu'il est par la confiance en la tendresse paternelle du Dieu qui les permet, par les exemples et l'amour de Jésus-Christ, par l'assurance que ces peines seront magnifiquement compensées dans l'éternité. Il aimera les hommes, ses frères, de l'amour le plus généreux, mettant sous ses pieds, égoïsme, amour-propre, désir de vengeance; il sera rempli de sollicitude pour les malheureux et nourrira de l'affection pour ceux-là même qui le poursuivent de leur haine et de leurs outrages. Il sera chaste, il sera humble. A la vue des premiers chrétiens, les païens ne revenaient pas de leur étonnement : « Voyez donc comme ils s'aiment! » répétaient-ils avec admiration. C'est qu'en effet cette piété, cette chasteté, cette humilité, cette charité chrétiennes sont autant de traits d'une beauté morale, inouïe dans le paganisme, inaccessible à la seule nature.

Cette beauté surhumaine n'est pas comme d'autres, plus ou moins soumise à l'action et aux ravages du temps, il ne tient qu'au chrétien de la conserver dans sa fraîcheur et même d'en accroître l'épanouissement. Hélas! c'est le contraire qui arrive trop souvent.

« Au sein même du catholicisme tous ne sont pas des saints ni même de bons chrétiens; « là aussi la corruption de la nature se manifeste par une éclosion de laid moral. L'oubli, la violation de la loi, « le péché », voilà le grand destructeur de la beauté. Le beau est composé d'harmonies et de clartés, le péché n'est que désordre et ténèbres. Dès qu'une âme s'éloigne du centre de gravité vers lequel elle doit graviter pour se replier sur elle-même et se faire son propre centre, elle devient terne, basse, dégradée. Rien d'élevé dans son esprit, rien de généreux dans son cœur, rien de grand dans ses projets; en un mot rien qui rayonne et resplendisse dans son être; ses facultés, dont les ailes ne savent se déployer, se traînent vers les jouissances inférieures... Selon les circonstances, vous trouverez cette âme dure, hautaine, haineuse, rapace, violente, molle, voluptueuse, hypocrite, perfide; jamais désintéressée, pure, simple; jamais belle. Prenez un orgueilleux, un impudique, un avare, un lâche..., la première impression que vous ressentirez à leur contact sera une impression de laideur : ils repoussent [1]. »

Du moins, et c'est là le privilège du chrétien, coupable, il se rend compte de sa dégradation. De plus, les moyens d'y remédier lui sont offerts; il peut se réhabiliter, effacer ses fautes, reconquérir sa beauté d'enfant de Dieu. Le Seigneur Jésus, au cours de sa vie mortelle et particulièrement au temps de sa Passion, a fait appel à toutes les âpretés de l'existence, aux privations, aux angoisses, aux

---

[1] Buathier, *le Sacrifice et le beau*, p. 11.

humiliations, aux tortures, afin de réparer par la douleur volontaire les joies illicites cherchées dans le péché. Il a, dans sa miséricorde, amassé un trésor inépuisable d'expiations; de son sang versé jusqu'à la dernière goutte, il a fait un bain réparateur de la beauté des âmes. Pour se guérir de la lèpre du péché qui le défigure, pour retrouver l'innocence avec la fraîcheur et la splendeur d'une divine jeunesse, le pécheur n'a pas besoin de se plonger jusqu'à sept fois dans le Jourdain, comme dut le faire Naaman; il suffit au chrétien coupable de mêler les larmes de son repentir au sang du Rédempteur; il n'est pas contraint, comme le général syrien, d'entreprendre un long et coûteux voyage; il lui suffit de recourir au sacrement.

L'ordre est rétabli dans son âme; avec l'amitié de son Dieu le chrétien a retrouvé la beauté du futur héritier des cieux. Beauté glorieuse entre toutes, car pour la conserver, pour l'enrichir, il faut lutter, combattre avec un courage et une persévérance invincibles [1]. Chaque pas en avant doit être acheté par une victoire. Nous avons affaire à des ennemis puissants que rien ne fera désarmer. L'ennemi, ce sont les anges déchus, qui par haine du Dieu dont nous portons l'image et par jalousie de notre destinée, — nous sommes appelés à occuper les places qu'ils ont perdues au ciel, — font tout pour nous entraîner à la révolte et à la ruine. L'ennemi, c'est le monde avec ses maximes et sa conduite opposées

---

[1] Militia est vita hominis super terram. *Job*, vii, 1.

à l'Évangile, ses séductions si nombreuses, sa pression si puissante. Cependant ni le démon ni le monde ne seraient fort redoutables sans la complicité qu'ils trouvent dans notre attrait instinctif pour le fruit défendu, sorte de vitesse acquise qui nous entraîne loin du devoir.

> Je vois le bien, le mieux, et je choisis le pire [1].

Il faut donc nécessairement lutter pour fixer notre intelligence dans la vérité, notre cœur dans la charité, la volonté dans le devoir, les sens dans la pureté, l'âme entière dans la vigilance et la prière. Il faut lutter : c'est le salut, c'est l'honneur de la vie. Victor Hugo, bien inspiré cette fois, eut l'intuition de cette vérité et l'exprima dans ces beaux vers :

> Ceux qui vivent, ce sont ceux qui luttent ; ce sont
> Ceux dont un dessein ferme emplit l'âme et le front.
> Ceux qui d'un haut destin gravissent l'âpre cime,
> Ceux qui marchent pensifs, épris d'un but sublime,
> Ayant devant les yeux, sans cesse, nuit et jour,
> Et quelque saint labeur et quelque grand amour [2].

Ce saint labeur, c'est la sanctification ; ce grand amour, celui du divin Maître, le Seigneur Jésus.

Cette lutte sera souvent héroïque par l'absence de tout appui sensible. Sur le champ de bataille, les héros de nos armées ont tout pour exalter leur âme, pour les entraîner : le regard des compagnons et des chefs, l'éclat des exemples, le pays présent et

---

(1) Video meliora proboque, deteriora sequor. — Ovide.
(2) Victor Hugo, *les Châtiments*, liv. IV, n° 9.

sensible dans le drapeau... Mais le chrétien se dévoue et combat au service d'un maître qu'il ne voit pas et qu'il n'entend pas; il est seul dans une arène silencieuse; c'est de sang-froid qu'il faut lutter; c'est de son propre cœur, aidé de la grâce, qu'il lui faut tirer sa résolution. Elle est encore héroïque, cette lutte, par sa continuité. Ah! s'il suffisait de se donner tout entier, d'un seul coup, à la bonne heure, mais pour le chrétien ni trêve ni repos; il ne peut quitter le champ de bataille. Enfin l'intimité même de la lutte exige un nouvel héroïsme; il s'agit en effet de combattre son propre cœur. Pour ordonner sa vie de telle sorte que tout y tende à la gloire divine, il faut se vaincre, se renoncer soi-même, immoler ses préférences. Telle est la voie tracée par l'Évangile.

C'est la voie qui conduit à la sainteté, c'est-à-dire au sommet de la beauté morale. Donc tous ceux qui s'engagent dans cette voie et y avancent sont des artistes, au sens le plus élevé du mot. Tout en voulant s'oublier eux-mêmes, ils travaillent sans cesse à embellir leur âme et leur vie, ils y font resplendir l'ordre le plus magnifique, ils y réalisent une beauté sublime; ils méritent qu'on leur applique ces paroles du Roi-Prophète : « Allez de progrès en progrès, régnez par la splendeur de votre beauté [1]. » Néanmoins souvent ils s'ignorent. « Un paysan russe avait été mordu au bras par un loup enragé; il était venu trop tard chercher sa guérison à Paris.

---

(1) Specie tuâ et pulchritudine tuâ, intende, prospere, procede et regna. *Psalm.*, XLIV, 5.

On le transporta à l'Hôtel-Dieu. Ses convulsions étaient si terribles qu'aucune patience d'infirmier n'y pouvait tenir. Une vieille sœur augustine se sentit seule de force à se charger de lui. Depuis plus de vingt-quatre heures elle n'avait pas quitté cet énergumène qui, dans ses crises, se jetait sur elle, la bouche ouverte, comme pour la dévorer, et, dans ses courts apaisements, ployant le genou, lui couvrait les mains de baisers, de bave et d'écume. « Que vous devez être lasse, ma mère! » lui dis-je. Elle me répondit avec un sourire à la fois très vieux et très jeune : « Vraiment, je suis honteuse de l'être si » peu. » Elle était à mille lieues de se douter qu'elle fût sublime [1]. »

Dieu, admirable dans toutes ses œuvres, l'est tout particulièrement dans ses saints [2]. Les plus grands artistes l'ont compris et leur génie ne s'est jamais plus complètement révélé que dans la représentation de ces héros du christianisme.

Émule de Phidias par la sobriété de la composition, la noblesse et la correction du dessin, de Fra Angelico par la profondeur et l'élévation du sentiment religieux, H. Flandrin fut chargé de décorer les longues frises de l'église Saint-Vincent de Paul, à Paris. Il représenta le défilé des saints du ciel [3]. L'œuvre terminée, l'artiste invita son maître, Ingres,

---

(1) V. Cherbuliez, *Revue des Deux Mondes*, 15 juillet 1891, p. 271.
(2) Mirabilis in sanctis suis, Deus. *Ps.* LXVII, 36.
(3) Cf. Gaborit, *le Beau dans les arts*, p. 247.

à la visiter. Celui-ci monte sur les échafaudages et après avoir longuement promené son regard sur la magnifique procession, se retourne vers son élève : « Vous les avez donc vus ? » lui dit-il avec un accent profondément ému et des larmes dans les yeux. C'était le plus grand éloge qu'il pût faire. Oui, H. Flandrin les avait vus dans le silence de ses méditations, dans les extases de sa foi si vive. Ces saints et ces saintes qui marchent portant les instruments de leur martyre ou du travail dans lequel ils se sont sanctifiés, nous disent ce qu'ils ont été sur la terre, les tribulations qu'ils ont traversées, leurs travaux et leurs fatigues ; mais il y a tant d'assurance dans leur démarche, de sérénité sur leur front, de confiance et d'amour dans leur regard, de joie parfaite sur leurs lèvres, tant de beauté surhumaine en toute leur personne, qu'évidemment ils appartiennent à la Jérusalem céleste et jouissent de la béatitude des élus.

CHAPITRE VII

La beauté de Marie est immensément supérieure à celle de tous les saints.

« Quelle est celle-ci qui s'avance radieuse comme l'aurore à son lever, belle comme la lune, choisie entre toutes comme le soleil [1]? » C'est Marie, la Vierge d'Israël. Véritable aurore, elle rayonne parée déjà des splendeurs de Celui qui va sortir de son sein virginal; astre des nuits, elle atténue l'éclat éblouissant des rayons qu'elle reflète et éclaire nos obscurités de sa lumière argentée; elle est unique comme le soleil dans la magnificence de son rôle.

L'Église, inspirée par l'Esprit-Saint, ne peut contenir son admiration : « Que vous êtes belle, ô

---

(1) Quæ est ista quæ progreditur quasi aurora consurgens, pulchra ut luna, electa ut sol. *Cant.*, VI, 9.

Marie, que vous êtes belle ! Belle entre toutes, supérieurement belle [1] ! » L'épithète « belle » n'a pas de synonyme en notre langue française, l'Église, plus riche en la sienne, varie ses expressions. Néanmoins elle se sent à court et regrette son impuissance : « Je ne sais par quelles louanges vous célébrer, ô Marie [2] ! » Combien plus devons-nous confesser la nôtre ! Tentons pourtant d'exposer l'incomparable supériorité de Marie au triple point de vue de la beauté morale, intellectuelle et physique.

A un certain degré d'élévation, la beauté morale prend le nom de sainteté. Tous les saints nous offrent le type du beau moral, mais varié à l'infini avec la nuance particulière des vertus qui dominent le plus en leur vie : le zèle des apôtres, la constance des martyrs, la fidélité des confesseurs, la pureté des vierges, etc. Marie, reine de tous les saints, de tous les anges, réunit en elle toutes les vertus à leur suprême degré. Elle est parmi les créatures le beau moral en son expression la plus achevée.

Ce n'est pas assez dire, car la sainteté de Marie s'élève presque sans limites au-dessus des saintetés des élus dont elle est la reine. Essayons de le montrer. Il y a deux éléments à considérer dans la sanctification de la créature. L'un négatif : c'est l'absence du désordre ou du péché; l'autre positif, c'est le concours donné à la perfection de l'ordre moral. Ces deux éléments sont merveilleusement réalisés en la Bienheureuse Vierge.

---

(1) Quam pulchra es... quam pulchra es; super omnes speciosa, o valde decora. — Liturgie sacrée.
(2) Quibus te laudibus efferam nescio. — Liturgie sacrée.

Dès le moment de sa Conception, la grâce divine l'enveloppa comme un manteau lumineux; le Saint-Esprit la pénétra de ses dons, de ses vertus, de ses fruits, de ses béatitudes, de ses divins effluves, repoussant loin d'elle le démon et le stigmate de la faute originelle. Dieu l'a voulu : Marie est immaculée. Son âme est un miroir d'une limpidité absolue qui reflète sans ombre la beauté divine. Ce glorieux jour de sa Conception n'aura-t-il pas de lendemain? Les plus grands saints ne sont pas exempts des fautes de fragilité; malgré leurs plus chers désirs, ils ne sauraient sur les chemins de cette vie se soustraire à toute poussière; leur âme en est, au moins accidentellement, ternie. N'en sera-t-il pas de même de la Vierge d'Israël? Non, rien de semblable en Marie. Sa vigilance est si attentive et si constante, sa fidélité si résolue, son union à Dieu si étroite, si permanente, qu'elle échappe à toute défaillance; elle sait même, Dieu aidant, se soustraire à toute ombre d'imperfection. Elle est toute sa vie aussi pure qu'au jour de son immaculée Conception; elle reste un miroir sans tache reflétant la sainteté divine avec une splendeur incomparable.

Ce n'est pas assez d'éviter le mal et l'ombre du mal, il faut progresser dans le bien. Personne ne le comprit comme la Bienheureuse Vierge, personne surtout ne sut comme elle le réaliser. Dès les premiers instants où elle prend possession d'elle-même, Marie est déjà la très fidèle servante du Seigneur; elle répond à la plénitude des avances de la grâce avec la plénitude de ses facultés; elle donne le concours le plus généreux, le plus complet aux suggestions divines; tous les désirs de son cœur vont au devant du bon plaisir de son Dieu; il n'y a en elle ni pensée, ni sentiment, ni acte, ni parole, ni soupir qui ne soit un don vivant d'elle-même à la Souveraine Majesté. La beauté, quelle qu'elle soit et où qu'elle soit, est la splendeur de l'ordre : en Marie, c'est la charité, la reine des vertus, qui coordonne la vie morale [1], qui la fait resplendir avec un tel éclat qu'elle confine à la sainteté même de Dieu.

Dans la liturgie de l'Église, celle qu'on invoque comme la Très Sainte Vierge est également célébrée comme le trône de la divine Sagesse. C'est proclamer qu'en Marie la beauté intelligible rivalise avec la beauté morale. Quels ravissements nous réserve l'étude des ineffables prérogatives et du rôle glorieux de la Vierge d'Israël [2] !

Elle est parfaitement belle, dès avant tous les siècles, dans son éternelle prédestination; l'Esprit-Saint lui met sur les lèvres ces paroles des divines Écritures : « De toute éternité, la beauté de l'ordre est en moi [3]. »

Elle est belle dans l'oracle divin qui l'annonce, la

---

(1) Ordinavit in me charitatem. *Cant.*, II, 4.
(2) Plusieurs diront peut-être qu'ils ne voient pas clairement le beau intelligible dans le rôle et les prérogatives de la B. Vierge. Cependant, personne ne niera la beauté de ce rôle et de ces prérogatives, personne d'ailleurs n'y reconnaîtra soit le beau plastique, soit le beau moral (il ne s'agit pas des vertus, mais des privilèges de Marie); donc il faut nécessairement y voir la beauté intelligible.
(3) Ab æterno ordinata sum. *Prov.*, VIII, 23.

promet et la montre à nos premiers parents écrasant de son pied virginal la tête du serpent qui les a trompés.

Belle dans les chants des prophètes qui exaltent ses grandeurs en termes des plus magnifiques.

Belle dans ses images anticipées, sous les traits des plus illustres filles d'Abraham : Rebecca, Rachel, Débora, Abigaïl, Esther, Judith, qui la figurent par leurs vertus et leur héroïsme.

Qu'elle est belle surtout à l'heure de sa conception immaculée, quand elle apparaît au milieu des enfants d'Adam comme un lis éclatant de blancheur au milieu des plus sombres épines [1]. Fleur céleste prêtée à la terre, dont la beauté et le parfum ravissent, elle grandit au sein d'une lumière qui semble en la révélant la voiler pour épargner nos yeux.

La virginité est belle : « De même que la poésie est une éloquence plus divine, la virginité, qui élève l'homme au-dessus des sens, est comme la poésie de la vertu [2]. » La maternité est belle, si belle, surtout dans la sollicitude de son amour, que Dieu lui-même n'a pas trouvé d'image plus expressive pour nous peindre la tendresse de son cœur [3]. Or, Marie est à la fois l'idéal des vierges et l'idéal des mères : en elle « les splendeurs de la maternité divine

---

(1) Sicut lilium inter spinas. *Cant.*, II, 2.
(2) Mgr Gerbet.
(3) Numquid oblivisci potest mulier infantem suum, ut non misereatur filio uteri sui? Et si illa oblita fuerit, ego tamen non obliviscar tui... Ab ubera portabimini et super genua blandientur vobis. Quomodo si cui mater blandiatur, ita ego consolabor vos. *Isaïe*, LXIX, 15. LXVI, 12, 13.

s'ajoutent aux splendeurs les plus virginales. Si l'Incarnation est pour Jésus le mystère même de son anéantissement, il est pour sa mère le mystère de la gloire par excellence, le complément suprême de sa beauté. Dieu est en elle, Dieu, foyer lumineux de toute perfection. Marie se revêt du Verbe — de la splendeur du Père — comme d'un soleil, elle en est éblouissante [1]. »

Néanmoins elle sera plus belle encore à nos intelligences sur le Calvaire, avec ce je ne sais quoi d'achevé que les grandes douleurs ajoutent aux grandes vertus. Là, debout, immobile, elle unit son immolation à celle de son Divin Fils et devient notre corédemptrice. Elle le contemple pâle, défiguré, la chair en lambeaux, les plaies saignantes; elle considère le prodige de sa douceur, de sa patience, de son amour. Jamais son Fils ne lui parut plus Dieu que dans cet instant, jamais elle ne se sentit embrasée d'amour au même degré. C'est à ce moment où le cœur de Marie liquéfié ne sait comment épancher son amour, c'est à ce moment que Jésus la surprend pour ainsi dire et lui demande de reporter sur nous sa tendresse maternelle; il nous donne à elle pour ses enfants, et il nous la donne pour mère. C'en est fait, la Bienheureuse Vierge a désormais pour nous des entrailles maternelles, nous pouvons compter sur son cœur; elle restera à jamais notre médiatrice auprès de Jésus comme Jésus est notre médiateur auprès de son Père. L'Église dès lors favorisera de toutes manières le culte de Marie,

---

(1) Buathier, *le Sacrifice et le beau*, p. 64.

multipliera les pratiques et les fêtes en son honneur, les autels, les sanctuaires, les cathédrales placés sous son vocable.

Par une conséquence nécessaire, les artistes donneront carrière à leur génie, rivaliseront à qui fera les plus belles madones ; à qui saura faire, celui-ci apparaître sur la toile, celui-là surgir d'un bloc de pierre, une image de Marie qui traduise les visions de la foi et mette en relief la plus haute expression de la beauté morale et intellectuelle, jointe à la splendeur de la beauté physique.

Nous avouons que cette dernière, même dans sa plus grande perfection, ne suffira jamais seule à nous représenter la très sainte Mère de Dieu ; mais d'autre part, nous avons toute raison de le croire, Marie était physiquement d'une beauté sans égale. Une créature sans péché, pleine de grâce, choisie pour être la mère du Dieu fait homme, ne peut être que très parfaite même en son corps.

« Déjà, humainement parlant, Marie appartenait à une race dont le type était célèbre en Israël, à la race royale de David et de Salomon : elle habitait un pays dont les femmes ont gardé jusqu'à nos jours une beauté proverbiale ; de plus, il ne faut pas l'oublier, ses traits ne furent jamais altérés par aucune passion ni aucune infirmité, par rien de ce qui trouble, agite, déprime ou avilit ; ils ne cessèrent au contraire de s'embellir chaque jour sous l'influence persévérante des plus hautes pensées, des sentiments les plus délicats, des plus pures affections de l'âme⁽¹⁾. »

Voyez-la dans sa maternité divine ; n'est-ce pas l'heure de la plénitude de sa beauté? « Sur son front serein, sur ses lèvres qui sourient à l'Enfant divin, dans son regard virginal et maternel, dans la pureté de ses traits, pleins d'une grâce céleste, on reconnait tout ensemble et la simple naïveté de la fille des hommes, et l'auguste grandeur, l'ineffable sainteté de celle en qui le Verbe éternel s'est incarné pour le salut du monde ⁽²⁾. »

Les années se sont écoulées, Jésus est dans le plein épanouissement de sa jeunesse, Marie est physiquement aussi belle que lui; « car Jésus dans son corps n'a voulu avoir aucune beauté qu'il ne tînt du corps virginal de sa mère. Dans un sens, il semblerait même que Marie pût avoir en beauté plastique quelque chose de plus que Jésus, ayant en sa qualité de femme le privilège de la grâce. Mais tout ce qui est en la mère revient proportionnellement à son divin Fils, comme tout ce qui est dans le Fils se retrouve dans la mère : la beauté virile de Jésus faisant mieux saisir ce qu'il y a de noblesse et de grandeur dans la beauté plus gracieuse de Marie, et la grâce virginale de Marie rejaillissant dans les traits du Sauveur pour en faire goûter le charme, sans rien leur enlever du côté de la majesté et de la force ⁽³⁾. »

Le Saint-Esprit le déclare, Marie l'emporte en

---

(1) Buathier, *op. cit.*, p. 66.
(2) F. de Lamennais, *l'Art et le beau*, chap. iv.
(3) Cf. Grimouard de Saint-Laurent, *Guide de l'art chrétien*, t. III, 1, 2. — *Apud* Buathier.

beauté sur toute créature ⁽¹⁾. Nul être créé n'est aussi proche de Dieu que Marie, sa fille, son épouse et sa mère.

Cependant Jésus-Christ a couronné les trois années de sa vie publique par sa mort sur la croix et sa glorieuse résurrection, il est remonté au ciel, et les apôtres se partagent le monde pour y semer la doctrine du salut. D'après une antique tradition, ce que ces divins messagers rapportèrent de Marie, excita partout chez les nouveaux chrétiens le plus ardent désir de voir la mère du Sauveur. On aurait encore aujourd'hui une lettre de saint Ignace, martyr, dans laquelle il supplie la mère de Dieu d'accorder à la ville d'Antioche le bonheur de la posséder quelques jours. De tous côtés, des fidèles se mirent en route pour aller offrir leurs hommages à Marie. Au nombre des pèlerins qui auraient eu le bonheur de la voir, on nomme Denys, ce converti de l'Aréopage. On cite même son témoignage : Marie, mère de Jésus, malgré son âge avancé, était si divinement belle qu'il l'eût adorée s'il n'eût su que Dieu seul a droit à semblables hommages.

Néanmoins, ce n'est que depuis sa glorieuse Assomption que Marie est arrivée à l'apogée de sa beauté. Si l'œil de l'homme n'a rien vu qui approche de la beauté dont Dieu revêtira le corps de ses élus, comment nous faire quelque idée de la beauté de la mère de Jésus couronnée Reine du Ciel par son Divin Fils, le Roi de gloire ? Nous le pouvons dans une certaine mesure, grâce à l'ineffable condescen-

---

(1) Pulcherrima mulierum. — *Cant.*, v, 17, et Liturgie sacrée.

dance de Marie pour la France. Dans les premiers mois de 1858, à Lourdes, la mère de Dieu daigna se laisser entrevoir, à plusieurs reprises, aux yeux ravis d'une frêle enfant, Bernadette Soubirous. Henri Lasserre, l'impérissable historien de ces inoubliables apparitions, ayant interrogé Bernadette sur la beauté de l'Immaculée, a su interpréter cette beauté avec un tel bonheur d'expression que le portrait qu'il nous a laissé défie tout pinceau comme tout ciseau. « Marie se montra, nous dit-il, dans la fraîcheur d'une jeunesse qui, sans rien perdre de sa délicatesse, avait un caractère d'un éternel éclat. En son visage se mêlaient en quelque sorte, sans en troubler l'harmonie, les beautés successives des quatre saisons de la vie humaine. L'innocente candeur de l'enfant, la pureté absolue de la Vierge, la gravité tendre de la plus haute maternité, une sagesse supérieure à celle de tous les siècles accumulés, se résumaient et se fondaient ensemble sans se nuire l'une à l'autre dans cette merveilleuse apparition. Béante d'admiration et de saisissement, Bernadette semblait ne plus appartenir à la terre, on eût dit qu'elle aspirait le Paradis [1]. »

Marie cependant ne s'était pas montrée telle que la contemple le ciel, tenant compte de la faiblesse des yeux mortels, elle avait voilé l'éclat éblouissant de son inexprimable beauté.

« Orateurs, poètes, musiciens, peintres [2], sculp-

---

[1] Henri Lasserre, *Notre-Dame de Lourdes*, liv. I, n° IX.
[2] « Le pinceau des plus grands maîtres semble en avoir fait un objet d'engagement et d'émulation. Sur ce sujet, mille et mille fois répété, tantôt ils surpassaient leurs rivaux et tantôt ils se surpas-

teurs, tous s'en sont épris, et plus que tous, les mystiques et les saints. Ils ont rêvé, médité, prié, travaillé, pleuré, en face de ce modèle si pur ; bien plus, ils ont aimé et quelques-uns d'un amour si ardent qu'il engendrait l'extase. Cependant parmi eux, qui donc a été satisfait, je ne dis pas de ce qu'il a pu écrire, peindre ou chanter, mais de ce qu'il a pu penser ou contempler de Marie [1] ? »

Terminons par une légende. Comme beaucoup d'autres, elle n'a peut-être aucune authenticité historique, elle a pour elle, ce qui vaut au moins autant, la vérité permanente des sentiments dont elle est l'expression. Un moine, ayant consacré de longues années à méditer les perfections de la Reine des cieux, sentit s'allumer en son cœur un tel désir de la voir qu'il en était consumé, la vie lui était devenue insupportable. Invariablement ses prières se terminaient par un déluge de larmes, du milieu desquelles il conjurait la Bienheureuse Vierge de daigner se montrer à lui ou de le retirer de ce monde. Un jour qu'il redoublait ses instances, un ange lui apparut et lui dit : « Tu resteras sur terre aussi longtemps qu'il plaira à Dieu ; quant à voir Marie telle qu'elle est au ciel, tu ne sais ce que tu demandes ; si elle t'apparaissait, tes yeux seraient tellement éblouis que tu en perdrais la vue. » — « Peu m'importe, répond le moine, pourvu que j'aie le bonheur de la voir, j'accepte avec joie d'être

---

saient eux-mêmes. Il n'y a pas un cabinet distingué en Europe qui ne renferme quelque chef-d'œuvre de ce genre. » — J. de Maistre, *Examen de la philosophie de Bacon*, t. II, chap. VII, p. 304.

(1) Buathier, *op. cit.*, p. 68.

aveugle. » — « Marie n'y consentira pas, reprend l'ange, mais écoute, j'ai pitié de toi; mets un bandeau sur l'un de tes yeux pour le préserver; peut-être alors la Bienheureuse Vierge condescendra-t-elle à ta prière. » — Le solitaire s'empresse d'employer le moyen indiqué, bande un de ses yeux, puis redouble ses supplications et ses larmes. De fait, continue le vieux récit, Marie apparut au bon moine. Ce fut un moment, un éclair d'une ivresse indicible, il pensa mourir de bonheur. Revenu à lui, son chagrin n'était pas d'avoir un œil paralysé, mais d'avoir un œil qui n'ait pas vu la mère de Dieu. Il eût peut-être recommencé ses supplications, si Dieu, exauçant les vœux de son cœur en le retirant de ce monde, ne lui eût fermé les yeux aux choses d'ici-bas pour les lui ouvrir aux visions de la bienheureuse éternité.

CHAPITRE VIII

La beauté de Jésus l'emporte infiniment sur toute beauté créée.

« Si le beau infini nous apparaissait lui-même sous une forme sensible, non plus comme en un miroir ou derrière un symbole, mais en réalité; si pour nous mieux émouvoir, il revêtait la forme humaine dans ce qu'elle a de plus pur et de plus achevé, et qu'il se manifestât à notre intelligence par la plus profonde et la plus suave parole, à notre cœur par le plus tendre amour, à notre sensibilité et à notre imagination par d'étonnants prodiges et par un dévouement poussé jusqu'au suprême sacrifice..., le dernier mot serait dit ici-bas en fait de révélation de la beauté. Or c'est précisément ce que le Fils de Dieu a réalisé en se faisant homme [1]. »

---

[1] Ch. Clair, S. J., *le Beau et les beaux-arts*, p. 23.

Considérée dans l'ensemble de sa personne, la beauté de Notre-Seigneur l'emporte infiniment sur la beauté de toute créature. Jésus est une personne divine, aussi vrai Dieu qu'il est vrai homme. Il a la nature divine en sa plénitude. Il est le Verbe, la seconde personne de l'adorable Trinité, l'image substantielle du Père, sa splendeur éternelle, *la beauté absolue* à laquelle nous avons consacré le premier chapitre de ce livre. Mais parce que cette beauté dépasse trop notre compréhension, nous fixerons plutôt nos regards sur l'humanité sacrée du Seigneur Jésus. Aussi bien, étant accessible à nos sens, elle est l'image, la représentation de Dieu la plus complète, la plus voisine de l'identité, car le voisinage va jusqu'à l'unité personnelle [1].

La beauté plastique de cette humanité bénie a été quelquefois mise en discussion.

Dans un de ses ouvrages, Origène rapporte une vieille tradition d'après laquelle Jésus modifiait profondément les traits de sa personne selon les dispositions de ceux avec qui il se trouvait. Plusieurs textes de l'Évangile semblent confirmer ce dire. Nous voyons le Seigneur passer au milieu de ses ennemis sans qu'ils le remettent [2]. Même ses disciples intimes, Madeleine près du tombeau glo-

---

[1] « L'image de Jésus-Christ transfiguré exprime certainement la péréquation la plus entière de l'essence humaine à l'essence divine. » — M. Sully-Prudhomme, *l'Expression dans les beaux-arts*, p. 311.

[2] Transiens per medium illorum ibat. *Luc*, IV, 30.

rieux [1] ; Cléophas et son compagnon sur la route d'Emmaüs [2] ; Pierre, Jean et cinq autres sur les bords du lac de Tibériade [3] ne le reconnaissent que quand il lui plaît.

Il est certain d'ailleurs, qu'au temps de sa vie mortelle, pour comprendre cet homme extraordinaire et percer à travers son humanité sainte, il fallait, avec la droiture d'intention, la pureté du regard. Parmi les Juifs, ses contemporains, plusieurs sans doute n'accordèrent qu'une attention distraite à la beauté virginale des traits de Jésus; d'autres, comme les pharisiens, y trouvèrent un nouveau motif de jalousie et de haine; seules les âmes droites et sincères obéirent à son irrésistible puissance d'attraction. Ainsi en va-t-il aujourd'hui encore. S'il en est qui savent saisir et apprécier la beauté céleste de la physionomie de Jésus dans l'Évangile, combien, hélas! en qui le sens esthétique est émoussé! A force de se repaître des laideurs de ce monde, l'œil se déprave et finit par voir faux. Combien d'hommes, combien d'artistes professionnels réservent leurs admirations à des beautés toutes matérielles, grossières même — si les deux mots peuvent être accouplés — et les refusent à l'expression surnaturelle des vertus chrétiennes! Combien préfèrent les chairs épaisses de Rubens aux figures transparentes de Fra Angelico!

A vrai dire, plusieurs des anciens Pères de l'Église

---

(1) Illa (Magdalena) existimans quia hortulanus esset. *Joan.*, xx, 15.
(2) Oculi eorum tenebantur ne illum agnoscerent. *Luc*, xxiv, 16.
(3) Nemo audebat discumbentium interrogare eum : Tu quis es? *Joan.*, xxi, 12.

ont discuté sur la beauté plastique de Jésus ; mais aujourd'hui quel chrétien ne pense avec saint Augustin, saint Jean Chrysostôme et saint Bernard, qu'il faut entendre des traits extérieurs du Sauveur ces paroles du Psalmiste : « Sa beauté surpasse celle de tous les enfants des hommes [1]. » « Pour en former les sacrés linéaments et les proportions adorables, le doigt divin épuisa toutes les délicatesses de ses touches, toutes les industries et les ressources de son art infini ! *Ecce tu pulcher es, Dilecte mi, et decorus* [2]. » Comment le corps de Jésus n'aurait-il pas reçu l'empreinte habituelle de sa très sainte âme, que dis-je, l'empreinte de sa divinité ? Plus qu'aucune autre, sa complexion parfaite, merveilleusement apte à se modeler selon les mouvements de l'âme, a dû les traduire par l'expression de la physionomie [3]. En fait, l'Évangile en est garant, la divine majesté, la bonté, la tendresse souveraine répandues sur son visage, suffisaient à lui gagner les cœurs au premier aspect. Qu'on se rappelle la promptitude généreuse avec laquelle Jean, André, Pierre et les autres répondent à son appel ; l'enthousiasme de la foule qui s'attache à ses pas, le suit dans la montagne, oublie les exigences de la vie, le besoin même de nourriture pour ne pas se séparer de lui [4].

D'après une antique légende, dont Baronius se fait l'écho, le roi Abgar d'Abyssinie, épris des merveilles

---

[1] Speciosus forma præ filiis hominum. *Psalm.*, XLIV, 3.
[2] Mgr Pie, *Œuvres*, t. VI, p. 246.
[3] Cf. Buathier, *le Sacrifice et le beau*, p. 55.
[4] Ecce jam triduo sustinent me, nec habent quod manducent. *Marc*, VIII, 2.

qu'il apprend sur la personne du Rédempteur, charge un excellent peintre d'aller en Palestine et de faire le portrait de Jésus. Le pauvre artiste, saisi par la beauté du divin visage, ébloui par sa splendeur, demeure comme paralysé dans son ravissement. Mais Jésus se laissa toucher, prit la toile, la regarda, et fit paraître ainsi, ô prodige! l'image colorée de son visage. Le peintre, tremblant d'émotion, porta l'œuvre au roi Abgar. Plusieurs siècles plus tard, l'église Saint-Sylvestre de Rome se glorifiait de posséder sinon ce tableau, au moins sa copie. Pourquoi faut-il ajouter que cette légende paraît n'avoir aucune authenticité?

Avons-nous plus sûrement les traits du Seigneur sur le voile de la Véronique? Même en supposant certaines l'origine et la conservation de cette empreinte, elle nous montrerait tout au plus l'état affreux où les bourreaux avaient mis le visage de Jésus, alors qu'il n'avait plus ni figure ni beauté [1].

On le voit, il n'existe aucun véritable portrait du Sauveur. Nous n'avons qu'un type traditionnel; mais le fait qu'il remonte aux premiers siècles permet de conclure qu'il doit se rapprocher du divin modèle. Il nous offre « un visage de forme ovale, grave et doux, au front assez vaste, uni et serein, des yeux limpides, pénétrants, avec une de ces nuances insaisissables que l'on a comparée au vert azuré des eaux; des cheveux d'un blond tirant sur le brun et retombant en boucles sur les épaules; un teint clair et modestement coloré; une taille avantageuse sans

---

(1) Non est ei species neque decor. *Isaïe*, LIII, 2.

être beaucoup au-dessus de la moyenne ; un port noble et assuré ; enfin un ensemble d'expression où la grâce tempère la majesté [1]. »

Depuis dix-neuf siècles, respectueux des traits principaux de ce type, les artistes, peintres ou sculpteurs, se sont mis à l'œuvre pour évoquer sous nos yeux l'image de Jésus. Beaucoup ont donné des chefs-d'œuvre ; ils ont particulièrement réussi à représenter le Sauveur mourant. Mais il faut l'avouer, en face de ces merveilleux efforts du génie, tout en tombant à genoux, on sent qu'il faudrait mieux encore, et l'on comprend que les saints nous proclament fort loin de la divine réalité.

« L'ineffable beauté de Jésus-Christ me fait une telle impression — écrit sainte Thérèse — qu'elle est toujours devant mes yeux. Depuis que j'ai eu le bonheur de connaître cette suprême splendeur, toutes les beautés d'ici-bas me paraissent misérables ; nul objet ne me touche. Ah ! je ne crois pas possible, à moins que Dieu en punition de mes péchés n'efface cette image, que rien soit jamais capable d'occuper et de charmer mon esprit [1]. »

On se prend à regretter que la sainte favorisée de la vision du Maître, n'ait pas cherché à traduire sur la toile ses divines impressions..... Mais l'esthétique y eût-elle gagné? Nous nous serions peut-être crus plus près du modèle, et nous aurions oublié qu'ici l'idéale réalité reste et restera à jamais inaccessible à l'art des mortels. La pensée de cette

---

(1) Buathler, *op. cit.*, p. 57.
(2) *Vie de sainte Thérèse*, par elle-même, chap. 37.

distance comme infinie élève plus l'âme au point de vue esthétique que le plus achevé des chefs-d'œuvre.

Sans aucun doute, la beauté ravissante du Sauveur, dès le temps de sa vie mortelle, était due beaucoup moins à la régularité et au charme plastique de ses traits qu'à l'irradiation de son âme. Comment connaître cette divine beauté tout intérieure ? Comment entrevoir, pressentir l'éclat de ses lumières, la sagesse de ses conseils, la flamme de son amour, l'héroïsme de son dévouement ?

La doctrine tombée des lèvres du Divin Maître peut nous en donner quelque idée, car sa bouche a parlé de l'abondance de son cœur [1].

Moins belle et moins bienfaisante est la lumière du soleil au sein du monde matériel, que la doctrine de Jésus-Christ dans le monde des âmes. Jusqu'à la prédication du Sauveur, malgré le superbe enseignement des philosophes, l'humanité hésitait sur Dieu et sur elle-même ; méconnaissant les devoirs du présent, elle marchait à tâtons vers un avenir incertain. Avec Jésus-Christ, le grand jour éclaire toutes ces questions et nous révèle ce que nous avons à faire comme ce que nous avons à croire : Dieu avec l'unité de sa nature et la trinité de sa personne, l'homme avec sa divine origine, sa royauté et sa dépendance, la chute et le relèvement par l'incarnation du Verbe, le devoir et ses sanc-

---

[1] Ex abundantia enim cordis, os loquitur. *Math.*, XII, 34.

tions éternelles. Dans la morale du Seigneur Jésus, tous les vices sont proscrits, toutes les vertus commandées; tous les dévouements récompensés, toutes les félonies frappées de flétrissure. L'homme recueillera ce qu'il aura semé.

Les premières paroles du discours sur la montagne[1], l'énoncé des huit béatitudes constitue un code incomparable de perfection morale, où la plus avancée des civilisations trouvera encore beaucoup à apprendre. Pour mettre en plus grande évidence l'élévation et la beauté de cette doctrine des béatitudes, qu'on nous permette de rappeler les trois états de l'humanité : l'état sauvage, l'état civilisé, et l'état chrétien. Leur attitude vis-à-vis du devoir fera mieux ressortir l'excellence de la loi évangélique.

L'homme sauvage méprise le pauvre; l'homme civilisé, même quand il l'assiste, évite de le rencontrer; le chrétien honore en lui l'héritier du ciel et l'entoure de sa sollicitude, car, à l'encontre des idées du monde, le Sauveur a dit : « Bienheureux les pauvres, le royaume des cieux leur appartient. »

Pour réussir, le sauvage compte avant tout sur la ruse et la violence; le civilisé sur le calcul et l'habileté; le chrétien sur la patience, la douceur et la prière, car le Sauveur l'a dit : « Bienheureux les doux, ils posséderont la terre. »

Le sauvage poursuit les plaisirs grossiers; l'homme civilisé, des jouissances raffinées, le chrétien place plus haut ses joies et sait les trouver dans la rési-

---

[1] *Math.*, v, 1-12.

gnation et l'espérance, car Jésus a dit : « Bienheureux ceux qui pleurent, ils seront consolés. »

La faim et la soif du sauvage n'ont guère pour objet que ce qui peut assouvir ses appétits corporels; le civilisé veut surtout une pâture à son orgueil et à son ambition; l'homme de l'Évangile soupire après la vertu : « Bienheureux ceux qui ont faim et soif de la justice. »

Le sauvage traite en ennemi quiconque n'est pas de sa caste ou de sa tribu; le civilisé, quand il ne va pas jusqu'à la vengeance, garde le ressentiment du tort qu'il a reçu; le chrétien, lui, pardonne à ses pires ennemis : « Bienheureux les miséricordieux; ils seront eux-mêmes l'objet d'une grande miséricorde. »

Les instincts de la brute emportent le sauvage; l'homme civilisé peut parfois ne pas négliger le décorum jusque dans le déshonneur de ses mœurs; le disciple de Jésus veille sur la pureté de ses sens et de son cœur. Il a lu dans l'Évangile : « Bienheureux ceux qui ont le cœur pur, ils verront Dieu. »

Le sauvage n'a pour armes de guerre que ses flèches et sa massue; le civilisé a des fusils, des revolvers et des canons; l'homme de l'Évangile donne et garde la paix au prix des plus grands sacrifices : « Bienheureux les pacifiques, ils seront appelés les enfants de Dieu. »

Enfin, la devise du sauvage est : Malheur aux vaincus; celle du civilisé : Honneur au succès; le chrétien : « Bienheureux ceux qui souffrent persécution pour la justice. »

Quel ne serait pas le bonheur d'une famille ou

d'une nation gouvernée par de telles maximes? Si de nos jours la société est menacée de ruine, n'est-ce pas pour les avoir oubliées?

> Une chose épouvante en ce siècle impuissant,
> C'est la lampe, ô Jésus, qui va s'affaiblissant.
> V. Hugo.

Si la splendeur divine de l'âme de Jésus-Christ nous est révélée par sa doctrine, elle le sera bien autrement par les exemples de sa vie. L'âme se trahit plus par les actes que par les paroles. Suivons donc Jésus dans toutes les phases de son histoire. Que de beautés s'y épanouissent! Beautés si grandes qu'aucunes annales des peuples, aucune fiction des poètes n'a rien d'aussi attrayant par sa variété, d'aussi captivant par son unité, d'aussi ravissant par sa splendeur.

Quelles que soient les révolutions de la vie de l'humanité et les vicissitudes de celles des individus, le Seigneur Jésus fait l'unité de l'histoire.

Les siècles qui l'ont précédé l'avaient pour objectif. A peine le désordre est-il entré dans le monde par le péché de nos premiers parents, que Dieu, pour réparer la révolte de la créature, décrète l'Incarnation et promet un Rédempteur. La réalisation de cette promesse exigeait une longue préparation. Il y fallait la formation et la succession des empires. Chaldéens et Assyriens, Mèdes et Perses, Grecs et Romains se précipitent les uns sur les autres, s'entrechoquent et travaillent sans le savoir pour la future diffusion de l'Évangile. Il fallait que les générations humaines, dans une irrémédiable détresse, condamnées à s'éteindre dans le sommeil de l'orgie ou l'agonie d'une lutte désespérée, sentissent l'absolue nécessité de l'intervention divine. Ce n'était pas trop de quarante à cinquante siècles! Durant cette longue attente, Dieu distingue parmi les enfants d'Adam quelques âmes fidèles, Abel, Noé, Abraham, Isaac, Jacob, et leur renouvelle la promesse du Rédempteur. Il fait de leur postérité son peuple privilégié, gardien des traditions et organe des prophéties.

A côté des oracles parlés ou écrits, Dieu veut des oracles en action. Il se choisit des acteurs pour leur faire représenter, à leur insu, et des siècles à l'avance, les grandes scènes du Sauveur promis. L'innocent Abel tombe sous les coups de Caïn : c'est la figure de Jésus, le juste par excellence, mis à mort par les hommes ses frères. Isaac, les épaules chargées du bois du sacrifice, gravit le mont Moriah : c'est Jésus portant sa croix et montant au Calvaire. Le fils de Rachel est vendu par Juda, l'un de ses frères, pour quelques pièces d'argent : c'est l'histoire même de Jésus vendu par un de ses apôtres pour trente deniers d'argent. Joseph est jeté dans les fers entre deux condamnés, il prédit à l'un la plus heureuse délivrance, tandis que l'autre expirera dans les supplices : n'est-ce pas Jésus crucifié entre les deux larrons, promettant au premier le bonheur du ciel, tandis que l'autre expire en réprouvé? Joseph sorti de sa prison est glorifié par Pharaon ; tout genou doit plier devant lui et tous le saluent Sauveur du monde : c'est toujours Jésus, sorti glorieux du tombeau, à jamais acclamé comme notre Sauveur, et

CHAP. VIII. — LA BEAUTÉ DE JÉSUS-CHRIST.

au nom duquel tout genou doit fléchir au ciel, sur la terre et dans les enfers.

Y a-t-il rien de plus beau que ce spectacle de l'infinie Sagesse se jouant des difficultés pour faire concourir les peuples comme les individus à l'exécution de ses desseins? Sous l'action de la Providence, libres et inconscients de leur rôle, ils sont tous acteurs d'une représentation prophétique de la vie du Fils de Dieu.

Arrive le jour fixé dans le plan divin; quel contraste dans cette ambassade, la plus illustre que l'histoire ait enregistrée, partie des profondeurs du ciel pour aboutir à la maison d'un artisan de Nazareth. La sainte Trinité envoie l'archange Gabriel à la fiancée de Joseph. D'abord l'humilité de la Vierge s'étonne, bientôt sa générosité donne pleine adhésion. La toute-puissance divine avait-elle donc besoin de l'assentiment de sa créature? Par une merveille de délicatesse, Dieu en respecte la liberté et veut que Marie ait le mérite et la gloire de sa coopération.

Quelle variété entre les mystères de la vie cachée et de la vie publique du Sauveur, les mystères de sa passion et ceux de sa résurrection! Quelle opposition entre les conditions de sa nature humaine passible et mortelle, et celles de sa nature divine inaltérable en sa félicité! Cependant ces deux natures font une seule et même personne : Jésus souffre en homme; comme Dieu, il donne une valeur infinie à ses expiations.

Que de surprises réserve à la raison humaine la naissance de Jésus à Bethléhem, sa fuite en Égypte, sa vie à Nazareth. Lui, le Dieu de l'univers, le Roi de gloire, le Seigneur des Seigneurs, attendu depuis plus de quarante siècles, il naît où? dans une étable ouverte à tous les vents, au cœur de l'hiver. A peine né, il faut qu'il parte en exil. Pourquoi? Pour fuir la persécution; de retour, le voici aidant d'abord sa mère dans les menus soins du ménage, puis associé au rude labeur de Joseph, son père nourricier; jusqu'à l'âge de trente ans, il mène la vie d'un artisan. Comment expliquer ces âpretés du sort, cette détresse, cette obscurité mystérieuse si opposées à tout ce que nous pouvions imaginer? Jésus a voulu qu'il en fût ainsi. Il a appelé toutes ces misères et toutes ses douleurs pour dissiper nos illusions et nous attirer à lui. Les richesses, les plaisirs, les honneurs nous séduisent, comment nous en déprendre, sinon en en faisant fi lui-même? La pauvreté, la souffrance, l'humiliation nous épouvantent, comment dissiper cette appréhension, sinon en acceptant lui-même d'être souffrant, pauvre et humilié? Nous admirons ce que la tendresse suggère à une mère, comment elle goûte elle-même le remède amer que doit prendre son enfant; cela se conçoit de la part d'une mère, l'instinct naturel explique tout; mais de la part de Dieu, c'est une merveille qui dépasse nos conceptions.

Jésus n'a plus que trois années à passer sur cette terre; il commence sa vie publique, nul drame plus émouvant, nul dénouement plus tragique et plus touchant. Il fait profession d'être venu pour les pécheurs, il se mêle et se confond avec eux en demandant le baptême de Jean-Baptiste. Rempli de compassion, il déclare qu'il n'achèvera pas de rompre le roseau à demi brisé, qu'il n'éteindra pas la mèche qui fume encore. Il appelle à lui tous les malheureux : Venez tous à moi, vous qui êtes las et qui en avez gros sur le cœur. Il va de ville en ville, de bourgade en bourgade, éclairant les esprits, réveillant les consciences, encourageant toutes les bonnes volontés. Il ravit la multitude jusqu'à la faire s'écrier : « Non, non, jamais homme n'a si bien parlé ! » Mais tout cela est aux antipodes de l'attitude et de l'enseignement des prêtres juifs, des scribes et des pharisiens. Voyant leur formalisme condamné, leur hypocrisie démasquée par le Sauveur, ils conçoivent contre lui une jalousie et une haine implacables ; ils font tout pour le discréditer, dénaturant sa doctrine, calomniant sa conduite ; ils s'attachent à ses pas pour lui tendre des pièges et combattre son influence. Rien ne peut troubler l'âme de Jésus.

Cependant il sème les miracles : Ici c'est l'eau qu'il change en vin aux noces de Cana, pour épargner un embarras à de jeunes époux et réjouir leurs invités. Est-ce gracieux ! Là ce sont des milliers d'hommes qu'il rassasie en multipliant cinq petits pains, les restes remplissant douze corbeilles. Est-ce magnifique ! Partout ce sont des malades, des infirmes qu'il guérit ; il ressuscite les morts, rend à Jaïre sa fille, à la veuve de Naïm son fils, à Marthe et Madeleine leur frère Lazare depuis quatre jours au tombeau.

Chaque nouveau miracle atteste la divine puissance du Sauveur, la bonté ineffable de son cœur, soulève de nouveaux enthousiasmes et par là même exaspère les pharisiens et les prêtres. Y a-t-il rien de plus palpitant que cet antagonisme de la malice forcenée et de la charité sans limite?

Rien d'empoignant comme la dernière page de cette histoire? En rage depuis la résurrection de Lazare, les ennemis de Jésus veulent en finir. Ils ne reculeront devant aucune violence. Ils soudoient un traître. Peine inutile. Jésus lui-même s'abandonne en victime entre leurs mains, subit sans murmure les humiliations dont ses bourreaux l'abreuvent, les tortures de la flagellation et du couronnement d'épines, et finalement le supplice de la croix.

Admirable égalité d'âme de Jésus! Inaccessible à l'ambition quand le peuple voulait le faire roi, inaltérable dans sa généreuse patience quand ce même peuple le met ignominieusement à mort. Dans l'unité incomparable de sa vie, il n'est préoccupé que d'une pensée, sauver les âmes et glorifier son Père. C'est le pourquoi de chacun de ses mystères, l'Église l'a inséré dans le chant de son *Credo* : « C'est pour nous, c'est pour nous sauver [1]. »

Au moment d'expirer, l'âme de Jésus, dans un rayonnement d'une beauté plus divine que jamais, oublie sa douleur et fait resplendir sa bonté en priant pour ses bourreaux, sa munificence en assurant le paradis au bon larron, sa tendresse en nous donnant Marie pour mère, sa piété en exhalant son âme entre les mains de son Père.

Alors la nature entière s'émeut, le soleil se voile, les rochers se déchirent... Jésus expire sur la croix.

---

[1] *Propter nos homines et propter nostram salutem.*

CHAP. VIII. — LA BEAUTÉ DE JÉSUS-CHRIST. 213

C'est l'événement culminant de l'histoire des siècles, la réalisation des figures du passé, la source des grâces dont l'évolution se poursuivra dans la suite des temps.

Trois jours après sa sépulture, le supplicié, le mort sort vivant du tombeau. Pendant quarante jours, le Roi de gloire se montre familièrement à ses apôtres, s'assoit à leur table et finalement les rend témoins de son Ascension triomphante au ciel. Si sa mort a été officiellement constatée par le gouverneur romain, Pilate, sa résurrection sera attestée par dix-huit millions de martyrs devant tous les tribunaux de l'empire.

Il nous reste à rappeler la sainte Eucharistie, la merveille des merveilles : Jésus perpétuant, sous les apparences du pain et du vin, la diversité des mystères de sa vie et de sa mort; Jésus sollicitant notre cœur pour s'y ensevelir par la sainte communion et nous faire ressusciter avec lui. Plus que jamais, c'est l'unité dans la vie et dans l'amour. C'est l'apogée du beau dans cette divine épopée de la charité du Christ [1].

---

[1] « Notre-Seigneur est le principe, la source du beau en nous. Les preuves de son amour ne se sont pas épuisées dans l'Incarnation et la Rédemption; il les a continuées et condensées dans la *Sainte Eucharistie*. Sous les simples apparences du pain, il a caché la beauté humaine et divine, pour la communiquer à nos âmes, et, à mesure qu'elles y participent par sa grâce, nos corps en reçoivent un reflet visible. Tout ce qui nous plaît dans le visage de l'homme est un bienfait du Christ, puisqu'il est l'inspirateur et le modèle de toute vertu. Il est la pureté des vierges, la chasteté de l'épouse, la tendresse des mères, la majesté des vieillards. Il brille dans le sourire de l'innocence comme dans les larmes du repentir, et il n'y a pas de ruines qu'il ne répare, de laideur qu'il ne transfigure. » — L. Veuillot, *Jésus-Christ*, p. 478 de l'édition in-4°.

Alors que la terre aura passé, que les astres auront cessé de rouler, que les vains bruits du siècle seront tombés, la beauté ineffable de cette histoire de la vie de Jésus, objet d'un ravissement toujours nouveau, sera éternellement exaltée dans le trisagion des cieux.

LIVRE QUATRIÈME

IMPRESSION DU BEAU

AVANT-PROPOS

Dans les trois livres précédents, où nous avons étudié le beau en lui-même, objectivement, la métaphysique nous a été nécessaire pour en préciser l'essence, les espèces et les degrés. Dans ce quatrième livre, nous nous plaçons au point de vue subjectif, et nous nous adressons à la psychologie pour analyser les effets que le beau produit sur nous. L'esthéticien doit être philosophe en même temps qu'artiste. Faute de philosophie, il ne comprendra pas la nature du beau ni celle de ses effets. Faute de sens artistique, il n'éprouvera pas l'impression du beau, et n'en aura pas le sentiment.

CHAPITRE I

Rôle des sens dans l'impression du beau.

Un antique adage nous le dit : « Tout ce qui est reçu est reçu à la façon du récipient. » *Quidquid recipitur ad modum recipientis recipitur.* Le fait se vérifie à toute heure et en tout ordre de choses. La liqueur que l'on verse dans un vase en prend la forme; l'instruction reçue par un enfant dépend de la docilité de son intelligence; une épreuve sera méritoire ou non selon les dispositions de qui la reçoit. Nous voulons connaître les effets du beau et la nature de l'impression esthétique; ces effets, cette impression dépendent des facultés qui les reçoivent. Quel est le rôle de chacune des puissances ou facultés humaines dans l'impression du beau?

Les philosophes sont d'accord pour nous dire que nous ne pouvons rien connaître sans le concours des sens. Étudions d'abord leur rôle dans la perception esthétique.

R. Töpffer, en ses *Menus Propos* sur l'art [1], veut qu'il y ait dans l'homme « un sixième sens » pour la perception du beau. Lui-même avoue que l'existence de ce sens particulier est difficile à démontrer, et finit par y voir une faculté cachée du cerveau. Plus tard nous verrons ce qu'il en est de cette soi-disant faculté; actuellement occupons-nous des cinq sens connus de tous, de la vue, de l'ouïe, de l'odorat, du goût et du toucher. D'abord sont-ils tous aptes à recevoir l'impression du beau?

Dans ses *Problèmes d'esthétique contemporaine*, M. Guyau consacre tout un chapitre à « la beauté des sensations [2] », et très sérieusement il nous parle des impressions esthétiques que donnent le toucher, le goût, l'odorat. « Contrairement à la doctrine habituelle, — dit-il, — à celle de Kant, de Maine de Biran, de Cousin, de Jouffroy, nous pensons que tous nos sens sont capables de nous fournir des émotions esthétiques. Considérons d'abord les sensations de chaud et de froid, qui semblent si étrangères à la beauté. Un peu d'attention nous y fera découvrir déjà un caractère esthétique... Je me souviendrai toujours de la sensation extraordinairement suave que me causa, dans l'ardeur d'une fièvre violente, le contact de la glace sur mon front. Pour rendre très faiblement l'impression ressentie, je ne puis que la comparer au plaisir qu'éprouve

---

[1] R. Töpffer, *Menus Propos d'un peintre genevois*, liv. I, chap. I.
[2] M. Guyau, *Problèmes d'esthétique contemporaine*, liv. I, chap. VI.

l'oreille en retrouvant l'accord parfait après une longue série de dissonances ; mais cette simple sensation de fraîcheur était bien plus profonde, bien plus suave et en somme bien plus esthétique que l'accord passager de quelques notes chatouillant l'oreille. » (p. 61, 62.) Plus loin, il nous dit : « Ce qui caractérise la beauté du velours, c'est sa douceur au toucher non moins que son brillant. » (p. 63.) Il nous raconte comment un verre de lait qu'il a bu dans les montagnes était pour lui « une symphonie pastorale saisie par le goût au lieu de l'être par l'oreille. » (Ibid.) « A-t-on jamais dit : une belle odeur? » demande Victor Cousin. Guyau répond sans broncher : « Si on ne l'a pas dit, du moins en français, on devrait le dire; l'odeur de la rose et du lis est tout un poème, même indépendamment des idées que nous avons fini par y associer. » (p. 66.)

C'est confondre l'agréable et le beau, le genre avec l'espèce, le sens figuré avec le sens propre. C'est donner aux mots « beauté » et « esthétique » une étendue d'acception, un sens qu'on leur a toujours refusé et qu'on ne leur accordera jamais sans perdre la notion commune des choses.

L'aberration va plus loin encore chez le professeur R. Kralik. Dans son *Essai d'esthétique générale*, il traite du sens du goût, du sens olfactif et du sens du toucher en autant de chapitres, et finit par déclarer qu'on peut à volonté voir le beau partout et en tout [1].

---

[1] « Vous ne pouvez bannir de ce monde ni la mort, ni le mal, ni l'inégalité, ni l'injustice; mais vous pouvez voir le monde sous la lumière dorée et féerique de la beauté, et, par votre poésie, vous en

Revenons aux données du sens commun. Le goût, l'odorat et le toucher sont absolument étrangers au beau, non seulement au beau intellectuel ou moral, mais à toutes les variétés du beau matériel.

Je vois un fruit, cela me suffit pour prononcer s'il est beau ou non ; je le goûte, sa saveur ne modifiera en rien mon jugement. La saveur ne me dit rien de la beauté, bien que celle-ci puisse faire présumer la bonté : témoin l'histoire d'Ève, notre première mère ; séduite par la beauté du fruit défendu, elle se persuada qu'il devait être d'un goût délicieux.

Jamais odeur, si suave soit-elle, n'embellira aucun objet, aucune personne. De belles fleurs, comme le camélia ou les azalées, n'ont pas d'odeur, d'autres, comme l'œillet d'Inde et plusieurs solanées, ont une senteur désagréable ; par contre, combien de fleurs, telles que la violette, la menthe, sont sans éclat et des plus parfumées.

Le toucher est à peu près aussi impuissant que le goût et l'odorat à nous donner l'impression du beau. Tout au plus pourra-t-il permettre de se rendre compte du poli et dans une certaine mesure de la forme des objets, par des contacts successifs.

Manger quand on a faim, boire quand a soif, savourer un fruit, prendre un bain, trouver un bon lit après une journée de fatigue, sont choses fort

---

faire un paradis. » — Du kannst den Tod nicht aus der Welt schaffen, nicht das Uebel, nicht die Ungleichheit, nicht die Ungerechtigkeit ; aber du kannst die Welt mit der Zauberlicht der Schöneit vergolden und durch dein Gedicht zum Paradies machen. — R. Kralik, *Weltschöneit : Versuch eine allgemeinen Aesthetik*, p. 233.

agréables sans doute, mais personne ne songera à les qualifier de belles. Le parfum des fleurs, la fraîcheur de la brise ajoutent aux charmes d'un site, mais n'augmentent en rien la beauté du paysage; sous le rapport esthétique, il reste ce qu'il était. Concluons-le donc avec l'expérience et le sentiment universel, des cinq sens donnés à l'homme, il n'y en a que deux qui aient un rôle esthétique, la vue et l'ouïe sont seules capables de faire naître en nous l'impression du beau [1].

Le rôle de l'œil ou de l'oreille est essentiel à la perception du beau matériel et sensible : l'oreille saisit l'harmonie des sons, l'œil celle des lignes, des surfaces, des couleurs et des mouvements. Ces deux sens ont également une certaine part à la perception du beau intellectuel et du beau moral, car nos facultés supérieures ont besoin d'être excitées par les sens et l'imagination qui prolonge l'action des sens.

Si nécessaires que soient la vue et l'ouïe à l'impression du beau, ces deux sens n'y suffiront jamais, même à l'égard du beau sensible ou physique. Les sens ne recueillent que des sensations, or « l'effet du beau n'est pas une sensation, mais une émotion » de l'âme, un sentiment [2]. Mario Polo s'est évidemment égaré en disant que « la beauté est un produit de nos sensations physiques [3]. »

---

[1] « Dans la langue russe, par le mot beauté, on entend seulement ce qui plaît à la vue. Cependant, depuis quelque temps on dit : une belle musique, mais ce n'est pas parler russe. » — L. Tolstoï, *Qu'est-ce que l'art*, p. 27.
[2] G. Ramsay, *Analysis and Theory of the Emotions*, p. 69.
[3] Mario Polo, *Psychologie du beau*. Apud Tolstoï, *Qu'est-ce que l'art*, p. 60.

Un accord musical chatouille agréablement et charme l'oreille; l'harmonie de deux couleurs repose délicieusement les yeux, nous ne le nions pas; mais cette sensation de plaisir n'est pas encore la jouissance esthétique, bien qu'elle puisse en être le prélude [1]. L'agréable peut être à la fois sensation et sentiment; l'impression du beau, au point de vue de la sensibilité, est avant tout un sentiment. Or entre la sensation et le sentiment la séparation est profonde, la distance est, pourrait-on dire, infranchissable : la sensation a pour siège la sensibilité organique, tandis que le sentiment réside dans la sensibilité rationnelle; la sensation est localisée, plus ou moins étendue, tandis que le sentiment n'a rien de l'étendue matérielle, rien qui ressemble à une localisation déterminée; la sensation s'émousse par l'habitude, plus elle se prolonge, moins elle devient perceptible, tandis qu'il n'y a pas de limites à la durée du sentiment esthétique; la répétition ne détruit nullement son charme, l'augmente au contraire. C'est là le propre du sentiment qui, étant activité et vie, trouve dans son renouvellement une facilité croissante.

Si nous voulons préciser le rôle de la vue et de

---

(1) C'est en ce sens — nous paraît-il — qu'il faut entendre M. Sully-Prudhomme écrivant : « Un homme n'est pas un artiste... s'il n'est *sensuel* à quelque degré. Nous usons du mot sensuel à dessein, pour bien marquer qu'un véritable artiste veut jouir des couleurs, des lignes, des notes pour elles-mêmes en tant que délectables aux sens; et alors même qu'il les emploie à exprimer les sentiments les plus sublimes,... il ne les rend expressives qu'en exploitant la volupté physique qu'elles éveillent. » *L'Expression dans les beaux-arts*, p. 4.

l'ouïe dans la perception du beau, il nous faut analyser la sensation. Une comparaison nous viendra en aide. Supposons un cachet marquant son empreinte sur la cire. Ce cachet nous représente le monde extérieur; la cire sur laquelle le monde extérieur marque son empreinte, c'est notre organisme, animé par l'âme immatérielle qui lui est substantiellement unie (au moins en ses éléments nerveux); la sensation embrasse à la fois la cire et l'empreinte; la cire est subjective, mais l'empreinte est à la fois subjective et objective, subjective en tant qu'elle est dans la cire, objective en tant qu'elle vient du monde extérieur et en porte les traits [1]. De même la sensation que j'éprouve à la vue d'un tableau est à la fois subjective et objective, subjective en tant qu'elle m'affecte, objective en tant qu'elle vient du tableau et m'en apporte l'image. Cependant, je transporte la sensation tout entière du côté objectif, parce que mon attention sensible est dominée par l'objet, par le tableau.

Une expérience très simple permet d'observer le fait de cette transposition de la sensation. Posez le doigt sur une lame métallique chauffée graduellement : vous sentirez d'abord une surface résistante, quelque chose qui semble exclusivement extérieur; quelques instants après, la chaleur se fera sentir, la surface commencera à devenir indécise; enfin, lorsque vous aurez été forcé de retirer votre main, si vous l'approchez par mégarde, vous n'éprouverez plus qu'une sensation, en apparence purement

---

(1) Cf. J. de Bonniot, *l'Ame et la physiologie*, p. 176.

objective, une brûlure. On dirait que la part du sujet dans une sensation grandit ou diminue avec la puissance, la vivacité organique de la sensation[1]. L'odorat, le goût, le toucher surtout, étant les sens les plus affectés physiquement par la peine ou le plaisir, sont aussi ceux dont la sensation donne *la plus grande part au sujet;* la vue et l'ouïe, au contraire, sont les deux sens les plus indifférents sous le rapport de la douleur et du plaisir physique, leurs sensations nous font faire *la plus grande part à l'objet.*

De cette analyse nous tirons deux conclusions, savoir : d'abord que le rôle des sens, dans la perception du beau, est de nous présenter la variété des sons ou des couleurs, des lignes, des surfaces et des mouvements, c'est-à-dire le *côté matériel* de la beauté objective; ensuite que les sens se distinguent en esthétiques, comme la vue et l'ouïe, ou inesthétiques, comme l'odorat, le goût et le toucher, selon qu'ils font ou non dominer la part objective dans la sensation.

Chose remarquable, les sens esthétiques, la vue et l'ouïe, sont de tous les sens ceux qui se rapprochent le plus des facultés intellectuelles. Ils n'ont pas, comme le toucher, le goût et l'odorat, besoin d'un contact immédiat avec l'objet pour en avoir la sensation; il leur suffit d'être excités par l'ébranlement donné aux ondes du milieu ambiant et respectif. La musique d'un concert est apportée à notre oreille par les vibrations de l'air; ce sont les vibrations de

---

(1) Cf. *ibidem*, p. 154.

l'éther des physiciens qui font jouir nos yeux des clartés du jour ou de l'illumination d'une nuit constellée.

Malgré la parenté de la vue et de l'ouïe avec nos facultés rationnelles, ces deux sens sont radicalement impuissants à atteindre le *côté formel* du beau. L'ordre, l'unité dans la variété, la proportion et l'harmonie leur échappent, car l'estimation d'un rapport et l'appréciation d'un accord sont autant de jugements qui relèvent de la seule intelligence. Nous le verrons plus loin; auparavant il nous faut exposer le rôle esthétique de l'imagination et de la mémoire.

CHAPITRE II

Rôle de l'imagination et de la mémoire [1].

Le nom même de l'imagination rappelle ses fonctions; elle saisit, groupe, associe et conserve les images des choses que nous révèlent les sens. Elle est un magasin vivant d'images vivantes.

Les sens sont dans leur exercice liés à tel ou tel point de l'espace et du temps, ils sont asservis au côté matériel des objets. L'imagination ne connaît pas ces entraves, elle s'arrête exclusivement à l'image incorporelle qu'elle saisit et garde comme son bien; cette indépendance lui donne une grande supériorité sur les sens.

---

(1) Pour mieux déterminer le rôle esthétique de ces facultés, nous en préciserons et délimiterons la nature, car les auteurs sont peu d'accord à ce sujet.

Bossuet semble dire[1] que l'imagination est une continuation atténuée de la sensation. Cette assertion ne doit pas être prise à la lettre. L'image, la mémoire d'une sensation n'est pas cette sensation plus ou moins affaiblie. « Si le souvenir d'un poids en était la sensation affaiblie, il serait la sensation actuelle d'un moindre poids; se rappeler un kilogramme, ce serait par exemple, sentir actuellement un milligramme; mais comment un milligramme présent représenterait-il un kilogramme passé? Rien de plus contraire à la vraisemblance et au témoignage de l'expérience. On peut mettre mieux encore en évidence l'inexactitude de cette hypothèse. Ma conscience m'atteste que ma sensation du poids implique un effort de ma part, tandis que mon souvenir n'en implique pas... Il faut donc admettre que le souvenir de la pesanteur diffère en nature de la sensation de la pesanteur[2]. » Le souvenir est l'image immatérielle de la sensation physique.

Dans les représentations matérielles, sur un même champ, plus les images superposées sont nombreuses, moins elles sont distinctes; or l'accumulation des images que nous conservons de nos sensations ne nuit en rien à leur netteté; donc, malgré la situation mitoyenne de l'imagination, procédant de l'union de notre corps et de notre âme, la conservation des images est fonction de l'âme et non du corps.

Néanmoins l'imagination reste fort inférieure à

---

(1) Bossuet, *de la Connaissance de Dieu et de soi-même*, chap. I.
(2) Sully-Prudhomme, *de l'Expression dans les beaux-arts*, p. 24, 25.

l'intelligence, car elle ne peut ni pénétrer au delà des apparences, ni s'élever du particulier au général, ni se représenter ce qui n'a rien de sensible ; impossible d'imaginer Dieu, l'âme, la vérité, la justice, la bonté.

Chaque sens donne lieu à des images d'espèces différentes : on s'imagine toucher, goûter, savourer, comme on se figure voir et entendre. Il n'y a pas de sensation sans impression d'image. Cette image existe d'abord dans l'œil, dans l'oreille, dans l'organe même, en qui l'impression persiste plus ou moins, même après le départ de l'objet. Elle ne s'y arrête cependant pas, mais elle chemine par les cordons nerveux jusqu'au cerveau où elle se transforme et se fixe.

Là, dans les profondeurs de notre être, il y a des retraites mystérieuses où nos sensations affluent et entassent leurs images. Ce monde d'impressions et d'images s'accumulent sans embarras et se rangent sur un arrière-plan où elles cessent d'être aperçues par la conscience. On ne sait rien de l'état où se trouvent alors ces images, et il est impossible d'en faire le dénombrement à un instant donné. On sait seulement que ces images sont fixées, groupées dans l'ordre où elles ont été reçues, mais le secret de cette association échappe à tous nos moyens d'investigation. Elles constituent un trésor que nous emportons partout avec nous, pour nous en servir à notre gré suivant nos besoins. Elles sont là, silencieuses, n'attendant qu'un désir de l'âme pour reparaître au jour de la pensée. On admet généralement qu'il suffit d'évoquer une des images associées pour que toutes celles du groupe se réveillent et réapp.- raissent. Mais c'est l'appel de l'attention intellectuelle qui anime le plus souvent l'image voulue : si j'arrête mon esprit sur la pensée d'une fleur, aussitôt l'imagination m'en suscitera l'image.

Intermédiaire entre notre sensibilité organique et notre intelligence, l'imagination les relie l'une à l'autre; elle nous permet de soumettre nos sensations à l'analyse de notre raison et en même temps de donner un corps à nos pensées. Sans l'imagination, nos sens auraient beau être affectés et envoyer par les nerfs leurs impressions au cerveau, celles-ci sont trop grossières pour être perçues par l'intelligence. D'autre part, notre esprit, quelles que soient sa vivacité et sa perspicacité, ne saurait avoir d'idées sans les images, sans les mots, au moins comme appui ou point de départ de ses réflexions. Sans les images, il ne saurait le plus souvent fixer sa pensée et son attention; l'imagination est donc nécessaire à l'intelligence.

De nombreux caprices, de fréquentes incohérences ont valu à l'imagination le nom de *folle du logis*. Remarquons-le cependant, ces caprices et ces incohérences ne se produisent guère, sinon quand cette puissance est abandonnée à elle-même, et au tourbillon de sensations petites ou grandes qui assaillent la sensibilité; les unes produites par les objets du monde extérieur, d'autres au dedans par le mouvement des humeurs et les modifications des organes. Toutes ces sensations n'impressionnent pas également l'imagination, mais à chaque instant une image domine, puis une seconde, une troisième et ainsi de suite... Comment laissée à elle-même et à ces impressions nouvelles incessantes, l'imagination n'en subirait-elle pas les caprices et l'inconstance ? Mais il suffit qu'elle soit dirigée par l'intelligence, par l'attention volontaire, pour échapper à ces égarements et révéler ses merveilleuses ressources. Il suffit, par exemple, que mon intelligence veuille se représenter une scène dont j'ai été témoin hier; aussitôt, sans effort, le tableau se déroule devant moi. Si je veux évoquer le souvenir d'un paysage ou d'un morceau de musique que j'ai admiré ce matin, la beauté de la musique et les charmes du paysage me séduisent de nouveau.

Après l'intelligence, c'est l'imagination qui a le rôle le plus important dans l'impression du beau ; c'est elle qui reçoit des sens les éléments du beau et les présente à la perception de l'intelligence. Dans les âmes dont le sens esthétique n'est pas dépravé, le beau n'a pas de promotrice plus active que l'imagination. Un secret instinct lui fait faire, parmi les images qu'elle recueille et amasse, une sorte de triage des plus belles, pour les garder plus vivantes et plus à portée de charmer par leur réapparition. Si trop souvent l'imagination contribue à nos égarements et à nos tristesses, du moins, au service de la passion du beau, elle ne peut que dilater et élever nos âmes.

C'est dans le domaine du beau que l'imagination prend son plus grand essor ; c'est là que s'ouvrent pour elle les perspectives d'un idéal toujours fuyant, c'est là surtout qu'elle se révèle, non seulement conservatrice, mais transformatrice et créatrice.

D'autre part, le beau réclame son suffrage. « Rien n'est vraiment beau — a dit Emerson — qu'autant qu'il parle à l'imagination [1]. »

Le fait est indiscutable, s'il s'agit du beau purement matériel et sensible, car seule l'imagination en rend les éléments saisissables à l'esprit qui n'en connaît guère que ce qu'elle lui en dit. Le beau intellectuel et moral ne se livreront pas aussi complètement à l'imagination, néanmoins ils la prendront toujours et nécessairement pour introductrice près des facultés rationnelles; et fort souvent, elle travaillera elle-même à augmenter le rayonnement et la splendeur de ces beautés supérieures. Le fil de charbon de nos lampes électriques n'a que l'épaisseur d'un cheveu, mais au moment où, sous l'influence du courant, il devient éblouissant d'incandescence, il paraît dix fois plus gros. L'imagination produit quelque chose de semblable à l'égard du beau. Par les images et impressions qu'elle rappelle, elle en vient parfois à combler des lacunes, à achever ce qui n'est qu'ébauché, à réaliser ce qui n'est qu'indiqué, à donner une auréole d'idéal à ce qui existe.

Bien que le jugement ou l'appréciation de la beauté soit le privilège exclusif de l'intelligence, ainsi que nous le constaterons plus bas, plusieurs veulent voir dans l'imagination la faculté esthétique par excellence; plus que toute autre en effet elle nous rapproche de l'idéal. « Refléter la beauté, telle est dans

---

[1] Emerson, *Conduct of Life. Apud* W. Knight, *Philos. of the Beautiful*, I, p. 271.

le plan divin la puissance, tel est le but de cette admirable faculté ; refléter, peindre le beau ; miroir vivant où se réfléchissent toutes les beautés de la création, images plus ou moins éclatantes de la beauté du créateur. De là dans l'homme, la fonction sublime, le rôle magnifique de l'imagination : nous représenter les beautés de la nature et par là nous attirer vers la beauté de Dieu, comme les rayons lumineux nous font remonter au foyer de la lumière. Par l'imagination en effet, par elle surtout nous cherchons et poursuivons l'idéal ; et cet idéal, en fuyant toujours devant nous sans jamais cesser de se laisser apercevoir, nous attire vers l'infinie beauté, c'est-à-dire, vers Dieu [1]. »

C'est le lieu de parler de la mémoire. On la distingue habituellement de l'imagination, cependant, au moins en esthétique, ces deux facultés ont de nombreux points de contact et souvent même se confondent.

Pour un enfant, se souvenir d'un objet ou l'imaginer, c'est tout un, car il a plus d'images que de pensées et vit surtout dans le présent. Plus tard la mémoire, au moins en partie, se sépare de l'imagination. En effet, avec les années les représentations se simplifient, se généralisent, se réduisent à des signes conventionnels que nous nommons des mots ; les pensées et les raisonnements se multiplient, le sentiment du temps, la différence du passé et du

---

[1] P. Félix, *Retraite à N.-D. de Paris sur les châtiments*, II.

présent s'accentuent, la mémoire a toute occasion de spécifier son rôle.

On peut caractériser chacune de ces deux facultés par les traits suivants : l'imagination ne peut évoquer que des images et des impressions, seule la mémoire ressuscite les pensées et les opérations de l'intelligence ; de plus, les représentations de l'imagination nous apparaissent toujours comme présentes, tandis que les souvenirs de la mémoire nous sont donnés comme des évocations du passé.

Il nous arrive cependant de prendre pour une impression présente et actuelle, un simple souvenir fourni par la mémoire. Macaulay raconte qu'un écrivain anglais, au déclin de sa vie, avait conservé le pouvoir de retenir avec une grande fidélité ce qu'il entendait, mais oubliait avec une facilité non moins grande l'origine de ce qu'il retenait de la sorte. Si on lui lisait quelque chose dans la soirée, il se réveillait le lendemain, l'esprit plein de ce qu'il avait entendu la veille, et l'écrivait de la meilleure foi du monde sans se douter que cela ne lui appartenait pas. Que de fois un artiste croit créer, lorsqu'il ne fait que reproduire.

Les anciens tenaient Mnémosyne, la déesse de la mémoire, pour la mère des neuf muses. Cette filiation était assez judicieuse, car la mémoire est pour beaucoup dans la formation des artistes, dans l'appréciation du beau et plus encore dans sa création.

La mémoire dite imaginative, souvent comprise sous le nom d'imagination, contribue plus particulièrement à fixer l'impression du beau sensible ; la mémoire intellectuelle, le souvenir du beau intelligible ou moral.

L'impression du beau se conserve d'autant plus facilement qu'elle aura été plus distincte, plus vive et plus souvent répétée. Que la répétition soit calculée ou non, l'effet est le même. C'est par la répétition des mêmes opérations mentales que l'écolier apprend sa leçon et souvent machinalement. Une impression a d'autant plus de chance d'être conservée dans la mémoire qu'elle est plus étroitement associée à d'autres idées, elles-mêmes profondément imprimées.

Le rappel des impressions esthétiques passées peut être machinal, occasionnel ou volontaire, et les conditions du souvenir varient avec la manière dont il est évoqué. L'impression est rappelée machinalement, quand l'organe de la mémoire s'exerce comme de lui-même. Alors l'image, l'idée semble surgir spontanément en vertu de sa propre puissance. Qui n'est poursuivi, obsédé d'un refrain mélodique, d'un rythme entraînant, d'une image séduisante que parfois il voudrait bannir? La mémoire du perroquet occupe plus de place qu'on ne pense dans la tête de l'homme.

Plus fréquemment, le souvenir esthétique est évoqué par la rencontre d'une sensation ou d'une idée à laquelle il est associé. Par exemple, la vue du Louvre fait surgir l'image des tableaux et des statues qu'on y a le plus admirés. Le nom seul d'un artiste rappelle ses principales œuvres.

Enfin le souvenir apparaît parce que la volonté attentive le réclame d'une façon déterminée. On ne peut vouloir dresser le programme d'un concert sans réveiller aussitôt le souvenir vivant d'une foule de morceaux, ouvertures, romances, chœurs qui se présentent au choix de l'esprit. L'organe de la mémoire est sous la dépendance de notre volonté. Cette dépendance néanmoins n'est jamais absolue. Quelquefois on a de la peine à préciser certains souvenirs dont on aurait besoin. En plusieurs cas, l'indocilité de la mémoire doit être attribuée à l'hésitation de la volonté qui ne porte qu'un intérêt médiocre à ce rappel du passé. C'est l'attention soutenue qui excite l'organe, aiguise la faculté et met l'artiste dans les meilleures conditions d'exercice [1].

Grâce à cette attention sans partage, l'imagination et la mémoire concourent efficacement, nous l'avons vu, à former et développer le goût, à multiplier et perpétuer les jouissances que nous offre le beau.

---

[1] Cf. J. de Bonniot, *l'Ame et la physiologie*, liv. I, chap. IX.

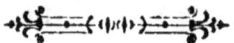

CHAPITRE III

Rôle de l'intelligence dans l'impression du beau.

Il y a des actes de l'entendement qui suivent de si près les sensations, qu'à moins d'y prendre garde nous les confondons avec elles. Le jugement que nous faisons naturellement des proportions et de l'ordre qui en résulte, est de cette sorte. Connaître les proportions et l'ordre est l'ouvrage de la raison qui compare une chose avec une autre et en découvre les rapports. Entre la raison et l'ordre, il y a un lien des plus étroits, une connexion des plus intimes. L'ordre ne peut être mis dans les choses que par la raison, ni être perçu quelque part sinon par la raison. Il est l'ami de la raison et son propre objet. La perception de l'ordre matériel passe par les sens, on ne peut le nier, mais percevoir l'ordre et en juger est une œuvre de l'esprit.

« Ainsi — conclut Bossuet — il appartient à l'esprit, c'est-à-dire à l'entendement de juger de la beauté; parce que juger de la beauté, c'est juger de l'ordre, de la proportion, de la justesse, choses que l'esprit peut seul apercevoir [1]. »

Le rôle de l'intelligence dans la perception du beau est par là même d'une importance sans égale. C'est elle qui interprète les sensations reçues et dirige la réaction de l'âme pour suspendre, accueillir, rectifier, compléter l'action des objets extérieurs sur les organes de la sensation. C'est l'histoire de l'astronome qui agit avec ses mains pour pointer convenablement sa lunette et qui voit l'astre à travers l'instrument. L'âme ne s'attarde pas aux phénomènes de conscience que suscite sa réaction sur les sens, elle se porte directement sur l'objet extérieur, sur le beau qui lui est offert, comme l'œil de l'astronome se porte sur l'astre à travers les verres de sa lunette [2].

Alors, avec sa puissance d'analyse, l'intelligence perçoit des variétés que les sens n'eussent pas su atteindre directement; avec sa faculté de synthèse, elle passe des parties au tout, des moyens au but; elle remonte des effets à la cause. Elle saisit les rapports et les proportions, les accords et les harmonies, la réalisation plus ou moins heureuse de l'unité dans la variété, c'est-à-dire de l'ordre et de sa splendeur.

Cette unité, l'intelligence la verra naître de bien

---

(1) Bossuet, *de la Connaissance de Dieu et de soi-même*, chap. I, n° 8.
(2) Cf. J. de Bonniot, *l'Âme et la physiologie*, p. 162.

des manières. Par exemple, dans la *continuité* de certaines lignes ou surfaces, de certains sons ou mouvements. Cette continuité pourra être interrompue ou partiellement masquée par des ornements ; l'essentiel est qu'elle persiste dans l'impression de l'ensemble ; les ruptures accidentelles constituent un élément de variété qui ravive les sensations dont elles brisent la monotonie.

L'intelligence reconnaîtra également l'unité dans la *répétition* des mêmes motifs de figure ou de mélodie. Conséquemment, la *symétrie* sera une source d'unité et de beauté. Elle ne suffira jamais à constituer le beau, car on se blase fort vite sur l'impression qu'elle produit. Elle a néanmoins un rôle indiscutable en esthétique. Il est peu de beautés où elle n'entre à quelque degré comme facteur. Un bel édifice pourra être asymétrique dans son ensemble, mais alors il présentera de la symétrie dans les détails, portes, fenêtres, colonnes, etc. [1]. Souvent la symétrie est polygonale, par exemple, dans les encadrements de tapisseries ou de fresques, dans les mosaïques et autres pavages ; dans la construction de la cour d'honneur d'un palais, de la place publique d'une capitale. La symétrie épargne la peine de l'effort au spectateur, lui facilite la connaissance de l'ensemble et satisfait la tendance de son esprit à la synthèse. Le caractère géométrique de la symétrie s'accentue avec le nombre des côtés.

Le *parallélisme*, comme son nom l'indique, n'est

---

(1) Cf. Ch. Blanc, *Grammaire des arts décoratifs*.

jamais que bilatéral, il trahit moins la rigueur mathématique et laisse une plus large place à la fantaisie que la symétrie proprement dite. Quand au lieu de se manifester dans les lignes et autres déterminations de la matière, le parallélisme se révèle dans les pensées que suscitent les objets, il se nomme alors *symbolisme*. Telle est la relation entre le monde matériel et le monde spirituel, le premier est une ébauche symbolique du second ; telle la correspondance entre les passions des animaux et celles de l'humanité, les unes sont les figures des autres. Ces exemples appartiennent au symbolisme naturel ; il en est un autre, conventionnel, traditionnel ou fantaisiste. Quoi qu'il en soit de son origine, c'est toujours à l'intelligence que le symbolisme offre ses harmonies.

L'unité, fille de la symétrie ou du parallélisme, est toujours facilement perçue, comprise et goûtée. Quand l'équilibre des parties est dû plutôt à leur équivalence qu'à leur similitude, alors c'est le balancement des parties qui en fait le lien esthétique. Il réalise une beauté d'un caractère plus élevé et suppose en qui l'apprécie un sens du beau plus développé.

Bossuet et Bourdaloue nous ont laissé de fort beaux discours ; mais l'ordre de l'un n'est pas l'ordre de l'autre. En Bourdaloue il y a symétrie dans les divisions et les développements ; il est assez facile de mettre ses discours en tableaux synoptiques. Rien de semblable en Bossuet, il procède à la façon de Démosthènes, suit davantage l'ordre de la nature ; les pensées naissent et se développent comme les branches sur un arbre, en pleine liberté, mais en même temps, elles s'équilibrent dans un harmonieux balancement et l'ensemble réalise une beauté supérieure. Les divisions méthodiques ont du très bon ; Bourdaloue en tire un grand parti, pour donner une puissance irrésistible à la logique de ses vigoureux enseignements ; mais ce serait un véritable égarement de supposer qu'une symétrie parfaite peut suppléer à tout et en particulier au creux des pensées ; un beau cadre peut attirer les regards, il ne suffira jamais à donner un beau tableau.

Le rôle de la raison dans l'impression du beau n'est pas universellement compris. Certains auteurs, notamment R. Töpffer, semblent ne pouvoir l'admettre. « Non seulement — dit-il — nous nions que le raisonnement entre pour rien dans la conception du beau, mais nous affirmons qu'il lui est parfaitement et directement contraire, ou en d'autres termes, qu'il la stérilise, dès qu'il y intervient, précisément en ce qu'il a pour effet de transformer en syllogisme, c'est-à-dire, en actes successifs, ce qui de sa nature ne peut poindre et resplendir qu'à l'état d'actes simultanés [1]. »

L'auteur artiste est dans le vrai en soutenant l'incompatibilité de la jouissance esthétique avec le travail de la réflexion ou du raisonnement. Mais notre intelligence n'a pas que des réflexions conscientes, elle en a d'inaperçues ; ses jugements ne sont pas tous délibérés, il en est de spontanés, d'instinctifs.

---

[1] R. Töpffer, *Menus Propos*, liv. VII, chap. XVI, p. 301.

Écoutons Bossuet : « Quand — dit-il — nous trouvons beau un bâtiment, c'est un jugement que nous faisons sur la justesse et la proportion de toutes les parties, en les rapportant les unes aux autres. Il y a dans ce jugement un raisonnement caché que nous n'apercevons pas à cause qu'il se fait fort vite. Nous avons beau dire que cette beauté se voit à l'œil, ou que c'est un objet plaisant aux yeux, ce jugement nous vient par ces sortes de réflexions secrètes qui, pour être vives et promptes, et pour suivre de près les sensations, sont confondues avec elles. Il en est de même de toutes les choses dont la beauté nous frappe d'abord. Ce qui nous fait trouver une couleur belle, c'est un jugement secret que nous portons en nous-mêmes de sa proportion avec notre œil qu'elle divertit. Les beaux chants, les belles cadences ont la même proportion avec notre oreille. En apercevoir la justesse aussi promptement que l'on touche l'ouïe, c'est ce qu'on appelle avoir l'oreille bonne ; quoique, pour parler plus exactement, il fallût attribuer ce jugement à l'esprit [1]. »

Helmholtz a parfaitement élucidé ce point. Il montre que l'application des lois et règles du beau n'est pas le résultat d'un acte conscient de l'intelligence. Souvent du moins, « ces lois et ces règles ne se manifestent ni à l'artiste composant son œuvre, ni au spectateur ou à l'auditeur qui en jouissent... Une œuvre où nous reconnaîtrions le fruit exclusif du raisonnement ne sera jamais pour nous une œuvre

---

[1] Bossuet, *de la Connaissance de Dieu et de soi-même*, chap. I.

d'art, si conforme qu'elle soit à son objet. Et cependant nous voulons que toute œuvre d'art soit conforme aux lois de la raison ; ce qui le prouve, c'est que nous la soumettons à un examen critique et que nous cherchons à surexciter la jouissance que nous en éprouvons, l'intérêt qui nous captive, en suivant à la trace la régularité du plan, la liaison et l'équilibre de toutes les parties. Nous trouvons l'œuvre d'autant plus riche, que nous arrivons mieux à découvrir l'harmonie de tous les détails ; nous considérons comme signe caractéristique d'un chef-d'œuvre, la révélation toujours progressive, par un examen plus approfondi, de la présence de la raison en chacun de ses points, lorsque nous revoyons l'ouvrage, lorsque nous y réfléchissons de plus en plus. »

« Dans le jugement immédiatement formulé par un goût artistique délicat, le beau esthétique sera reconnu comme tel, sans le secours d'aucune réflexion critique. Le sentiment décide que l'œuvre plaît ou ne plaît pas, sans aucune préoccupation de loi quelconque... L'intuition inconsciente des lois esthétiques n'est pas dans l'action du beau sur notre esprit, un accessoire qui peut être ou ne pas être ; il est évident, au contraire, qu'elle en est précisément le point capital, saillant [1]. »

E. Hartmann dit de même : « La découverte du beau et la création du beau par l'homme procèdent d'une façon inconsciente ; seuls les résultats de cette découverte et de cette création deviennent cons-

---

[1] Helmholtz, *Théorie physiologique de la musique*, chap. xix.

cients⁽¹⁾. » Helmholtz et Hartmann parlent principalement du beau sensible, mais leur observation s'applique également aux autres espèces du beau.

Quoi qu'il en soit de la nature de la beauté et de la promptitude avec laquelle elle est saisie, le rôle de l'intelligence reste essentiel à sa perception. Il en résulte ce corollaire que l'homme étant le seul être doué de raison au milieu de la création visible, est aussi le seul sensible aux attraits de la beauté. Les animaux, par là même qu'ils sont dépourvus d'intelligence, sont radicalement incapables de percevoir et de goûter le beau.

Darwin a supposé que le *pariage*, notamment dans les oiseaux, se faisait de préférence d'après la beauté du plumage, l'éclat du chant ou quelque autre avantage esthétique. Il s'est grandement abusé. Son hypothèse n'a pour s'appuyer aucun fait authentique, et d'autre part, elle est démentie par l'expérience journalière.

Certains ont voulu voir l'expression d'une jouissance esthétique dans les chants joyeux dont l'alouette et autres oiseaux saluent les feux de l'aurore. Il est certain que le lever du soleil met en fête toute la nature, les fleurs sourient comme les oiseaux chantent, mais il n'y a pas lieu de confondre l'épanouissement organique avec la jouissance esthétique.

On cite un assez grand nombre de faits dans lesquels, au premier abord, les animaux paraissent se révéler sensibles aux charmes de la musique. Dans nos cirques, au son des fanfares, nos chevaux pren-

---

(1) Ed. Hartmann, *Philosophie der Unbewussten*, p. II, chap. v.

nent le galop; les mules, surtout en Espagne, activent leur trot au drinn-drinn des grelots qu'on leur attache au cou. En Orient, des bateleurs, au son de la flûte et du tambourin, font danser en mesure le serpent à lunettes (*Naja tripudians*). Gérard, dans ses chasses au lion, rapporte qu'un jour une de ces bêtes féroces s'arrêta, captivée par un solo de cornet à pistons. On raconte que les araignées sont attirées et charmées par le son du violon.

Admettons, si l'on veut, tous ces faits et dires. Il est facile de les expliquer sans recourir à une impression esthétique.

L'efficacité du son des grelots ou des fanfares sur les mules ou les chevaux peut d'abord résulter du dressage, de l'association des images, dans laquelle le souvenir du fouet s'unit au son des grelots et des cuivres, comme aux cris des muletiers et des écuyers. De plus, les sons produisent sur l'organisme un effet qui varie avec leur nature et la sensibilité particulière de l'animal. Tantôt cet effet est excitant, c'est peut-être le cas de l'efficacité des sonneries qui nous occupent; tantôt il est déprimant. J'ai connu un chien que le son d'une certaine cloche de couvent mettait en détresse et faisait hurler d'un ton plaintif aussi longtemps qu'elle sonnait. La cloche n'était ni fêlée ni trop criarde, l'esthétique n'était pas en cause. Enfin, disons-le bien haut, si la musique peut jamais agir sur les animaux, c'est par son rythme. Le tambour avait été supprimé dans notre armée, on a dû l'y rétablir, tant son battement rythmé a d'efficacité physique sur les chevaux comme sur les hommes pour leur faire surmonter la fatigue.

CHAP. III. — ROLE DE L'INTELLIGENCE. 245

Si l'on voit, au son de la flûte et du tambourin, le *Naja tripudians* des Indes se dresser en spirale, s'élever et s'abaisser en cadence, en cela il ne fait qu'obéir au rythme du jeu des instruments. Il n'est pas même nécessaire que le rythme frappe les oreilles du serpent, il suffit qu'il parle à ses yeux. Le P. J. Bertrand, ancien missionnaire du Maduré, me racontait qu'étant un jour à l'autel, son servant de messe lui montra du doigt avec effroi un serpent des plus venimeux enroulé sur la crédence aux burettes. Un Indien, connu par ses exploits en pareilles circonstances, est appelé. Il arrive, il porte à chaque poignet un gros anneau de cuivre aussi brillant que possible, il s'avance peu à peu vers le reptile, en gesticulant de ses bras, de manière à décrire en cadence une série de petites circonférences qui s'entrecroisent. L'attention du serpent est attirée par les éclats de lumière que jettent les bracelets, il lève la tête et bientôt la balance en suivant machinalement le mouvement rythmé des poignets de l'Indien. Cependant celui-ci s'approche de telle sorte qu'à la fin il peut saisir le reptile à la nuque et lui rompre le cou avant qu'il ait pu nuire.

Le lion, dont parle Gérard, a très bien pu s'arrêter, sans autre impression que celle de la surprise, à l'audition du cornet à pistons. Quant aux araignées, peut-être trouvent-elles quelque ressemblance entre certains sons du violon et celui du vol d'un moucheron? Je ne sais. Ce qui est indubitable, c'est qu'on n'a jamais vu un chien ou un chat renoncer à une promenade ou interrompre leur sieste pour jouir d'un concert si magnifique fût-il. Les animaux ne sont pas plus sensibles au beau musical qu'au beau plastique.

La perception et la jouissance du beau sont donc bien l'apanage exclusif de la royauté de l'homme au milieu de la création sensible. Il y a plus, de même que le beau, tout en supposant le vrai, l'emporte sur lui en clarté[1], le privilège de percevoir le beau est, à certains égards, plus éclatant que celui de l'intelligence dont il dépend. En effet, la connaissance sensitive des brutes a quelque parenté avec la connaissance intellectuelle de l'homme, tandis que le sens esthétique n'a rien qui en approche chez les animaux.

---

(1) Voir ci-dessus, livre II, chap. viii, p. 100.

CHAPITRE IV

Rôle de la volonté et du cœur.

Le roi Salomon nous dit qu'il s'est épris de la beauté de la Sagesse [1]. L'histoire nous apprend qu'il ne fut pas moins sensible aux attraits du beau plastique qu'à ceux du beau intellectuel; l'expérience universelle montre qu'il en est ainsi de tout homme : facilement la beauté nous charme et nous passionne. « Elle se révèle — dit W. Knight — beaucoup plus à la disposition sympathique de notre âme qu'à son sens critique [2]. » La beauté, et particulièrement la beauté du visage humain, est quelquefois si séduisante qu'il est impossible d'y arrêter

---

(1) Amator factus sum formæ illius. *Sap.*, vIII, 2.
(2) The mood of mind to wich Beauty discloses itself is not the critical but the sympathetic. — W. Knight, *Philosophy of the Beautiful*, liv. II, p. 47.

les yeux sans être vivement impressionné et comme fasciné. C'est — observe Platon — que l'homme ayant été créé pour jouir de la beauté divine, plus une créature reflète cette beauté, plus elle prend empire sur nous [1]. Soit, mais cette explication ne nous dit rien des facultés sur lesquelles s'exerce cet empire de séduction, rien de leur rôle particulier dans l'amour par lequel nous répondons aux attraits du beau. L'amour dont nous parlons ici est l'amour de l'être raisonnable et non l'amour animal qui n'a rien à voir en esthétique.

En général, dans l'amour, deux facultés sont particulièrement en jeu : la volonté, toujours ; le cœur, le plus souvent. Définissons ces puissances et cherchons à préciser leur rôle.

La volonté, c'est la faculté motrice de notre âme, la faculté avec laquelle nous voulons, c'est-à-dire, nous tendons intérieurement sous la lumière de l'intelligence [2] à ce qui nous paraît désirable, à ce qui nous promet le bonheur. Notre volonté poursuit instinctivement et fatalement le bonheur, mais elle est libre dans le choix particulier des biens dont elle l'attend [3].

Le cœur, en tant que faculté, désigne la sensibilité

---

(1) Platon, *Phédon*, p. 249, édit. Stéph.
(2) La volonté dont il est ici question, c'est la volonté proprement dite, appelée aussi volonté supérieure par opposition à la tendance inférieure qui correspond à la vie des sens.
(3) A en croire l'enseignement officiel, « l'acte propre de la volonté, quelque nom qu'on lui donne, consiste essentiellement dans un choix. » (E. Boirac, *Cours de philosophie*, p. 141, 142.) Cette assertion est loin d'être exacte. Il n'y a pas de choix à vouloir le bonheur en général ; il n'y a pas non plus de choix dans le vouloir persévérant d'un bien particulier déjà choisi.

morale par opposition à la sensibilité physique; celle-ci donne naissance aux sensations, celle-là aux sentiments. Le cœur, c'est lui qui s'émeut des mouvements de la volonté et en fait retentir l'ébranlement, les vibrations jusque dans l'organisme; c'est lui qui perçoit les impressions morales du dehors et s'en affecte selon leur nature.

L'amour n'est autre chose que le mouvement même de l'âme à la poursuite de ce qu'elle regarde comme un bien ou de ce dont elle attend le bonheur. Ce que nous aimons nous le voulons, et réciproquement, ce que nous voulons nous l'aimons. L'amour est pour l'âme ce qu'est la gravitation pour le corps. *Amor meus pondus meum.* (D. Aug.)

Quand le cœur, la sensibilité morale, apporte son concours à la volonté, alors l'amour saisit l'homme tout entier. Le plus souvent la sensibilité éveillée ne se borne pas à seconder la volonté, elle agit puissamment sur elle et l'amour devient passion. Passion raisonnable aussi longtemps que la volonté éclairée par l'intelligence en dirige les mouvements, passion désordonnée quand la volonté aveuglée, entraînée, emportée par la sensibilité, n'est plus maîtresse d'elle-même.

Ces notions rappelées, nous pouvons étudier le rôle de la volonté et du cœur en face du beau. Ce rôle est à la fois passif et actif.

Au moment où l'intelligence voit le beau, c'est-à-dire l'ordre en sa splendeur, la volonté se sent délicieusement attirée et se met en mouvement vers cette vision qui lui promet le bonheur. En effet, il y a une telle correspondance entre l'ordre et notre nature, que notre âme se sent faite pour l'ordre comme l'ordre est fait pour elle. Plus l'intelligence est vivement saisie, plus rapide est l'appel fait à la volonté, et les deux facultés marchent de pair dans la voie lumineuse qui s'ouvre devant elles. L'analyse la plus subtile ne saurait dire où l'action de l'intelligence cesse d'être isolée pour se perdre dans le mouvement de la volonté [1].

Sous la triple influence de la sensibilité physique, de la volonté en mouvement et surtout de l'imagination qui s'active, le cœur lui-même s'émeut et entre en fête. L'imagination est en effet une merveilleuse décoratrice, elle trouve dans ses réserves les images qui peuvent s'associer à l'impression présente, elle a des tentures et des décors en harmonie avec toutes les circonstances possibles, elle en multiplie les effets. Alors ce n'est plus seulement un amour rationnel du beau, c'est un amour à la fois rationnel et sensible. Une même vibration ébranle le cœur et la volonté, un même attrait, un même amour les actionne; une même admiration, une même joie inonde l'âme tout entière.

Cet exposé est clair, néanmoins l'action du beau sur la volonté et la nature de l'amour que le beau inspire réservent des difficultés à l'analyse. Nous ne pouvons les passer sous silence, d'autant que la solution de ces difficultés éclairera d'un nouveau jour tout le côté subjectif de la beauté.

Si puissamment émue que soit la volonté par les charmes du beau, l'ébranlement qu'elle en éprouve

---

(1) Cf. Jouin, *Esthétique du sculpteur*, p. 21.

diffère absolument de la convoitise qui l'anime en toute autre circonstance; si intéressée soit-elle en ses tendances, la volonté semble à l'égard du beau se dégager elle-même de tout intérêt, de tout but ultérieur. Ce désintéressement est ce qui dans l'impression du beau a le plus frappé les esthéticiens modernes. La formule énigmatique de Kant, *le beau est une finalité sans fin,* ne veut probablement pas dire autre chose sinon que, dans l'émotion esthétique, la volonté n'a pas d'autre visée, d'autre fin que cette émotion elle-même. Comment accorder ce fait d'expérience constante avec la loi même de la volonté, la loi qui veut que cette faculté ne se mette jamais en mouvement, si ce n'est à la poursuite d'un bien qu'elle convoite? En face du beau, quel est le bien poursuivi par la volonté?... C'est le bien de l'intelligence et par suite de l'âme tout entière, c'est la satisfaction, la jouissance donnée par la splendeur de l'ordre.

Ainsi, malgré toute sa puissance, la beauté n'atteint et n'attire qu'indirectement la volonté. Il en est du beau comme du vrai, la volonté ne s'y porte qu'en raison du contentement qu'en éprouvent l'intelligence et la sensibilité. Habituellement nos jouissances dépendent de la possession d'un bien, tout au moins de l'usage que nous en faisons ou que nous pouvons nous en promettre. On se réjouit d'un lot qui vous échoit, du retour de la santé, d'un bon lit, d'une brise parfumée. Le contentement que nous donne le beau ne ressemble à aucune de ces joies. Que la beauté soit de celles qui charment la vue ou les oreilles, qu'elle soit intellectuelle ou morale, elle n'a rien de commun avec la propriété ou l'usage d'un bien sensible, ni avec les satisfactions égoïstes de l'amour-propre. On jouit de la vue d'une fleur sans la cueillir, de celle d'un tableau sans songer à l'acquérir. Un riant paysage, une plage animée, un ciel étoilé me ravissent, bien que je ne puisse rêver de me les approprier. Rien ne diffère autant de la joie esthétique que celle du marchand dont les clients affluent ou que celle du gourmet en face d'une bouteille de pommard.

Le désintéressement de l'âme sous l'impression du beau nous fait saisir une des raisons fondamentales du partage des sens en esthétiques et inesthétiques. « L'exercice du goût, de l'odorat et du toucher est trop intimement lié à celui des fonctions vitales pour être désintéressé. Ces trois sens sont avant tout au service du corps [1]. » Le goût en particulier est au service de l'estomac, le plus grossier des maîtres. La vue et l'ouïe au contraire répondent beaucoup plus aux satisfactions de l'âme qu'aux exigences de la vie corporelle. En effet, la distinction de ce qui peut nous être utile ou nuisible, désirable ou non, est souvent faite par l'œil ou l'oreille sans qu'ils en reçoivent le plus léger plaisir organique ; ce sont des sens désintéressés, et comme tels ils sont naturellement les organes de la perception du beau, la plus désintéressée des perceptions, comme l'amour du beau est le plus noble des amours.

---

[1] Ruskin, *Modern Painters*, III, chap. II ; *apud* Robert de la Sizeranne.

Le caractère le plus saillant, sinon le plus essentiel de l'amour, c'est qu'il tend à l'union. Le langage en porte témoignage. On fait généralement dériver le mot *amour* du mot grec *ama* qui signifie « ensemble ». Nous avons donné le nom d'« aimant » au fer magnétique qui tend sans cesse à s'unir au fer. De plus, l'expérience journalière est là, la poignée de main, le baiser, l'embrassement sont les marques les plus ordinaires et les plus naturelles de l'amitié. Cependant, ce caractère semble faire défaut à l'amour du beau, il ne désire pas s'unir à l'objet qui le charme. Si nous recherchons le beau, c'est pour le voir, l'entendre, l'admirer; si nous nous en approchons, ce n'est pas pour aller jusqu'au toucher, c'est pour le contempler plus à notre aise, l'apprécier de plus près afin de le mieux connaître et par suite, s'il y a lieu, de l'aimer davantage.

En réalité, l'amour du beau tend, lui aussi, à une sorte d'union, mais elle n'est pas immédiate, elle se réalise par l'intermédiaire de l'intelligence. La volonté, au lieu de se porter sur la beauté, se replie sur l'intelligence qui la lui révèle, et s'y unit plus intimement que jamais dans la joie de la contemplation. La lumière, où qu'elle se porte, reste toujours aussi pure, elle paraît ne pas avoir de contact matériel avec les objets qu'elle éclaire; il y a quelque chose de semblable dans l'action de nos facultés représentatives, et, comme elles sont les seules qui soient en rapport direct avec le beau, il en résulte que l'amour esthétique est le plus pur des amours, la volonté et le cœur s'y fondent avec l'intelligence pour faire de cet amour un vrai culte, plein d'admiration et de réserve.

Ce trait spécifique de l'amour du beau le distingue de tout autre amour.

« Le sentiment esthétique n'est pas (comme le voudrait M. Guyau) l'aboutissement lointain et obscur d'un instinct sexuel ; il est lui-même un instinct qui diffère de tout autre, et la physiologie n'a rien à faire avec lui [1]. » L'amour charnel est aux antipodes de l'amour esthétique. « Les plus grands ennemis de nos plaisirs esthétiques — écrit un auteur peu suspect — sont nos appétits toujours faciles à exciter, difficiles à distraire... Quand nous sommes en présence des réalités, nous avons peine à oublier qu'elles peuvent être pour nous des causes de bonheur sensuel ou de souffrances [2]. »

« Quiconque — dit Ch. Lévêque — est incapable de s'arrêter à la contemplation sans passer à la convoitise, ne goûtera jamais le plaisir esthétique... La lumière de la beauté vient s'amortir dans les vapeurs de la corruption, comme l'éclat du jour dans un brouillard d'hiver... D'où nous pouvons conclure de quel avantage est la vertu, l'habitude de s'élever au-dessus de la matière et de la sensation, pour goûter la beauté dans toute sa puissance [3]. »

Les sculpteurs grecs de la meilleure époque, sans autre lumière que le tact exquis dont ils étaient doués, s'appliquèrent à éviter dans leurs œuvres tout ce qui pouvait provoquer les passions, afin que rien ne troublât l'admiration des spectateurs. Leurs œuvres, loin de rien perdre à cette absence d'attraits

---

(1) Ruskin *apud* Robert de la Sizeranne, p. 191.
(2) V. Cherbuliez, *Revue des Deux Mondes*, 1er août 1891, p. 486.
(3) Ch. Lévêque, *la Science du beau*, t. I, chap. IV.

inférieurs, y trouvent une supériorité de beauté qui fait le ravissement des siècles. De nos jours malheureusement, le plus grand nombre des artistes méconnaît cette vérité et suit une voie opposée; leur première préoccupation paraît être de parler aux sens le langage de la passion. « Alors ce n'est plus la beauté qui charme, c'est la volupté qui séduit[1]. »

La beauté plastique la plus pure pourra, en certaines circonstances, être le point de départ de l'amour sensuel et contribuer à l'entretenir, mais alors cet amour ne se confondra pas avec l'amour esthétique et réclamera d'autres satisfactions. « C'est ce que le poète allemand Tieck a spirituellement exprimé dans son drame fantastique du *Chat botté*, où l'on voit le héros écoutant avec ravissement le chant du rossignol. Mais quand l'oiseau se tait, le chat résume son admiration en s'écriant : « Quelle saveur délicieuse doit avoir ce divin chanteur[2]! »

Bien que dicté par la voix du sang, l'amour entre parents est d'un niveau plus élevé. Cependant, qu'il soit paternel ou maternel, filial ou fraternel, il ne se confondra jamais avec l'amour esthétique ; car l'amour entre parents tend sans cesse à resserrer les liens d'union qui constituent la famille, l'amour du beau, nous l'avons vu, ne connaît rien de semblable.

La même raison suffit à distinguer l'amour esthétique de l'amour d'amitié. Les anciens personnifièrent ce dernier assez justement dans l'histoire de deux amis qui, pour donner satisfaction à leur affection

---

(1) Winckelmann, *Histoire de l'art chez les anciens*, t. I, p. 317.
(2) M. Pictet, *du Beau dans la nature, l'art et la poésie*, p. 87.

mutuelle, allèrent trouver Vulcain, le dieu des forgerons, et lui demandèrent de les souder si bien l'un à l'autre, qu'ils n'eussent plus qu'un seul cœur, une seule âme.

L'amour du beau ne s'assimilera pas non plus avec cet amour supérieur qui se sacrifie et s'immole pour l'objet aimé. Ruskin en apporte pour motif que ce dernier amour se donne, tandis que dans le plaisir esthétique nous recevons tout et nous ne donnons rien. Nous ajouterons que le don de soi-même dans le dévouement et le sacrifice est encore une manière de s'unir : on se rapporte tout entier à la personne aimée, on se perd en son honneur ou à son avantage.

Concluons donc, l'amour du beau est unique dans sa nature : il est tout entier dans la contemplation et l'admiration. Jamais le jeu de la volonté et du cœur n'est plus pur et plus noble que dans cet amour.

CHAPITRE V

Siège de l'impression du beau.

Nous entendons par le siège de l'impression du beau, la partie de notre être où se produit la perception du beau et son effet essentiel.

Simple et indivisible en elle-même, l'âme est en l'homme l'unique principe sentant aussi bien que conscient de ce qu'il fait et éprouve. Tout entière en diverses parties de notre corps, notre âme le fait vivre et se tient immédiatement unie au moins au système nerveux, et particulièrement aux extrémités nerveuses qui constituent les points les plus délicats de nos sens. C'est pourquoi, si l'on nous demande quel est le siège des *sensations* que peut nous faire éprouver un beau tableau, une belle musique, nous indiquerons nos yeux et nos oreilles; c'est là en effet que nous sentons notre vie modifiée conformément à l'empreinte de ce tableau sur la rétine et au retentissement de cette musique sur le tympan de notre oreille. Mais l'effet propre du beau, même sous le rapport de la sensibilité, n'est pas une sensation, c'est un sentiment, il n'y a donc pas à le localiser dans aucun organe des sens.

Faut-il avec R. Töpffer placer cette impression dans une faculté spéciale qui, en face de la feuille verte, du lac tranquille, du ciel éclatant, « goûte un charme qui ne tient ni au vert, ni au bleu, ni à l'éclat ; un charme dont ces perceptions sont l'occasion mais non l'objet; qu'elles excitent, qu'elles provoquent, mais qu'elles ne sauraient produire par elles seules...? Ce charme dont je parle — dit-il — c'est de sentir dans les feuilles quelque chose de caduc, de léger, d'éphémère; c'est de rêver à son occasion la fuite rapide des années, les tristes métamorphoses qu'opère le temps; c'est d'y reconnaître quelques traits de notre destinée, jouet des choses extérieures, comme la feuille l'est des vents et des orages de l'air ; c'est de sentir dans le lac quelque chose de paisible, d'aimable, une mystérieuse retraite ou un pur reflet du ciel, variable comme lui, et portant à l'âme tantôt une mélancolie qui la contriste, tantôt une douce joie qui la récrée ; c'est de sentir dans le ciel une profondeur qui émeut [1]. » La supposition de cette faculté spéciale est gratuite. Tout ce que l'auteur lui attribue est, de fait, l'œuvre de l'imagination et de l'intelligence vis-à-vis du beau symbolique ou intelligible.

---

(1) R. Töpffer, *Menus Propos*, liv. I, chap. II.

Verrons-nous alors le siège de l'impression esthétique dans l'imagination ? Elle remplit, nous l'avons vu, un rôle des plus importants dans la perception esthétique. Elle est le plus empressé des *cicerone* en face de la nature et des œuvres de l'art. Partout et toujours elle est le plus suggestif des artistes, le plus ingénieux des décorateurs, le plus puissant promoteur du beau sous toutes ses formes ; avec tout cela cependant elle n'a ni le sentiment ni le jugement du beau.

Faut-il, avec Ruskin, attribuer ces derniers au cœur ? « Ne confondons jamais — dit-il — le rôle du cœur avec celui d'une autre faculté ni plus haute ni plus basse. Tenons ferme pour son autonomie. Nous aurons contre nous les sensualistes purs et aussi les purs intellectuels. Nous aurons à lutter contre ceux qui voient dans le sentiment (esthétique) un instinct physiologique et contre ceux qui y voient une opération de la raison. Ce n'est ni l'un ni l'autre, la physiologie n'a rien à faire avec lui. C'est encore moins le produit du raisonnement. Dès qu'on raisonne, l'impression (du beau) s'enfuit (1). »

Nous l'admettons, c'est dans le cœur que se fait le plus *sentir* l'émotion esthétique à laquelle le beau doit en grande partie son prestige. « Le beau agit sur ma sensibilité et me fait réagir affectueusement sur lui. L'émotion esthétique est à la fois délicieuse et affectueuse : délicieuse en tant qu'elle apporte une joie délectable ; affectueuse en ce que l'âme délectée

---

(1) Ruskin *apud* Robert de la Sizeranne, p. 190-191.

par le beau lui donne en retour affection et sympathie. Ce sont deux moments d'un même fait, deux mouvements, l'un d'incidence, l'autre de réflexion [1]. » C'est ce qui explique « pourquoi en un soir d'hiver des roses posées sur le bord de la cheminée nous ont fait trouver la solitude moins triste et le froid moins rigoureux [2]. » Nous pourrions donc voir le siège de l'impression esthétique dans le cœur humain, si le sentiment était tout dans cette impression ; mais elle renferme et suppose essentiellement un jugement que l'intelligence seule peut prononcer. Bien plus, ce jugement précède nécessairement le sentiment, car il faut connaître avant d'aimer.

Quelques auteurs modernes objectent que si le jugement esthétique précédait toujours le sentiment, on devrait toujours être à même d'expliquer et de justifier ce sentiment [3]. Oui, répondrons-nous, si le jugement esthétique était toujours conscient, mais, nous l'avons vu [4], il est le plus souvent inconscient. Dès lors rien de plus naturel qu'on ne puisse pas de suite justifier le sentiment dont il est la source. Helmholtz en signalant cette inconscience a en même temps indiqué le *criterium* caché de ces jugements immédiats du goût artistique, savoir, le plus ou moins de conformité de l'ordre que présente l'objet avec l'ordre dont nous portons le type inné en notre âme. « Dans les profondeurs de l'esprit

---

(1) Ch. Lévêque, *la Science du beau*, 2ᵉ édit., p. 93.
(2) Ruskin *apud* Robert de la Sizeranne, p. 174.
(3) É. Rabier, *Psychologie*, p. 632.
(4) Voir ci-dessus, chap. II.

humain, dans ces retraites encore inaccessibles à l'analyse de la pensée consciente, dort le germe d'un ordre raisonné, susceptible des plus riches développements... Ce qui prouve que nous considérons le bien-être résultant du beau comme l'effet de la concordance de l'œuvre avec la nature de notre esprit, c'est que nous attendons de tout autre esprit humain, en état de santé, qu'il reconnaisse comme nous le beau que nous admirons [1]. » Platon exprimait déjà la même pensée : « Si on a du plaisir à entendre des chants rythmés et modulés, c'est que l'ordre est plus familier à notre nature que ce qui est désordonné... Tout ce que nous faisons sans ordre déprave notre nature. Tout ce que nous faisons avec ordre la maintient et la fortifie. Voilà pourquoi la symphonie nous réjouit [2]. »

Ainsi, c'est l'intelligence qui juge de l'ordre et de la beauté, c'est elle qui dicte le sentiment au cœur; c'est donc notre intelligence qui est le siège essentiel de l'impression esthétique.

Dès le treizième siècle saint Thomas le proclamait : « Le beau regarde notre puissance cognitive [3], » c'est-à-dire notre raison. « Le beau s'adresse à l'intelligence — écrit un esthète contemporain. — Vous avez vu passer un enfant, une jeune fille, un vieillard; vous vous sentez ému. C'est le beau qui vous a touché. Il vous attire, il vous ravit. C'est à peine si vous l'avez entrevu, et déjà vous n'êtes plus

---

(1) Helmholtz, *Théorie physiologique de la musique*, chap. xix.
(2) Platon, *Problèmes*.
(3) Pulchrum respicit vim cognitivam et cognitio fit per assimilationem. — D. Thom., *Sum. th.*, I, q. 5, a. 4, ad 1um.

complètement votre maître. Quelque chose qui n'a rien de raisonné vous emporte. Ce n'est qu'après avoir resplendi sous ce rayon d'en haut, que l'intelligence humaine laissera filtrer la lumière jusqu'à la volonté [1]. »

Toutes nos puissances et facultés sont atteintes et saisies par la beauté, mais pas au même rang, pas au même degré. L'action est directe sur nos facultés représentatives, — ou mieux, appréhensives, — les sens et l'intelligence; elle est indirecte sur les facultés affectives, la volonté et le cœur. Le beau est une fête donnée à nos sens et à notre intelligence; si la volonté et le cœur sont de la partie, ce n'est pas que le beau les invite nommément, c'est que les facultés affectives suivent naturellement celles que l'on nomme appréhensives.

En poussant plus loin l'analyse de l'impression du beau, on le constate : les sens de la vue et de l'ouïe n'interviennent qu'en qualité de serviteurs de l'intelligence ou de la raison [2]. Vient ensuite le concours actif de l'imagination et de la mémoire; la première, d'abord interprète, traduit pour l'âme les sensations présentes (le langage des sens est trop grossier pour être directement saisi par l'intelligence), puis toutes deux suscitent les images et les souvenirs du passé ou du lointain qui peuvent éclairer l'impression actuelle. L'intelligence est saisie, ravie; consciemment ou non, elle contemple l'ordre

---

(1) Jouin, *Esthétique de la sculpture*, p. 20, 21.
(2) Illi sensus præcipue respiciunt pulchrum qui maxime cognitivi sunt, scilicet visus et auditus rationi deservientes. — D. Thom., *Sum. th.*, Ia IIæ, q. 27, a. 1, ad 3um.

(l'unité dans la variété), s'élève de synthèse en synthèse et voit décroître le nombre de ses idées en même temps que chacune d'elles embrasse un plus vaste horizon. « L'oiseau des plaines se fatigue à raser la terre, à passer et repasser par les mêmes lieux. L'aigle ne s'arrête que sur les plus hautes cimes et de là son œil perçant contemple la montagne, les fleuves et les riches moissons [1]. » Ainsi monte l'intelligence en face du beau, elle y trouve un apaisement charmeur en même temps qu'un délicieux stimulant, elle s'y exerce sans réflexion ni raisonnement, comme plane l'aigle dans les airs, sans battement d'ailes appréciable.

Ces ravissements de l'intelligence réagissent sur la volonté, puis par la volonté sur le cœur : aux avances faites par le beau à nos facultés appréhensives, l'âme répond par la complaisance de ses facultés affectives et son épanouissement est complet. On dit quelquefois de l'œil qu'il boit ce qu'il voit, tant il est tout entier à sa contemplation, tant il y trouve de rafraîchissement; il en est ainsi de l'âme tout entière quand elle rencontre une grande beauté, elle s'en enivre à longs traits.

Nous disons l'âme tout entière, car (les auteurs modernes aiment à le remarquer) l'impression du beau établit une étroite concorde parmi nos facultés et puissances. « Dans la jouissance esthétique, — dit M. Sully-Prudhomme, — les sens, l'intelligence et le cœur, ordinairement en conflit, vivent en parfaite harmonie, ne se distinguent plus entre eux, au

---

[1] Balmès, *l'Art d'arriver au vrai*, chap. XVI, 27.

service les uns des autres, sans avoir à s'adresser aucun reproche d'usurpation [1]. »

« Il est assez rare que nous nous mettions ainsi tout entiers dans ce que nous faisons, à moins qu'il ne s'agisse de satisfaire la passion maîtresse ou, si l'on aime mieux, le côté faible de notre nature. Chacun de nous a ses occupations favorites, et, quand il en change, c'est souvent comme un voyage rapide en pays étranger. L'homme qui est plongé dans la vie des sens se soucie peu de son âme, la volupté est bête; les philosophes, les mathématiciens, à qui les abstractions procurent de la joie, méprisent souvent tout le reste; le mystique, dans ses élévations, détourne son regard du monde et des créatures... L'impression du beau rétablit l'unité de notre être, le concert de nos facultés. Dans la contemplation de la beauté, l'autre et lui ne font plus qu'un homme [2]. »

Oui, plus peut-être qu'aucun autre, le sentiment du beau affecte l'homme tout entier, la partie sensible, la partie intellectuelle, et plus ou moins directement la partie morale; il met en jeu toutes nos ressources d'activité. On peut dire que, par ce côté, le beau est plus complètement humain que le vrai et le bien, car le vrai ne parle qu'à la raison et le bien reste le propre objet de la volonté.

« Subjuguée dans le ravissement de toutes ses facultés, l'âme ressemble au captif qu'un vainqueur emporterait vers une terre enchantée. L'âme, dans

---

(1) M. Sully-Prudhomme, *l'Expression dans les beaux-arts*, p. 419.
(2) V. Cherbuliez, *Revue des Deux Mondes*, 1er juillet 1891, p. 29.

sa défaite, aspire les parfums avant-coureurs du triomphe. Joies ignorées, que l'homme ne peut que balbutier, combien d'âmes d'artistes vous ont connues! Combien se sont reposées dans la contemplation religieuse du beau! Ne soyons pas surpris de trouver la beauté si vivifiante pour l'homme : Dieu étant le principe de toute beauté, l'homme qui s'assoit à l'ombre du beau se place lui-même sur le chemin de Dieu. De là cette force et cette joie [1]! »

---

[1] Jouin, *Esthétique du sculpteur*, p. 22.

CHAPITRE VI

Nature de l'impression du beau.

Tandis que l'essence de la réalité objective du beau semble à la plupart se dérober à l'examen et rester cachée dans les abstractions de la métaphysique, les effets du beau, l'impression qu'il produit sur nous s'imposent à l'attention de tous. Ce côté subjectif prend une telle importance pour les disciples de Hume et de Kant qu'il devient le tout de la beauté; elle est pour eux tout entière dans les facultés de qui la contemplent.

Sans aller jusqu'à cette négation de l'existence du beau en lui-même, beaucoup d'auteurs parmi les modernes n'en étudient guère que les effets. Nous pouvons leur accorder que, si la réalisation de certaines conditions objectives est essentielle à l'existence du beau, la connaissance de ces conditions n'est pas nécessaire pour en ressentir l'impression, en jouir et en raisonner. Caractérisons cette impression et précisons-en la nature.

D'après Schiller et Spencer, la beauté c'est la propriété que peut avoir un objet d'exciter *l'instinct de jeu* [1] *dans nos facultés représentatives*. Nous avons — disent-ils — deux modes d'activité, le travail et le jeu. Le travail poursuit un certain but comme fin, le jeu au contraire se prend lui-même comme fin. L'impression esthétique est analogue au *plaisir du jeu*. « L'instinct qui inspire l'art — reprend J. Milsand — est un instinct de jeu. Nous sommes artistes quand nos facultés s'ébattent; quand au lieu d'être attelés comme des chevaux de trait à un propos délibéré, elles s'enivrent en nous du plaisir d'exercer leurs forces, de s'abandonner à leurs seuls entraînements et que par là même elles ne révèlent que mieux leur nature [2]. »

Cette théorie jouit actuellement d'une grande faveur dans l'enseignement officiel [3]. Cependant M. Guyau, dans ses *Problèmes d'esthétique contemporaine*, se demande jusqu'à quel point elle est fondée. De fait, cette théorie est, en grande partie, pure fantaisie sinon erreur manifeste. Le plaisir du jeu est souvent intéressé, celui de l'impression du beau, jamais; les facultés représentatives ne sont pas seules en mouvement par l'impression du beau, les facultés affectives en éprouvent un délicieux reten-

---

[1] *Spiel-trieb* pour Schiller; *play-impulse* pour Spencer.
[2] J. Milsand, *Revue des Deux Mondes*, 15 août 1861, p. 914.
[3] Boirac : *Cours de philosophie*, p. 178.

tissement [1]; la contemplation du beau, la poursuite de l'idéal, quoi que puisse dire J. Milsand, est loin d'être un jeu, c'est souvent un travail, délicieux, je le veux bien, mais encore un travail.

Mieux inspirés que Schiller et Spencer, le P. J. Jungmann et le Dr Alb. Stöckl [2] nous donnent une idée vraie du beau et de son impression. Pour eux, la beauté est la perfection des êtres devenant pour l'esprit objet d'amour et de jouissance, à la seule condition d'être connue.

Grâce à tout ce qui précède, nous pouvons offrir une définition de l'impression encore plus précise et plus simple. *L'impression du beau est la jouissance de la perception de l'ordre en sa splendeur.*

Cette définition fait remonter de l'effet à sa cause, rattache étroitement l'impression subjective à la réalité objective, met par là l'unité dans les études esthétiques; enfin, et c'est là l'essentiel, elle renferme le genre prochain et la différence spécifique de l'objet à définir.

L'impression du beau appartient incontestablement à la classe des impressions agréables, *c'est une jouissance,* tout ce qui est beau plaît. Cette jouissance que donne le beau tient de l'admiration, elle est un

---

(1) Avec un peu plus de logique, les auteurs que nous réfutons eussent évité cette méprise. Pour eux les phénomènes affectifs ont pour caractère distinctif d'être agréables ou pénibles ; du moment qu'ils signalent comme agréable l'impression du beau, ils l'attribuent, au moins en partie, aux facultés affectives.

(2) P. J. Jungmann, *Aesthetik;* Dr Alb. Stöckl : *Grundriss des Aesthetik.*

épanouissement de l'âme, car le beau, nous l'avons vu, convie toutes les facultés et puissances de l'âme comme à un festin où tout est fait pour les charmer, par la joie de se sentir évoluer dans le sens de leur perfectionnement. Ce qui nous fait jouir de la vue ou de l'audition d'une œuvre, c'est la proportion, l'harmonie de cette œuvre avec notre œil, notre oreille, notre intelligence; c'est la correspondance de l'objet avec le sujet, ils sont faits l'un pour l'autre : la raison pour l'ordre, l'homme pour le beau.

« La joie esthétique est profonde, elle n'effleure pas seulement la surface de l'âme comme le plaisir des sens ; elle y pénètre, elle s'y fixe, et de temps en temps, réveillée par le souvenir, elle y verse de fraîches délices... Ce plaisir croît dans la même proportion que la beauté qui l'excite; pareillement l'affection ou la sympathie esthétique est proportionnée à la beauté des objets qui la font naître [1]. »

« Il n'y a aucun homme qui, en face de la beauté que sa nature et son éducation le rendent capable de sentir, ne subisse un charme qui le domine et n'éprouve cette délicieuse stupeur que donne l'admiration, cet épanouissement intérieur que nous nommons la joie [2]. » Nous disons « en face de la beauté que sa nature et son éducation le rendent capable de saisir »; en réalité, c'est beaucoup plus à l'éducation qu'à la nature qu'il faut s'en prendre si le beau, où qu'il soit, n'est pas toujours senti, car

---

(1) Ch. Lévêque, *la Science du beau*, 2ᵉ édit., p. 99 et 103.
(2) Mgr Gay, *Vertus chrét.*, t. II, p. 309.

le sens de la beauté est un des caractères constitutifs de notre nature, et, s'il paraît plus ou moins en déficit, c'est qu'il est atrophié, faute de culture et d'exercice. Pour toute personne dont les facultés ont été cultivées, le beau saisit, fascine, captive, ravit l'âme à elle-même. Celle-ci, loin de regretter cette domination délicieuse, s'y complaît; loin de cacher sa joie, elle sent le besoin de la dire, de lui faire trouver un écho; loin d'en rougir, elle en est fière et heureuse. Aussi bien il n'y a pas de jouissance plus noble soit pour l'intelligence, soit pour la volonté et le cœur; elle naît de la perception de l'ordre en sa splendeur : cette origine suffit à la distinguer de toute autre.

Si parfaite que soit la définition que nous venons d'exposer, quiconque est imbu de l'enseignement officiel, préférera voir la jouissance esthétique caractérisée par sa nature plutôt que par sa cause. Donnons-lui satisfaction.

La jouissance esthétique est la jouissance purement intuitive.

Développons cette nouvelle définition. D'abord, l'épithète *intuitive* s'applique exclusivement à la vue intellectuelle et jamais à la perception organique. Dès lors, dire que la jouissance du beau est intuitive, c'est la distinguer de toutes celles qui s'adressent aux sens et non à l'intelligence. Les choses belles sont agréables à voir ou à entendre, mais tout ce qui fait plaisir à voir ou à entendre, — par exemple, un plat d'huîtres ou le sifflet du départ après un long arrêt en wagon, — n'est pas beau pour cela. A plus forte raison nous nous éloignons de la pensée de M. Guyau voulant faire consister le beau « dans la conscience de la vie non entravée [1], » comme si tout ce qui donne du bien-être, tout ce qui est agréable pouvait se confondre avec le beau. « L'erreur la plus faite pour éteindre le véritable sentiment du beau est celle qui confond ce qui plaît aux sens et ce qui plaît à l'intelligence [2]. »

Ensuite, une jouissance intuitive dit une jouissance *immédiate*. On distingue en effet deux manières de connaître, l'une intuitive, l'autre discursive. Dans le premier mode, l'intelligence atteint directement son objet, sans détour ni intermédiaire. Ce mode appartient en propre à la nature angélique, l'ange saisit de suite dans chaque objet, sans délai ni circuit de pensée, tout ce que sa pénétration peut y saisir [3]. Dans le mode discursif, l'intelligence n'atteint son objet que par le circuit et l'intermédiaire de la réflexion ; ce que l'intuition saisit d'un regard, le raisonnement n'y parvient que par des considérations ou déductions successives [4]. Ce dernier mode est le partage de la nature humaine. Notre connaissance est habituellement discursive ; c'est la loi de notre raison, elle raisonne. Je dis habituellement, je devrais ajouter ici-bas, car au

---

[1] M. Guyau, *Problèmes d'esthétique contemporaine*, p. 75.
[2] J. de Maistre, *Examen de la philosophie de Bacon*, t. II, chap. VII.
[3] Cf. D. Thomas, *Sum. Th.*, 1ª p., q. 58, a. 3, ad 4um.
[4] Cf. G. Longhaye, *Théorie des belles-lettres*, 1881, p. 10-11.

ciel il nous sera donné de voir Dieu, non plus comme sur cette terre dans le reflet que nous offrent les créatures, mais directement, face à face. Actuellement même nous ne sommes pas sans avoir quelque part à l'intuition [1]. La conscience psychologique que l'âme a d'elle-même, de ses états, de ses opérations, qu'est-ce, sinon une connaissance intuitive ou immédiate, qui accompagne l'exercice de nos facultés?

La jouissance du beau nous vient, elle aussi, dans une certaine mesure, de l'intuition de la beauté. Parfois le mot est employé au figuré, on parlera d'une intuition de génie alors qu'il s'agit simplement d'une déduction plus rapide; le joueur d'échecs peut combiner à l'avance plusieurs coups; le philosophe embrasser en un instant toute une série de conséquences; ils ont couru où les autres se traînent, leur raison a été merveilleusement prompte, mais force lui a été de passer par les étapes du chemin [2]. Ici, à l'égard du beau, c'est au sens propre du mot que nous qualifions la jouissance esthétique d'intuitive. Souvent il nous suffit d'être en face du beau pour en être saisis, ravis; d'autres fois ce n'est qu'à la suite d'un examen, d'une étude plus ou moins laborieuse. Aussi longtemps que nous sommes dans ce travail de considération et de

---

(1) « La connaissance discursive serait elle-même impossible, si notre intelligence ne pouvait saisir sans raisonner quelques vérités qui sont comme le germe et le principe de toutes les autres. C'est dans cette faible intuition que notre esprit participe, quoique à un degré inférieur, au mode de connaissance propre aux anges. » P. Liberatore : *du Composé humain*, chap. v, 3.

(2) Cf. G. Longhaye, *Théorie des belles-lettres*, liv. I, chap. I, 4.

réflexion, nous approchons de la connaissance du beau, mais nous n'en jouissons pas ; la jouissance esthétique proprement dite n'a lieu qu'au moment où en dehors de tout raisonnement, la beauté se révèle à notre intuition. Il en est du beau comme du diamant, on n'en jouit qu'autant que la taille l'a mis à même de révéler son éclat et son rayonnement, alors il suffit de le voir.

Nous l'avons dit plus haut, c'est Helmholtz qui a mis le mieux en évidence le caractère intuitif de la perception du beau. Il se résume lui-même dans ces trois lignes déjà citées et dont la portée s'impose : « L'intuition inconsciente n'est pas dans l'action du beau sur notre esprit un accessoire qui peut être ou ne pas être, elle est au contraire précisément le point capital [1]. »

La nature intuitive de la perception du beau a été soutenue dès l'antiquité par Plotin et les néoplatoniciens; c'était la conséquence de leur système. De nos jours l'accord se fait de plus en plus sur ce point. Nous lisons dans le *Dictionnaire des sciences philosophiques* : « La perception du beau est immédiate, c'est une intuition [2]. » Ce n'est — dit A. Schopenhauer — ni par la perception sensible, ni par l'intelligence scientifique ou le raisonnement que la beauté se révèle à nous, c'est par une sorte d'intuition [3]. » — « Ce qui fait l'harmoniste en

---

(1) Voir plus haut, même livre, chap. II.
(2) Franck, *Dict. des sc. philos.*, Beau, article de Ch. Bénard.
(3) Art. Schopenhauer, *Metaphysik des Schönen. Die Welt as Wille und Vorstellung*. Cf. J. Bascons, *Aesthetics of the Science of Beauty*, p. 95.

musique, — déclare M. Sully-Prudhomme, — ce qui fait le coloriste en peinture, c'est une aptitude à résoudre par intuition et d'emblée les mêmes problèmes que le savant se charge de mettre en équation (1). »

C'est encore l'idée d'intuition que l'on trouvera au fond des propositions suivantes : « L'âme trouve dans le beau la connaissance de la plus grande somme d'idées dans le plus court espace de temps » (Hemsterhuis) ; « Le beau est ce qui produit le maximum d'émotion avec le minimum de dépense » (Grant Allen) ; « Le maximum d'exercice avec le minimum de fatigue » (É. Rabier).

La beauté est comme la lumière du soleil ; du moment que les nuages qui en voilent la face sont dissipés, il suffit que les yeux soient ouverts, on jouit immédiatement de la clarté du jour. L'impression du beau sera, en général, d'autant plus soudaine que la part faite à l'élément sensible sera plus considérable.

Un dernier trait de la jouissance esthétique, c'est qu'elle est *purement* intuitive ; en elle la volonté n'a pas plus de convoitise que l'intelligence n'a de travail (2).

Baumgarten s'est trompé en soutenant que l'effet du beau est à la fois de plaire et d'exciter un désir, *Wohlgefallen und Erregung eines Verlangens*. Kant (nous aimons à le constater) n'hésite pas à formuler la proposition contradictoire : « L'impression de la

---

(1) M. Sully-Prudhomme, *l'Expression dans les beaux-arts*, p. 7.
(2) Voir plus haut, même livre, chap. IV.

beauté — dit-il — est avant tout un plaisir sans désir. » *Vergnügen ohne Begehren.* Hegel dit de même : « La contemplation du beau est quelque chose de libéral, elle laisse l'objet dans son indépendance et n'éprouve aucun besoin de le posséder ou de s'en servir [1]. »

M. Guyau a beau écrire : « Rien de plus inexact que cette entière opposition établie par Kant et l'école anglaise, comme par Cousin et Jouffroy, entre le sentiment du beau et le désir : ce qui est beau est désirable sous le même rapport [2]. » C'est un égarement gratuit. Toute intelligence saine dont le sens du beau n'est pas perverti, dira, non seulement avec Kant et ses disciples, mais avec saint Thomas et toute l'école philosophique : « A l'égard du bien, il n'y a que la possession qui puisse apaiser les désirs de l'âme ; à l'égard du beau, la contemplation suffit et l'âme s'y repose [3]. »

La jouissance esthétique n'a pas d'autre but qu'elle-même. Tout plaisir lié à la satisfaction d'un besoin physique, intellectuel ou moral est étranger à la jouissance du beau, car il a un but hors de lui-même.

Le désintéressement étant essentiel à la jouissance esthétique, on en a conclu l'opposition du beau et de l'utile; mais, répétons-le, on a été trop loin dans cette conclusion ; l'opposition n'est ni si complète ni si radicale. On prétend que le mot « beau » appli-

---

(1) *Esthétique*, t. I, p. 87.
(2) M. Guyau, *Problèmes d'esthétique contemporaine*, p. 27.
(3) De ratione boni est quod in eo quietur appetitus; sed ad rationem pulchri pertinet quod in ejus aspectu seu cognitione quietetur appetitus. — D. Thom., *Sum. theol.*, Ia IIae, q. 27, n. 1, ad 3um.

qué à un chêne par un marchand de bois, à un bœuf par un boucher, à une récolte par un cultivateur, n'est jamais pris au sens propre. Il y a là une erreur. Ce marchand de bois, ce boucher et ce cultivateur ne sont pas tellement rivés au calcul de leur intérêt personnel, qu'ils ne puissent admirer d'une façon désintéressée la splendide réussite d'une culture ou d'un élevage. Pourquoi seraient-ils insensibles à cette beauté intelligible? *Le beau n'est opposé à l'utile qu'autant que l'intérêt personnel est envisagé dans l'utilité.* Une invention, une découverte peut m'apparaître fort belle en raison même de son immense utilité [1]; elle me donne une vraie jouissance esthétique aussi longtemps que je fais abstraction de mon intérêt personnel; sitôt que j'en tiens compte, je ne suis plus en face du beau, mais de l'utile.

La crainte aussi bien que le désir peut être un obstacle à l'impression du beau. « L'artiste n'aperçoit que le beau... sur un vaisseau battu par la tempête; tandis que les passagers tremblent à la vue des flots menaçants et au bruit de la foudre qui gronde sur leur tête, l'artiste demeure absorbé dans la contemplation du sublime spectacle. J. Vernet se fait attacher à un mât pour contempler plus longtemps l'orage dans sa beauté majestueuse et terrible. Dès qu'il connaît la peur, dès qu'il partage l'émotion commune, l'artiste s'évanouit, il ne reste plus que l'homme [2]. » La seule pensée du péril d'autrui et

---

(1) Voir ci-dessus, liv. II, chap. III.
(2) V. Cousin, *du Vrai, du Beau et du Bien*, p. 144-145.

des dommages matériels suffit pour empêcher de goûter pleinement l'immense et sauvage beauté de l'océan à l'heure de la tempête.

L'*intuition*, c'est-à-dire la vue intellectuelle, immédiate et désintéressée, *distingue spécifiquement la jouissance esthétique* de toute autre jouissance.

Elle la sépare profondément de toute jouissance sensuelle ou voluptueuse, car celle-ci, loin d'être intuitive, n'est pas même intellectuelle ; de toute jouissance de l'amour-propre, car pareille jouissance est essentiellement intéressée. « Rien ne ressemble moins au plaisir esthétique que celui du propriétaire faisant le tour de son domaine, ou d'un affamé s'asseyant à une table bien servie, ou du libertin pour qui tout ce qui lui plaît est une proie [1]. » Lorsqu'on cherche pâture à la sensualité dans la poésie, la musique, la peinture, etc., on sort des régions de l'esthétique.

La joie intuitive ne saurait être assimilée ni à la joie de l'étude qui suppose toujours la réflexion et le travail ; ni à la joie de la curiosité satisfaite ou de la distraction trouvée, car ces dernières joies cessent d'exister sitôt qu'elles sont désintéressées.

Enfin ce caractère intuitif de la jouissance esthétique empêchera toujours de l'identifier à la jouissance d'aimer. La beauté, au moment même où elle est le plus vivement sentie, n'altère en rien la pureté du regard, elle l'éclaire, elle l'illumine plutôt, et l'intelligence se complaît dans l'intuition qu'elle en a. L'amour, au contraire, tend à aveugler. Celui qui

---

[1] V. Cherbuliez, *Revue des Deux Mondes*, 1er juillet 1891.

aime est souvent seul à admirer son objet, et alors il l'aime non parce qu'il l'admire, mais il l'admire parce qu'il l'aime. Le plus généreux des amours, l'amour d'amitié, n'est pas sans intérêt, il compte au moins sur un retour d'amitié; le plus souvent l'amour est jaloux et ombrageux. Rien de semblable dans le sentiment du beau; il est si désintéressé de tout calcul égoïste, qu'il se réjouit du culte rendu par d'autres à son objet, il y trouve une approbation qui lui est chère, il convoquerait volontiers l'univers pour lui faire partager son admiration. Enfin, tandis que le sentiment esthétique s'arrête à la contemplation, l'amour tend à passer outre, dût la beauté en être atteinte et déflorée.

On objectera peut-être que l'amour du vrai et du bien est intuitif et désintéressé. Soit, mais alors cet amour se confond avec le culte du beau intellectuel et moral.

L'extase, dira-t-on encore, comment la distinguez-vous de la jouissance esthétique? Je ne l'en sépare point; au sens propre, l'extase ne diffère du ravissement esthétique que par le degré; si l'âme dans l'extase perd conscience d'elle-même, c'est que le beau qu'elle contemple la transporte hors d'elle-même.

C'est donc une vérité, un fait établi, l'impression du beau, la perception de l'ordre en sa splendeur, est une jouissance intuitive, purement intuitive, et, comme elle est la seule, l'émotion esthétique, on peut le dire, s'identifie avec la jouissance intuitive.

Cette jouissance est un divin appas jeté par Dieu sur la terre pour nous faire lever les yeux et attirer notre cœur à lui. Elle est un avant-goût des ravissements que nous réserve la beauté absolue. Le bonheur du ciel — nous dit saint Thomas d'Aquin — c'est la *vision intuitive* de Dieu. C'est donc la jouissance esthétique à son comble.

CHAPITRE VII

Culture de l'impression du beau.

Le sens esthétique ou l'aptitude à sentir l'impression du beau est un des caractères constitutifs de notre nature, au même titre que le sens moral ou religieux. Chacun aime à dire : ceci est beau, cela est laid, tout aussi naturellement que ceci est bien, cela est mal. S'il se rencontre des créatures humaines entièrement insensibles aux charmes du beau, il faut le plus souvent en conclure que ce sens a été atrophié en elles faute d'exercice. Cette aptitude a besoin d'être cultivée [1].

---

[1] « Un goût fin et délicat est le fruit de l'éducation et de l'expérience. Nous recevons seulement en naissant la faculté de nous donner ce goût et de le cultiver, ainsi que nous naissons avec la disposition de recevoir les lois de la société... C'est jusqu'à ce point, mais pas plus loin, qu'on peut dire que le goût nous est naturel. » — Ingres, *Notes et pensées*, p. 120.

En effet, c'est une loi générale du monde organique, l'exercice est nécessaire à l'entretien et au développement des puissances et des facultés. Les oiseaux et volailles nourries dans les mines de sel gemme de Wielictza, en Pologne, deviennent aveugles ; notre taupe, faute de voir la lumière en ses galeries souterraines, n'a que des yeux rudimentaires. Un enfant, une femme à qui l'on enlève toute initiative, finit par ne plus savoir vouloir, leur volonté est comme annihilée. Il en est de même du sens esthétique. Cependant son extinction totale est fort rare ; ce qui se voit, c'est quelquefois une dépravation du goût, d'autres fois, et plus souvent, un arrêt dans son développement, le milieu favorable ou l'éducation ayant fait défaut.

Pour l'enfant, l'impression du beau se réduit presque uniquement au plaisir organique de la sensation ; la lumière et la couleur en font à peu près tous les frais. Son admiration est purement instinctive ; il passera indifférent à côté du tableau d'un grand maître et fera sa joie d'une image genre Épinal. C'est le contraste, la variété qui le frappe. Bientôt, toujours dominé par la sensation, il sera néanmoins saisi par l'ordre élémentaire que révèle la régularité, la répétition, le rythme surtout. Un cristal brillant a plus de prix à ses yeux que la plus belle statue, il préfère la mesure accentuée et les sons bruyants du tambour et de la trompette au chant le plus mélodieux. Cette prédominance de la sensation et du simple rythme, cet attrait pour les couleurs voyantes et les sons éclatants se retrouvent chez tous les hommes dont la culture esthétique est peu avancée.

Le sens du beau proprement dit ne se dégage qu'au moment où le sentiment esthétique prend le dessus sur la sensation. Alors commencent pour le goût une éducation, un développement dont le progrès presque illimité dépendra des dispositions personnelles du sujet et du milieu au sein duquel il se trouve. L'expérience le démontre tous les jours, dans le milieu même le plus favorable, le sens esthétique ne se développe pas au même degré chez tous les individus, car ils sont inégalement doués; d'autre part, les plus heureuses dispositions, faute d'être secondées par les circonstances, ne donnent pas ce qu'on pouvait en attendre. Le P. L. Lambillotte, dont les cantiques et motets obtinrent une si grande faveur, était né mélodiste. Malheureusement, au temps de sa jeunesse, il ne connut guère d'autre musique que celle des foires et des orchestres ambulants, la plupart de ses compositions les plus religieuses s'en ressentent.

En général, la femme a du goût et possède un sens très développé de l'effet; cependant son jugement esthétique n'est pas toujours sûr, comment expliquer cette défaillance? Elle résulte le plus souvent de ce que la préoccupation de plaire ou de ne pas déplaire lui fait donner à la mode une importance qui égare ses appréciations et ne laisse place qu'à une admiration factice et conventionnelle. Hélas! les femmes n'en ont pas le monopole.

Si vif que soit le sentiment du beau, la culture esthétique doit aller plus loin et conduire à l'intelligence du beau, à cette entente supérieure des conditions de la beauté, entente qui donne au goût son dernier affinement et au jugement esthétique ses plus sûres lumières. Cette intelligence s'acquiert plus ou moins vite, souvent elle demande du temps. La musique de Beethoven n'a été appréciée à l'origine que par quelques natures d'élite ; le public l'a comprise plus tard, lorsque son éducation musicale a été assez avancée pour lui permettre de saisir le génie du maître. Gounod, à Paris, resta longtemps discuté, incompris, méconnu. Ses compositions ne trouvaient pas d'éditeur. « C'est d'un style trop élevé ; ça ne se vendrait pas, » répondait-on au grand artiste. Finalement le succès fut aussi complet que durable.

L'intelligence du beau suppose la connaissance, au moins instinctive, des principes et des lois esthétiques qui doivent garantir contre les engouements aveugles de la vogue. Alors le goût est raisonné, justifié, et ses jugements rallieront tôt ou tard tous les suffrages.

En dehors de quelques principes ou lois fondamentales qui gagnent à être précisés, la science du beau n'est pas, dans ses grandes lignes, une science isolée qu'il faille étudier exclusivement à certaines heures. Par là même que le beau est la splendeur de l'ordre matériel, intellectuel et moral, l'apparition du beau doit éclairer et couronner l'étude de toutes les sciences et de toutes les connaissances humaines. La culture esthétique n'exige donc pas qu'on ajoute de nouveaux chapitres au programme de l'enseignement, mais elle demande que l'on facilite, que l'on illumine et que l'on féconde toutes les parties de l'enseignement en mettant en évidence leur côté esthétique.

Ne confondons pas la culture du beau avec celle des arts d'agrément, bien que ces derniers appartiennent à la classe des beaux-arts. La culture des arts d'agrément n'est souvent qu'un dressage plus ou moins réussi. « Les talents d'agrément ! On les cultive partout. C'est le siècle ! Et combien sont peu agréables ? Des générations entières de jeunes filles étudient le piano et peignent des fleurs. Mais une jeune personne qui entrevoit en cette culture quelque chose de plus relevé qu'un simple passe-temps, qu'une affaire de mode et d'usage, qui y puise les vrais agréments de l'esprit et ce goût délicat qui ajoute tant aux grâces naturelles, c'est un phénomène bien rare ! La plupart des jeunes filles causent de tout, c'est vrai, mais... Elles lisent pour avoir lu, elles font de la musique pour briller après le thé, elles peignent pour avoir peint ceci ou cela... Talents sans âme qui empruntent quelque vie à la vanité, talents sans racines dans l'esprit et qui ne survivent pas au mariage... Qu'elles cultivent les beaux-arts non pour briller, recevoir les oisifs ou ennuyer les vieux parents, mais pour y chercher, à côté d'une honnête récréation, un exercice pour l'esprit, une carrière à l'imagination, une action sur leur cœur, une élévation et une parure pour leur âme [1]. »

Ne rejetons pas l'étude du dessin, de la peinture, de la musique ; bien dirigées, ces études peuvent avoir une grande influence sur le développement esthétique des facultés. Les arts d'agrément font partie des arts libéraux, c'est-à-dire, des arts réservés aux hommes

---

[1] R. Töpffer, *Menus Propos*, chap. x.

assez affranchis des nécessités de la vie matérielle pour pouvoir, dans une certaine mesure, s'adonner à des poursuites désintéressées [1].

Même avec d'excellents maîtres et les dispositions naturelles requises, la culture esthétique reste souvent en déficit : étant élève, on est talonné par les devoirs à faire, par les leçons à apprendre et bientôt par les examens à préparer; jeune homme, on est aux prises avec les difficultés du début d'une carrière, avec les exigences de la vie et... trop souvent avec les réclamations des passions. Bref, on a été, d'une façon ou de l'autre, trop absorbé pour profiter des occasions d'apprécier les charmes du beau et de former son goût. Tôt ou tard, on s'aperçoit de cette lacune, on désire la combler, que faire?

La première condition à remplir est de savoir s'élever au-dessus des satisfactions des sens ou de l'égoïsme, car l'impression du beau est, nous l'avons vu, la plus pure, la plus désintéressée des jouissances. « Il y a plus d'analogie qu'on ne pense entre le goût et les bonnes mœurs [2]. » Alors on portera son attention, ses yeux, ses oreilles sur tout ce qui peut donner une fête à l'intelligence, mais une fête aussi complète que possible. Au lieu de voir on regardera, au lieu d'entendre on écoutera, on contemplera, on goûtera, on admirera, on savourera les merveilles de la nature et de l'art; le sens esthétique ira se formant et s'épurant chaque jour davantage.

---

(1) Cf. l'abbé Gaborit, *le Beau...*, t. I, chap. VI.
(2) Ingres, *Notes et pensées*, p. 120.

Platon disait dans sa *République :* « En voyant chaque jour des chefs-d'œuvre de peinture, de sculpture et d'architecture, les esprits les moins artistes, élevés parmi ces ouvrages, comme dans une atmosphère pure et saine, prendront le goût du beau, du décent, du délicat; ils s'accoutumeront à saisir avec justesse ce qu'il y a de parfait ou de défectueux dans les ouvrages d'art et dans ceux de la nature; cette heureuse rectitude de jugement deviendra une habitude de leur âme. »

« Je suis fort content — écrivait A. Tonnellé, à propos de quelques eaux-fortes de Waterloo — de voir que mon sentiment et mon intelligence de la peinture et des arts du dessin n'a fait que s'étendre et se fortifier depuis un an, et que je comprenne maintenant aussi vivement toute la poésie d'une belle toile ou d'une charmante eau-forte que celle d'une symphonie ou d'une sonate. N'est-il pas singulier que quelques coups de burin, que quelques hachures jetées ainsi sur un papier puissent parler si vivement à l'âme et lui faire goûter, par exemple, toute la lumière, toute la fraîcheur, toute la solitude des paysages les plus agrestes qu'elle ait non seulement rencontrés, mais rêvés? Mais on ne comprend pas cela du premier coup. Car c'est une *langue* qui a ses signes particuliers, qu'il faut apprendre, et qu'on ne sait pas sans l'avoir apprise. Là, comme pour les langues étrangères, le meilleur moyen d'apprendre, c'est de lire et de parler beaucoup. Voulez-vous comprendre la musique qui ne vous dit rien d'abord? Écoutez, parlez vous-même beaucoup cette langue divine ; allez au Conservatoire et jouez du Mozart ; allez aussi au Louvre et regardez du Raphaël ; vous serez peut-être longtemps sans comprendre la valeur des signes, mais il faut qu'enfin le sens qu'ils cachent et dont ils ne sont que des symboles, se dégage et se révèle ⁽¹⁾. »

---

(1) A. Tonnellé, *Fragments sur l'art et la philosophie*, p. 15.

CHAPITRE VIII

Valeur morale de cette culture esthétique.

Dans quelle mesure la moralité est-elle intéressée au culte du beau? Nous parlons évidemment de celle qu'inspire la doctrine chrétienne, la seule — nous l'avons vu [1] — qui puisse servir de type et de *criterium*.

Plusieurs prétendent que le Christianisme condamne le culte du beau. L'Écriture sainte — disent-ils — déclare que la beauté est chose vaine [2], dangereuse [3]; nombre de saints ainsi que saint Bernard ont refusé à leurs yeux et à leurs oreilles tout ce qui pouvait les charmer; Renan n'a-t-il pas

---

[1] Ci-dessus, liv. II, chap. VIII et IX.
[2] Vana est pulchritudo. *Prov.*, XXXI, 30.
[3] Propter speciem mulieris multi perierunt. *Eccli.*, IX, 9.

raison d'affirmer que « le parfait chrétien sera le contempteur et l'ennemi de la beauté? » Qu'en est-il?

Erreur ou calomnie, l'assertion de Renan est aux antipodes de la vérité. Les privations, les sacrifices que l'amour divin inspire à tel ou tel saint ne sont nullement la condamnation des satisfactions auxquelles ils renoncent. Nous voyons dans l'Église catholique des légions de jeunes gens et de jeunes filles renoncer au mariage pour se consacrer à Dieu. Néanmoins cette même Église bénit l'union des époux. Quant aux textes invoqués, en généraliser la signification, c'est en fausser complètement le sens. D'abord il s'agit uniquement de la beauté plastique de la femme; de plus, si elle est déclarée *vaine*, c'est en comparaison de la vertu, c'est-à-dire de la beauté morale, le contexte en fait foi; elle est dite *dangereuse*, l'expérience n'est-elle pas là pour dire combien de fois elle a été fatale, combien d'hommes se laissent séduire et aveugler, combien de femmes sont victimes de leur propre séduction? Les Grecs eux-mêmes, si passionnés qu'ils fussent pour le beau, ne parlent pas autrement que la Bible.

Cependant, si Dieu a fait rayonner la beauté au front de ses créatures, s'il a donné à ce charme une merveilleuse puissance d'attraction, ce n'est pas un piège qu'il a tendu à l'homme, c'est un don qu'il lui a fait. L'homme peut en abuser, le détourner de sa fin; mais il ne faut pas plus s'en prendre à la beauté, des égarements dont elle est l'occasion, qu'il n'est permis de s'en prendre au vin, de l'ivresse de ceux qui en usent sans modération ni réserve [1].

« Il en est du culte du beau comme de la religion. On peut venir à l'église pour y avoir des regards coupables, y entretenir des désirs criminels. Il n'en est pas moins vrai que les églises sont les endroits où l'on a le plus de facilité à se recueillir ; elles ont été bâties pour cela. De même, jusque dans les œuvres esthétiques, on peut chercher pâture à la concupiscence... Mais il est certain que plus une œuvre est réellement belle, et plus il ne tient qu'à nous de savourer le plaisir esthétique dans sa pureté [2]. »

Traitant de l'utilité morale de l'esthétique, Schiller écrit : « Toutes ces inclinations matérielles, ces appétits brutaux qui s'opposent si souvent à la pratique du bien, le goût esthétique tend à en débarrasser l'âme et sème à leur place des inclinations pour l'ordre, l'harmonie et la perfection ; ces inclinations ne sont pas des vertus, elles ont du moins quelque chose de commun avec la vertu, leur objet. » Schiller a raison : quand Saül était possédé par l'humeur noire, David venait avec sa harpe et bientôt, sous la douce influence de la musique, l'agitation de Saül se calmait, la raison prenait le dessus, le mouvement rythmé du dehors dominait peu à peu les soulèvements sauvages et désordonnés du dedans ; la frénésie ajustait malgré elle ses transports à la mesure et à la cadence du chant de la voix et de l'instrument.

---

(1) Cf. l'abbé Gaborit : *le Beau...*, t. I, p. 153.
(2) V. Cherbuliez, *Revue des Deux Mondes*.

La sensibilité d'ailleurs a besoin d'être occupée et dirigée; manque-t-elle de cet aliment que lui offre le beau, elle court le risque de chercher sa pâture dans des jouissances grossières, dans les entraînements au mal ; est-elle au contraire en face du beau et saisie par lui, le feu sacré s'allume en elle, elle s'anime du plus noble enthousiasme.

Enfin, nous ne pouvons goûter le beau plastique, intellectuel ou moral sans tendre par là même à nous perfectionner et à nous embellir sous le même rapport, car la contemplation [1] et surtout l'amour [2] supposent au moins une tendance à l'assimilation. L'Apollon du Belvédère nous montre le fils de Jupiter dans la fière attitude du vainqueur, il vient de terrasser le serpent Python, le symbole du mal. Winckelmann avouait que devant cette noble statue, il se redressait sans y songer et prenait lui-même une pose plus digne. Si tel est l'effet de l'admiration du beau plastique, que ne produira pas la contemplation de la vérité ou de la vertu en leur splendeur ? La même loi se vérifie dans le monde surnaturel : contempler l'humanité sacrée de Notre-Seigneur Jésus-Christ sera nous transformer en sa ressemblance [3] ; voir Dieu face à face au ciel, c'est lui devenir semblable [4].

Ainsi, loin d'être condamnable comme dangereuse

---

[1] *Cognitio fit per assimilationem.* — D. Thom., *Sum th.*, I, q. 5, a. 4, ad 1um.

[2] *Amor pares invenit aut facit. Apud* Auct. communiter.

[3] *Nos vero omnes revelata facie Dominum speculantes, in eamdem imaginem transformamur.* II *Cor.*, III, 18.

[4] *Similes ei erimus quia videbimus eum sicuti est. Joan.*, III, 2.

et funeste, la culture esthétique est par elle-même éminemment salutaire. Comment pourrait-il en être autrement ? Si la sainteté est l'amour de l'ordre et si la beauté en est la splendeur, plus nous goûterons le beau et nous passionnerons pour lui, plus nous nous acheminerons vers la sainteté. La grâce et l'harmonie que nous trouvons dans le monde sensible, nous inclinent à les rechercher dans l'ordre intellectuel et moral où elles éclatent et resplendissent bien davantage.

> Le beau, c'est vers le bien un sentier radieux,
> C'est le vêtement d'or qui le pare à nos yeux.
> BRIZEUX, *Hymne dédié à Ingres.*

Les divines Écritures nous montrent l'amour du beau s'alliant naturellement à l'amour de la vertu [1]. Saint Bernard et beaucoup d'autres saints ont pu sevrer leurs yeux, leurs oreilles et leur cœur, des joies que nous offrent les beautés de la nature et de l'art, ils l'ont fait avec un grand mérite. Mais vouloir pour tous le même renoncement serait rendre impossibles plusieurs formes de bien, plusieurs moyens et ressources de sanctification, voulus de Dieu pour sa gloire, dans le concert de l'harmonie universelle. Aussi voyons-nous grand nombre de saints se montrer fervents admirateurs des beautés de la nature et de l'art.

Du vivant même de saint Bernard, Pierre le Vénérable à Cluny et peu après Suger à Saint-Denis,

---

[1] Homines divites in virtute pulchritudinis studium habentes. *Eccli.*, XLIV, 6.

comptèrent au nombre des principaux promoteurs de l'art.

Que ne raconte-t-on pas de l'exquise sensibilité esthétique de François d'Assise ? « Tout enfant, son visage s'épanouissait devant les fleurs ; jeune homme, il s'éprit vivement du spectacle du monde. Un site gracieux, une végétation luxuriante, le mouvement animé des sources et des eaux, il n'y avait pas de beauté qu'il ne fît profession de comprendre et d'aimer. Parvenu à la maturité, il n'apporta aucun changement à ces tendances... il y trouvait pour sa piété un point d'appui et même des ailes... il ne dédaignait aucune créature ; il aimait à les voir toutes ; celles qui avaient le plus de beauté le jetaient dans l'admiration... Au dire des historiens, son ravissement devenait ineffable, lorsqu'il contemplait le soleil, la lune, les étoiles, le firmament. Il y trouvait une des plus vives révélations de l'infinie beauté [1]. » A certains jours, il lui arrivait de prier Frère Pacifique, qui avait joué de la guitare dans le monde, d'aller prendre son instrument et de faire entendre quelque beau cantique.

Sainte Thérèse, elle aussi, voyait dans les fleurs de la terre, comme dans les étoiles du ciel, les sourires du Bon Dieu. On montre encore au monastère d'Avila la petite flûte et le tambourin dont elle aimait à jouer les jours de fête. Mais il est inutile de multiplier les exemples, tous savent quel cas et quel emploi l'Église a toujours fait des beaux-arts

---

(1) L'abbé L. Le Monnier, *Histoire de saint François d'Assise*, t. II, p. 175 et suiv.

pour édifier et décorer ses monuments, ajouter à la splendeur de ses cérémonies, à la joie et à l'éclat de ses fêtes.

Dans notre siècle de désarroi intellectuel, en même temps que des détracteurs de la religion voulaient creuser un abîme entre la vertu chrétienne et l'amour du beau, on a vu surgir une école philosophique, dite esthétique, qui veut ramener toute la morale à l'amour, tout le bien au beau, et la religion à l'amour du beau. Dans cette école, le beau dont on parle, c'est avant tout *le beau sensible*. Il est facile de leur répondre avec le P. J. de Bonniot « qu'un homme de goût peut fort bien n'être qu'un malhonnête homme; que l'histoire des beaux-arts n'est pas un appendice des *Acta Sanctorum;* que la volonté se perfectionne par l'amour du bien et non par l'amour du beau [1]. » Si cette école avait une idée plus complète et plus adéquate du beau, si elle savait comprendre que l'idéal et le réel, partout séparés dans cet univers, se rencontrent et se confondent dans la vivante réalité de Dieu, le beau absolu; si finalement elle voyait le beau moral dans la poursuite de ce même Dieu, notre principe et notre fin, alors on pourrait lui reconnaître le droit et le devoir d'orienter les facultés humaines vers cet unique et adorable objet. Alors on lui dirait : « Oui, la conscience qui crie vers le bien, oui, le cœur qui soupire après ce qui est désirable, oui, le sens esthétique qui appelle le beau, tendent au même but que l'intelligence qui invoque le vrai.

---

[1] P. J. de Bonniot, *Problème du mal*, p. 78.

Tous ces rayons convergent vers un même foyer; toutes ces aspirations réclament un même contentement. »

« Et s'il vous plaît d'insister sur l'un des aspects de l'infini; si, plus épris ici-bas des charmes de la beauté que de la vérité austère, vous préférez chercher Dieu sur les traces qu'il a laissées de lui-même dans la magnificence de la nature ou de l'art, libre à vous. Le devoir envisagé de ce point de vue, vous apparaîtra encore comme une manière de reconnaître et d'imiter l'Artiste suprême. Prenez garde cependant. L'enthousiasme n'est pas de toutes les heures, et malheur à l'âme qui n'aurait pas d'autre ressort. Il est des jours où des pensées ternes projettent sur le devoir leur reflet décoloré; et souvent ces instants coïncident au dehors avec les nécessités d'efforts et d'héroïsme. Pauvre âme! Quand viendra le tour de subir cette épreuve, que feras-tu pour pouvoir la supporter, si tu n'as pas d'autre mobile que les émotions d'un artiste (1)? »

Au sein de cette même école esthétique, quelques-uns ont été plus loin dans la voie de l'égarement, si loin qu'il semble impossible d'aller au delà. Laissons parler M. Jules Lemaître : « Lecomte de Lisle, à peu près comme Gustave Flaubert, est un grand pessimiste et un grand impie réfugié dans la contemplation esthétique... Un révolté qui pour goûter la paix s'est fait bouddhiste et sculpteur de strophes... Cela suppose deux sentiments très humains : le désenchantement de la vie, et, le seul remède du-

---

(1) Mgr d'Hulst, *Confér. de Notre-Dame*, 1891, 2ᵉ conf.

rable, l'amour du beau et du beau sans plus; j'entends le beau plastique, celui qui est dans la forme et qui peut se passer de la notion du bien [1]. »

A ces grands pessimistes et impies qui affectent de jouir de la paix sous la sérénité de leurs rimes ou de leur prose, il suffit d'opposer l'aveu d'Ernest Renan, leur coryphée : « Le secret de la vie consiste à étouffer sa tristesse et à se passer d'espérance [2]. » C'est confesser qu'il vivait en désespéré et que la sérénité de son dilettantisme n'était qu'un masque hypocrite.

Terminons ce chapitre et ce livre par une réconfortante citation d'Alfred Tonnellé :

« Quand on ne sépare pas l'idée du beau de celle de Dieu et sa jouissance des besoins éternels de l'âme, le beau porte au bien, élève et purifie par l'amour.

» On éprouve le besoin d'avoir la conscience pure pour s'approcher du beau, de garder sa conscience pure après l'avoir contemplé ; autrement la jouissance en est altérée, il n'y a plus harmonie en nous. L'admiration n'est plus un sentiment auquel l'âme puisse se livrer tout entière ; elle se sent trop différente et trop indigne de son objet. Qui n'a pas senti, après avoir mal fait, la vue du beau lui être un reproche, lui causer un malaise moral, un sentiment d'humiliation, de mécontentement intérieur, au lieu d'une calme et douce félicité ? Qui n'a pas senti, au sortir d'une grande et vive

---

(1) M. J. Lemaître, *les Contemporains*, 2ᵉ série.
(2) E. Renan, *Livre de Job*, préface, p. 88.

admiration, son être ennobli. L'âme rendue délicate est plus craintive de souillure. Et, si la tentation venait à surprendre sa faiblesse et à triompher, qui n'a senti ce souvenir divin du beau augmenter en lui le remords cuisant, le vif sentiment de son indignité et de la laideur de son acte, la conscience de sa déchéance et le mépris de soi-même? C'est une sorte de condamnation par la beauté présente encore, une réaction douloureuse par laquelle le divin outragé se venge.

» En ces moments, on rapproche involontairement sa vie du type de beauté éternelle et les laideurs en ressortent par contraste. Alors il arrive un peu ce qui arrivera au jugement de l'âme : la vue subite de la vie comme dans un clair miroir, de toutes les taches dans la pleine et impitoyable lumière du beau ; puis la privation et l'éloignement de Dieu qui est cette beauté, l'éloignement du beau à jamais ; pour demeure la région du laid, du désordre, des ténèbres ; tous les besoins essentiels et profonds de notre nature reconnus et non satisfaits.

» Ainsi, dès ce monde, après avoir goûté le beau, l'âme, à la lueur d'un rayon isolé de la beauté éternelle, voit tous ses défauts, toutes ses dissonances dans le concert des harmonies divines..., elle ressent l'aiguillon de cette douleur suprême, la plus profonde de toutes, celle de l'être qui sent qu'il se détourne de sa fin et s'en rend indigne. Mais l'âme, s'élevant au-dessus de sa faiblesse, reconnaissant dans le beau qui la condamne une image de Dieu, s'écrie : Seigneur, je ne suis pas digne que vous entriez dans ma maison, mais pourtant daignez me purifier par votre présence. Alors la vue du beau devient une sorte de communion divine et de promesse de bonheur éternel [1]. »

---

[1] Alfred Tonnellé, *Fragments sur l'art et la philosophie*.

LIVRE CINQUIÈME

APPRÉCIATION DU BEAU

AVANT-PROPOS

Jusqu'ici nous avons étudié le beau soit en lui-même, soit en ses effets, c'est ce qu'on peut appeler la théorie du beau. Il nous reste à considérer le côté pratique, l'appréciation du beau. Notre esthétique fondamentale serait incomplète, si après avoir exposé les principes, nous ne formulions pas les lois générales de leur application aux cas particuliers. Ces lois, au reste, n'auront rien d'arbitraire ; fondées sur la nature de l'homme et celle du beau, elles se déduiront directement des livres précédents.

CHAPITRE I

Cette appréciation est régie par des lois.

Dans son *Dictionnaire philosophique*, Voltaire traite la question esthétique avec la légèreté moqueuse et cynique qui lui était habituelle. Après avoir cherché à ridiculiser Platon, il poursuit : « Demandez à un crapaud ce que c'est que la beauté, le grand beau, le *to kalon;* il vous répondra que c'est sa crapaude, avec ses deux gros yeux ronds sortant de sa petite tête, une gueule large et plate, un ventre jaune et un dos brun. Interrogez un nègre de Guinée, le beau est pour lui une peau noire, huileuse, des yeux enfoncés, un nez épaté... » Arouet conclut à l'incertitude du beau plastique et intelligible [1].

---

[1] Il fait grâce au beau moral : « Le beau qui ne frappe que les sens, l'imagination, l'esprit, est incertain. Le beau qui parle au cœur ne l'est pas. »

Tout en traitant beaucoup plus sérieusement la question, plusieurs philosophes de nos jours arrivent également à nier l'existence d'une base fixe pour les appréciations esthétiques. Ils soutiennent que le seul moyen de juger du beau, c'est de s'en rapporter à l'effet que les objets produisent sur nous, au plaisir qu'ils nous procurent [1]. L'impression variant d'une personne à l'autre, avec les lieux et les temps, étant plus ou moins sous l'empire de la mode et du caprice, il faut renoncer à rien y voir d'absolu. Conséquemment le scepticisme règne aujourd'hui en esthétique plus qu'on ne saurait le croire. « Le monde artistique paraît livré à l'anarchie, plus que jamais on méconnaît les principes d'après lesquels nous devons juger le beau... et la critique, loin de former le goût du public, contribue à le fausser [2]. »

« Ce qu'on redoute dans les jugements de la critique, — dit Ch. Gounod, — c'est bien moins leur valeur réelle que le nombre d'exemplaires qui en sera tiré et grâce auxquels les jugements vont devenir des oracles pour un nombre égal de badauds. Ce que la critique représente surtout, c'est une fabrique d'opinions, à l'usage des gens incapables de s'en former une par eux-mêmes [3]. »

M. Sully-Prudhomme précise encore davantage le grief : « Le langage des critiques d'art, — dit-il, — même les plus accrédités, témoigne par une

---

(1) Cf. É. Rabier, *Psychologie*, p. 245.
(2) M. l'abbé Gaborit, *le Beau dans la nature et les arts*. Préliminaires.
(3) Ch. Gounod, *Mémoires d'un artiste*.

regrettable indécision combien leurs idées sont confuses, combien ils cherchent peu à traduire, par l'analyse, en concepts définis, leurs vagues intuitions (1). »

Qu'arrive-t-il de là ? Les plus contradictoires appréciations des mêmes œuvres. Prenons pour exemple les peintures de J.-F. Millet et voyons les jugements qu'en ont portés MM. E. Chesneau, Ch. Baudelaire et J. Claretie : « Je crois — dit le premier — qu'on a beaucoup surfait en ces derniers temps le talent de M. Millet. La première fois que l'on voit un de ses tableaux, on est presque séduit par cette rigidité d'allures, par ce dédain de la forme et de la couleur. On croit apercevoir une idée, et comme en France nous plaçons les idées bien au-dessus des qualités plastiques, on est tenté d'applaudir; on fait bon marché des pesanteurs d'exécution, on croit reconnaître non un individu mais un type, le type du crétin de la campagne. A mesure que les tableaux de Millet se succèdent sous les yeux de l'amateur, il reconnaît bientôt que c'est toujours le même crétin, la même idiote qu'on lui présente... Si, la curiosité vous poussant, vous cherchez dans le catalogue quels peuvent être ces monstres que le peintre se plaît à reproduire sans repos ni trêve, quelle n'est pas votre stupéfaction d'apprendre qu'il ne prétend rien moins que représenter la race laborieuse de nos campagnes! Alors l'erreur ou le parti pris de l'artiste apparaît dans son énormité et l'on se détourne à jamais de tableaux qui ne vous retien-

---

(1) M. Sully-Prudhomme, *l'Expression dans les beaux-arts*, p. 383.

nent d'ailleurs par aucune qualité pittoresque un peu saillante [1]. »

Pour Ch. Beaudelaire, « Millet cherche particulièrement le style..., le style lui porte malheur. Ses paysans sont des pédants qui ont d'eux-mêmes une trop haute opinion. Ils étalent une manière d'abrutissement sombre et fatal qui me donne envie de les haïr [2]. »

« Millet — dit au contraire M. J. Claretie — se fit peintre de la glèbe, des paysans, des matelots..., de tout ce peuple des champs qu'il idéalisa tout en le faisant *vrai*... Ses paysans, avec leurs vêtements sans plis, leurs gestes sobres, leurs attitudes augustes, ont parfois la grandeur de personnages de frises antiques..., de personnages virgiliens ou bibliques. Il voyait grand... Le vif sentiment de modernité qui se dégage de ses toiles est une majesté altière. Tel rustre, avec Millet, devient imposant comme un souverain... Les deux pauvres gens qui s'inclinent quand on sonne l'*Angelus* ont, malgré leur laideur, la fierté des lignes de ces gentilshommes de Raphaël agenouillés devant l'autel de la *Messe de Bolsène*. »

« Millet appartient à la race des peintres convaincus, laborieux, courbés sur leur tâche, peu préoccupés du gain, mais enfiévrés de mieux ; partis à la recherche de la grande harmonie..., ils ont renouvelé l'art moderne [3]. »

En face de pareilles divergences, beaucoup con-

---

(1) J. Chesneau, *l'École française au Salon de 1863*, p. 176 et 283.
(2) Ch. Baudelaire, *Curiosités esthétiques*, Salon de 1859.
(3) M. J. Claretie, *Peintres et sculpteurs*. F. Millet.

cluent au droit de rester sceptique à l'égard du beau.
Ils redisent avec La Fontaine :

> Qui nous dit qu'une forme est plus belle que l'autre ?

Cependant « en tout ordre de choses, le scepticisme ne sera jamais un privilège, une gloire. Douter, c'est ignorer..., peut-on bien en notre siècle réclamer ce droit à l'ignorance ? — Que le doute en religion, en philosophie, en histoire, en politique même, ne soit qu'une faiblesse d'esprit ou de cœur, soit. Mais en esthétique, pourquoi pas ? — Eh ! mon Dieu ! parce que l'argument, l'unique argument qu'on oppose à la certitude en esthétique se retourne contre toutes les autres. On dit : Les hommes varient à l'infini dans leurs appréciations et leurs préférences, donc il n'y a rien d'assuré en matière de goût. On pourrait avec la même logique répéter : On hésite, on varie, on se partage en politique, en histoire, en philosophie, en religion et jusque sur les premiers principes réputés de loi naturelle ; donc, en tout cela, point de vérité immuable. Le sophisme reste le même, il ne vaut nulle part ou il vaut partout [1]. »

Pour échapper aux divergences comme au scepticisme, pour trouver une base solide sur laquelle on puisse s'appuyer et s'accorder, il suffit de juger du beau, non plus seulement par les impressions subjectives qui n'ont rien de fixe et d'assuré, mais d'après la réalisation plus ou moins complète des conditions objectives de la beauté. Ces conditions,

---

[1] P. G. Longhaye, *Théorie des belles-lettres*. Conclusion. 2ᵉ édit.

nous les avons précisées dans les premiers livres du présent ouvrage, mais de tout temps elles ont été connues ou pressenties, de tout temps elles ont servi, au moins implicitement, de sûr *criterium* à tous les justes appréciateurs du beau.

Toujours les hommes ont admiré et les poètes ont chanté les splendeurs de l'aurore, l'azur du firmament, le soleil quittant l'or pour la pourpre à son coucher, les étoiles semées sur le manteau de la nuit, les fleurs qui émaillent la prairie, etc., etc. On ne se lasse pas de goûter, de célébrer les grandes beautés de l'*Iliade* d'Homère, des tragédies de Sophocle, du Parthénon d'Ictinus, des bas-reliefs de Phidias, des peintures de Fra Angelico et de Raphaël, etc., etc. Ainsi, dans le spectacle de la nature comme dans les œuvres des artistes, il y a des beautés indiscutées, donc il y a des conditions indiscutables qui réalisent la beauté. Ces conditions sont autant de lois immuables en esthétique.

En dehors du *criterium* de ces lois, c'est l'incertitude qui règne. Il y aura toujours contraste, opposition dans l'appréciation de la beauté entre les sauvages et les civilisés ; contraste souvent encore, dans les jugements, parmi les gens les plus cultivés, aussi longtemps qu'ils n'ont d'autres règles que leurs impressions. Mais on peut assurer que toutes les personnes qui admettent ces lois immuables et en éclairent leurs jugements, au milieu de divergences secondaires encore possibles, ne laissent pas que de tendre au même type.

Nous allons exposer en ce livre les principales de ces lois. Pour apprécier le beau, il faut tout d'abord être fixé sur les éléments qui le constituent, c'est l'objet de notre *loi constitutive;* il faut également savoir distinguer et reconnaître les diverses espèces du beau, c'est ce que nous nommons la *loi spécifique;* ensuite vient la *loi hiérarchique* selon laquelle le degré de beauté d'un objet doit correspondre au rang qu'il occupe dans l'échelle des êtres. Ces trois lois sont strictement objectives, elles ne concernent que le beau, considéré hors de nous. Viennent ensuite deux lois qui sont à la fois objectives et subjectives, elles regardent en même temps le jeu des facultés du spectateur et les conditions que doit réaliser l'objet. La première, la *loi typique,* exige la conformité de l'objet à son type ; la seconde, la *loi psychologique,* tient compte de la nature de l'impression esthétique. Arrive une dernière loi, purement subjective, la *loi de l'affranchissement.* Pour être moins définie que les précédentes, elle n'est pas moins importante dans la pratique; elle nous met en garde contre les illusions qui peuvent résulter soit du goût personnel, soit de l'influence du milieu ambiant.

L'intelligence de ces lois nous rendra plus aisée, plus vive et plus complète la perception du beau, plus prompts et plus sûrs les jugements que nous portons sur lui.

CHAPITRE II

Loi constitutive.

TROIS ÉLÉMENTS SONT ESSENTIELS AU BEAU, LA VARIÉTÉ, L'UNITÉ ET LA SPLENDEUR.

En effet, le beau c'est la splendeur de l'ordre et l'ordre c'est l'unité dans la variété, donc il suffit qu'un de ces trois éléments soit en déficit dans un objet pour en compromettre la beauté. Nous n'avons pas à revenir sur les preuves déjà données au premier livre, nous nous bornerons à présenter quelques remarques et applications relatives à chacune de ces conditions du beau.

Sans la variété pas de beauté. A peine l'œil a-t-il rencontré l'uniformité, que déjà il n'a plus rien à regarder et à voir ; à peine l'oreille a-t-elle constaté la monotonie qu'elle en a assez et n'écoute plus. La banalité sera toujours un obstacle à la beauté, car la banalité est une sorte d'uniformité ; la distinction sera toujours un élément de beauté, car la distinction est une des formes de la variété. A la même loi se rattache le goût de l'imprévu, de la surprise qui contraste avec l'habituel et le convenu facilement insipides.

C'est la variété, ce sont les différences qui intéressent. Que ces différences se traduisent dans la conduite des lignes ou l'étendue des surfaces, en saillies ou en creux, en lumière, en couleur ou en ombre, en timbre ou en tonalité, en rythme ou en mélodie, en mouvement ou en repos, elles éveillent et attirent l'attention; elles sont nécessaires.

Le charme de la nature ne vient-il pas en grande partie de la merveilleuse variété d'aspects qu'elle offre partout à nos yeux? Quelle diversité dans chacun de ses règnes, dans chacune de ses classes, dans chacun de ses genres, dans chacune de ses espèces! Quelle variété non seulement d'une créature à l'autre, mais dans la structure de chaque plante, de chaque animal! A mesure qu'on s'élève dans la série zoologique, quel heureux mélange de symétrie latérale dans l'organisme et d'absence de symétrie dans la division des membres : dans l'homme, les bras sont plus longs que le torse, les jambes plus longues que les bras ; les bras et les jambes se partagent en trois parties décroissantes de longueur; la main se termine par cinq doigts inégaux, etc.

Si la variété est nécessaire à la beauté, l'unité dans cette variété n'est pas moins essentielle. La première attire l'attention, la seconde la captive, car rien ne satisfait notre intelligence comme la synthèse que réalise l'unité dans la variété.

Les liens de cette unité varieront avec la nature des éléments qu'elle unit. On peut les grouper sous quatre titres principaux : les liens de ressemblance et de symétrie, les liens d'harmonie et de parenté, les liens de fusion et de mélange et enfin les liens de dépendance. Donnons quelques exemples pris dans chacun de ces groupes.

La parité, la symétrie, le parallélisme ou l'équilibre se rencontrent partout dans le beau naturel ou artistique. On les voit de chaque côté de la ligne médiane dans les feuilles des végétaux, dans le corps des animaux, sauf de rares exceptions; on les retrouve dans la métrique et les rimes de la poésie, dans la structure et la mesure de toute mélodie; les arts du dessin n'en font pas moins un constant emploi. La symétrie, le parallélisme surtout sautent directement aux yeux; le simple équilibre, le balancement surtout, sont moins saillants, exigent un regard plus attentif, plus éclairé pour être saisis et compris, quoique tout le monde soit sensible à leurs charmes. D'un heureux emploi dans toutes les œuvres d'art, le balancement est requis dans la sculpture et la danse, il est la ressource esthétique des frondaisons du gothique flamboyant et des luxuriantes fantaisies du style rocaille tel qu'il s'est épanoui sous Louis XV. Ce qui frappe d'abord dans ce style, c'est l'absence de symétrie, c'est l'irrégularité et le caprice. Cependant on trouve de vraies beautés dans l'ensemble et souvent beaucoup de grâce dans les motifs. Le secret de cette beauté et de cette grâce est dans ce fait, qu'au milieu de l'excentricité des développements, il y a toujours en ces rocailles une ligne médiane sur laquelle les différentes parties de la composition s'équilibrent, se pondèrent et par là même se relient dans l'unité [1].

Le lien d'harmonie est celui qui fait les accords; celui qui associe les sons et les couleurs, les lignes et les galbes, de manière à satisfaire, à charmer l'ouïe, la vue, l'intelligence.

En musique, ce lien harmonique préside au groupement des sons, soit successifs, soit simultanés, il est l'âme de la mélodie, aussi bien que de l'harmonie proprement dite.

En chromatique, dans l'emploi des couleurs, le lien harmonique peut être la nuance ou le ton, la lumière ou l'obscurité relative ; c'est la parenté de nuance qui associe les teintes voisines sur le cercle chromatique ; c'est la continuité d'une même nuance, dans la variété des tons lavés ou rabattus, qui fait l'unité dans les peintures en camaïeu ; une similitude de ton suffira pour harmoniser des nuances différentes pourvu qu'elles soient loin de leur point de saturation ; le noir s'associera facilement avec toutes les nuances un peu foncées, grâce à l'obscurité qui leur est commune ; le blanc s'alliera de même avec toutes les nuances suffisamment claires, grâce à la lumière qui les apparente [2].

C'est encore un lien d'harmonie qui régit la succession des mouvements et des attitudes dans la danse, l'association des galbes dans l'architecture, la sculpture et les motifs d'ornement. L'architecte Pierre

---

[1] Cf. Roger-Milès, *Comment discerner les styles*.
[2] Voir notre *Répertoire chromatique*, p. 101, 102.

Bossan, l'auteur de la nouvelle basilique de Fourvières à Lyon, a su dans un style qui n'est qu'à lui, faire de l'harmonie la qualité dominante de ses œuvres. Doué d'un rare sens esthétique, il a obtenu cette harmonie par une adaptation pleine de goût. Ses bases, ses chapiteaux, ses colonnes rappellent les proportions antiques; mais appelés à se marier à l'ogive, ces éléments subissent de notables modifications dans leur physionomie, dans leur caractère. L'ove, la volute, l'acanthe, les cannelures de la Grèce; le chanfrein, le crochet, l'ogive du moyen âge se rencontrent dans un même ouvrage, mais après avoir subi la loi de l'adaptation. Chacun de ces éléments se renouvelle, se modifie, s'équilibre, et la composition, pleine de fraîcheur et de jeunesse, apparaît dans une harmonieuse et vivante unité[1].

La fusion, le mélange sont en certains cas le moyen le plus simple de faire l'unité; il importe cependant que le mélange ne soit que partiel, qu'il fasse l'effet d'une note de transition, autrement la variété disparaîtrait. Cette fusion peut avoir lieu entre les lignes, entre les plans comme entre les couleurs.

Des lignes ou des plans qui se coupent constituent une variété de lignes ou de plans; quand les angles de rencontre sont arrondis, quand on substitue des courbes aux brisures, tout en laissant subsister les lignes et les plans dans leur plus grande étendue, alors surgit l'unité dans la variété. Frappé de ce fait, W. Hogarth voulait que la ligne ondulée fût l'élément fondamental du beau. Les contours arron-

---

(1) Sainte-Marie-Perrin, *Notice sur Pierre Bossan*, p. 13.

dis favorisent l'unité et tendent à éteindre la variété ; c'est ce que l'on constate dans les piliers de nombreuses églises du quatorzième siècle. Les profils anguleux favorisent la variété, mais souvent aux dépens de l'unité, on le vérifie dans les piles de beaucoup de constructions du quinzième siècle. Le juste milieu, conservant une grande variété dans une parfaite unité, a été magnifiquement atteint par les incomparables architectes du treizième siècle.

Habituellement, dans ses règnes organiques, la nature remplace les angles par de gracieuses courbures. Rapportons un exemple peu connu. Pour satisfaire aux exigences spéciales de sa progéniture, il suffirait au *scarabée sacré* de donner à l'amas nourricier, au sein duquel il dépose son œuf, la forme d'une boule surmontée d'un court cylindre ; mais son instinct le conduit à fusionner les surfaces, à arrondir les angles, bref à façonner une poire de cet amas nourricier, c'est plus esthétique. Le patient observateur de ces particularités, J.-H. Fabre, nous raconte que l'idée lui est venue de mettre l'intelligence enfantine à l'épreuve sur la question de savoir laquelle de ces deux formes est la plus belle. « J'ai fait choix — dit-il — de bambins incultes dont l'aîné avait six ans. J'ai soumis à l'aréopage l'œuvre du scarabée (la poire) et une œuvre géométrique de mes doigts qui, sous le même volume, représentait la sphère surmontée d'un court cylindre. Les prenant chacun à part, comme à confesse, afin que l'opinion de l'un n'influât pas sur l'opinion de l'autre, je leur ai montré à l'improviste les deux joujoux, leur demandant quel était, à leur avis, le plus joli.

Ils étaient cinq : tous ont opiné pour la poire du scarabée. Le fruste petit paysan, qui ne sait pas encore se moucher, a déjà quelque sentiment de la gracieuseté des formes [1] ! »

Dans la danse et la mimique, les poses et les mouvements arrondis plaisent, ce qui est raide et anguleux déplaît.

Dans l'emploi des couleurs, il en est qui juxtaposées feraient une dissonance, il suffit qu'elles soient fusionnées dans une teinte de transition pour qu'elles puissent être en harmonie. Soit par exemple, le bleu d'azur et le jaune de chrôme, ces deux couleurs sont insociables; cependant, grâce à une étroite bande verte intermédiaire, elles se marient très bien; l'opposition est tombée et la diversité maintenue. Au lieu du mélange réel de ces deux couleurs dissonantes dans une teinte verte, on pourra se contenter d'une fusion optique. Imaginons deux pièces d'étoffe, l'une jaune serin, l'autre bleu ciel, le contraste est violent si ces deux pièces se joignent par une ligne droite, mais si la ligne de jonction est dentelée, les teintes opposées des dentelures se fondront optiquement et donneront comme une teinte de transition qui harmonisera les couleurs des deux pièces d'étoffe [2].

De tous les liens qui peuvent faire l'unité dans un ensemble, le plus commun, c'est le *lien de dépendance*, d'ailleurs assez varié. Il y a d'abord la dépendance *naturelle*, qui relie les membres au corps,

---

(1) J.-H. Fabre, *Souvenirs entomologiques*, 5ᵉ série, p. 43, 44.
(2) Voir notre *Répertoire chromatique*, p. 106.

les parties au tout, l'accessoire au principal. Cette dépendance se fait vivement sentir dans tous les êtres organisés, elle contribue grandement à leur beauté, et dès lors demande à être fortement exprimée dans les représentations artistiques de végétaux et d'animaux. L'unité organique s'accusera dans la figure d'un animal par l'orientation des muscles et par la puissance des attaches des membres, sans quoi l'œuvre est défectueuse.

Cette loi est si exigeante qu'elle s'impose en dehors des êtres animés, par exemple à la structure de nos meubles. Du moment qu'un dressoir, une table, un siège présentent une sorte d'organisation, qu'ils ont des pieds, des bras, etc., il faut, pour qu'ils nous plaisent esthétiquement, que les attaches et le galbe de ces soi-disant membres rappellent les jambes et les bras de l'homme. Pour fixer les idées, supposons un ameublement dans lequel les balustres figurent comme motif décoratif : il faudra poser ces balustres dans des sens différents, opposés même, selon le rôle du membre qu'ils ornent. Dans un pied de meuble, d'une table par exemple, la panse ou partie renflée du balustre sera en haut, vers l'assemblage qui relie le pied à la table; dans une galerie, la panse sera au contraire en bas, vers le support de cette galerie; ainsi la panse est toujours du côté du corps auquel le membre appartient (tout comme le gras du bras ou de la jambe est du côté du torse); conséquemment dans un fauteuil à balustres, ceux des bras sont placés en sens inverse de ceux des pieds; l'unité du meuble l'exige.

Ce même lien de dépendance naturelle, qui

rattache l'accessoire au principal, explique comment on peut voir harmonieusement associées deux couleurs, d'ailleurs les plus dissonantes, à la seule condition que l'une l'emporte beaucoup sur l'autre en étendue, ou en d'autres termes, que l'une ait un rôle dominant et l'autre un rôle accessoire. Par exemple, une passementerie et des lézardes vertes pourront faire très bel effet sur un fauteuil à fond rouge.

D'autres fois et plus souvent qu'on ne le suppose, la dépendance de la variété dans l'unité est *mathématique,* c'est-à-dire fixée par un rapport assez précis pour être formulé en nombre. Telle est en musique, la nature du lien harmonique dont nous avons parlé ci-dessus. Les nombres des vibrations des notes de la gamme naturelle *do, ré, mi, fa, sol, la, si, do,* sont entre eux comme 24 : 27 : 30 : 32 : 36 : 40 : 45 : 48; conséquemment les notes de l'accord parfait, évaluées par le nombre de leurs vibrations, sont entre elles comme 4 : 5 : 6 : 8.

De même en est-il en chromatique du lien qui fixe, dans le spectre, les couleurs dans leur ordre de succession : à chaque couleur correspond un nombre déterminé de vibrations.

Telles sont encore, dans une certaine mesure, les proportions typiques dont nous parlerons plus loin. Si, par exemple, dans la représentation artistique de l'homme, on s'écarte trop des rapports définis qui doivent relier toutes les parties du visage ou du corps humain, alors, comme disent les artistes, la figure n'est pas d'*ensemble,* l'unité y fait défaut, sans cette unité pas de beauté possible.

Reste la *dépendance logique,* lien de toute finalité,

de toute utilité. Ce lien échappe aux sens, ne se révèle qu'à l'intelligence ; c'est lui qui unit les moyens à la fin, lui qui réalise l'ordre de toute entreprise, l'ordonnance de tout ce qui est utile, et fait surgir la beauté, toutes les fois que cet ordre ou cette ordonnance resplendit.

C'est à ce lien logique qu'est dû l'enchaînement d'un discours, d'un poème, d'une pièce de théâtre. L'unité qui en résulte peut quelquefois suppléer à toutes les autres, c'est ce que l'on constate particulièrement dans les œuvres de Shakespeare. Voyez *Hamlet,* par exemple, « il y a dans toute la pièce un souffle puissant et même une progression, un développement de passions et d'événements qui, bien qu'irréguliers dans nos habitudes, prennent un caractère d'unité qui établit dans le souvenir celle de la pièce. Car, si cette qualité souveraine ne se trouvait pas..., ces pièces, avec leurs hors-d'œuvre, n'auraient pas mérité de conserver l'admiration des siècles. Il y a une logique secrète, un ordre inaperçu dans cet entassement de détails..., où l'on trouve des parties distinctes, des repos ménagés, et toujours la suite et la conséquence [1]. »

L'architecture ne saurait le plus souvent se passer de cette unité logique ; la peinture y trouve de très grands avantages, on peut le constater dans les compositions de Giotto, de Fra Angelico, de Raphaël, de Michel-Ange, etc. Arrêtons-nous aux œuvres d'un artiste plus moderne, aux tableaux du Poussin. Rien qui n'y concoure à l'unité du sujet et des impres-

---

(1) *Journal d'E. Delacroix,* 25 mars 1855, t. III, p. 17.

sions. Dans son *Éliezer et Rebecca,* pendant qu'à la fontaine Éliezer offre au nom de son maître des bijoux à Rebecca, des jeunes filles, venues pour chercher de l'eau, regardent la scène, comprennent et sourient. A l'extrémité du tableau se trouve un personnage qu'on dirait d'abord inutile, puisqu'il ne peut voir ce qui se passe. C'est une fillette, elle a devant elle un vase déjà trop plein que continue pourtant à remplir, d'un mouvement distrait, une grande compagne, trop occupée de la scène principale. La fillette s'amuse et rit de cette distraction, si bien que les yeux des spectateurs vont sûrement de la surprise rieuse de cet enfant à l'étourderie de la grande distraite, de la distraction à la curiosité, laquelle est suspendue à l'offre des bijoux. Toutes les lignes, tous les fils de la pensée aboutissent donc à ce nœud unique [1].

La splendeur suppose à la fois une grande variété et une unité non moins puissante pour réaliser le beau. Souvent un objet d'art n'est beau qu'à une certaine distance ; il perd à être perçu soit en deçà soit au delà, car alors l'unité n'y resplendit plus dans la variété, au même degré.

D'habitude, avec l'éloignement la variété diminue et l'unité augmente, les différences s'effacent ; réciproquement la variété peut augmenter avec le rapprochement et l'unité diminuer, car les différences

---

(1) C. Martha, *la Délicatesse de l'art,* p. 21.

s'accentuent tandis qu'il est plus difficile de saisir le lien de l'ensemble.

Le triomphe de l'art, c'est de savoir, comme la nature, offrir un spectacle toujours un et varié, de loin comme de près. Si j'examine une fleur, une feuille, je suis ravi de l'unité qu'elle me révèle dans la variété de sa coloration ou de sa structure; en m'éloignant, je ne suis pas moins charmé de la beauté que présente la prairie où j'ai cueilli la fleur ou l'arbre dont j'ai détaché la feuille; de plus loin encore, c'est le paysage tout entier qui m'enchante par sa poésie.

J. Ruskin admire comment le gothique se fait une règle d'établir entre ses ornements une loi hiérarchique, analogue à celle que la nature met partout, de subordonner les fines sculptures et les broderies de détail, destinées à être vues de près, à l'effet général des lignes de moulures, qui se distinguent à cinquante pas; comme ce second système de décoration est lui-même subordonné à la grande ordonnance des masses et des ombres, qui frappent l'œil à la distance d'un kilomètre [1].

---

(1) *Apud* Milsand, *Revue des Deux Mondes*, 1er juillet 1860, p. 201.

CHAPITRE III

Loi spécifique.

LE BEAU INTELLIGIBLE ET LE BEAU MORAL DEMANDENT A ÊTRE RECONNUS AUSSI BIEN QUE LE BEAU SENSIBLE.

Le beau étant la splendeur de l'ordre, il y a trois espèces de beau comme il y a trois sortes d'ordre. Il suffit de méconnaître soit le beau matériel, soit le beau intelligible, soit le beau moral pour s'égarer en esthétique et s'engager dans des impasses.

Tous les hommes ne perçoivent pas dans la même mesure ces trois espèces de beauté. Vu l'empire qu'a sur nous la vie des sens, la beauté matérielle, plastique surtout, est de beaucoup la plus connue; la conscience impose, jusqu'à un certain point, la beauté morale à l'estime, à l'admiration de tous et de ceux-là même qui ne savent pas la préserver en leur vie; reste la beauté intelligible, trop souvent inaperçue ou inappréciée. C'est elle surtout qui est exposée à être méconnue. C'est elle qui nous occupera particulièrement dans les pages qui vont suivre.

Sans l'intelligence claire et distincte de cette classe spéciale de beau, on sera dans l'impossibilité de comprendre et surtout d'apprécier en connaissance de cause les œuvres de la nature, de l'art et de la littérature. Constatons-le.

En principe, tous les êtres de la création doivent avoir leur beauté, puisque tous — œuvres du Divin Artiste — montrent un vestige, un reflet de sa souveraine beauté. Néanmoins, en fait, où trouver la beauté d'une punaise, d'un crapaud, d'un éléphant? Quiconque n'admet de beauté que dans l'ordre matériel ou moral sera fort embarrassé de répondre. Pour nous, nous dirons : l'insecte, le batracien, le pachyderme en question peuvent très bien ne pas avoir la beauté physique en partage, ils ont d'ailleurs une beauté intelligible indiscutable dans les merveilles de leur organisation et de leurs mœurs, dans la parfaite adaptation de tout leur être au rôle qui leur est dévolu.

Nous irons plus loin, au risque de passer pour paradoxal, nous dirons que les difformités accidentelles que présente çà et là la nature physique ont le plus souvent leur beauté intelligible. Un prédicateur venait, avec une grande chaleur, d'établir cette vérité que Dieu a bien fait toutes choses, quand, descendant de chaire, il est accosté par un de ses auditeurs, outrageusement bossu, qui lui dit : « Trouvez-vous donc que je sois si bien fait? » — « Mais sûrement, reprend le prédicateur, pour un bossu vous êtes parfait. » La réponse était plus topique que consolante. En supposant l'histoire vraie, si la circonstance en eût donné le temps, l'orateur aurait pu rappeler que la difformité physique est souvent très heureusement compensée par la supériorité intellectuelle. Néanmoins la réponse donnée n'était pas une défaite, car en réalité, une difformité physique peut offrir, au moins dans son origine et son développement, un sujet d'admirables études.

Dans la nature « tout est dans l'ordre, même les monstres, » a dit Leibnitz devançant son siècle. Aujourd'hui en effet, on connaît les lois qui président à l'apparition des monstres, dans les divers règnes de la nature. Cette science constitue la tératologie, partie importante de la physiologie générale. Isidore Geoffroy Saint-Hilaire a donné un traité de tératologie animale; Moquin-Tandon, de tératologie végétale, et Baudrimont de tératologie dans les corps cristallisés. Du moment que les monstres sont dans l'ordre, ils peuvent avoir leur beauté, mais c'est une beauté qui n'apparaît qu'à l'intelligence des connaisseurs. On dira d'un musée qu'il possède de fort belles collections tératologiques, c'est-à-dire, des collections ne renfermant que des monstres, et le mot « belles » sera employé au sens propre, car la vue de ces collections excitera l'admiration des hommes de science. S'il pouvait y avoir des types de laideur, un tel type bien réussi serait un beau type dans son espèce.

Il y a quelques années, atteint d'un mal horrible qui lui rongeait une partie du visage, un de mes amis va trouver le docteur P***. Celui-ci, à première vue, reconnaît un *lupus* des mieux caractérisés, tel qu'il n'en avait encore jamais rencontré dans sa carrière. Tout entier à l'impression de sa satisfaction, il ne peut la dissimuler, il regarde, il admire et ne sait retenir un cri d'enthousiasme : « Quel superbe *lupus!* » On peut juger de l'indignation du patient ! Quelque intempestive que fût l'exclamation du docteur, son admiration était réelle, le cas était pour lui des plus beaux à étudier et à traiter.

Th. Jouffroy a écrit : « L'âne et le porc ont des formes en même temps laides et propres à leur fin... De là que suit-il ? C'est que la difformité n'est pas la laideur. Le désaccord des formes avec le but produit la difformité sans produire la laideur et même en produisant la beauté; d'autre part, réciproquement l'accord des formes avec le but, c'est-à-dire, la convenance des moyens avec la fin, peut engendrer la laideur [1]. »

Que n'a-t-il distingué la beauté intelligible de la beauté matérielle, il eût compris et constaté ce fait si simple que la difformité matérielle venant de ce qui nous paraît une disproportion physique, peut coexister avec la beauté intelligible qui résulte de l'ordre logique, de la convenance des moyens avec la fin. Un porc médaillé à une exposition d'animaux gras sera souvent d'une laideur physique achevée en même temps qu'un fort bel animal aux yeux des connaisseurs, car ceux-ci considèrent avant tout le but poursuivi par l'éleveur.

Ce serait peut-être le lieu de revenir encore une

---

(1) Th. Jouffroy, *Cours d'esthétique*, 10ᵉ leçon, p. 87.

fois sur l'abime que plusieurs veulent voir entre le beau et l'utile, entre les points de vue opposés où se placent le laboureur et l'artiste lorsqu'ils contemplent la même campagne. L'abime, l'opposition n'est pas entre le beau et l'utile, mais entre le désintéressement admis dans l'artiste et l'intérêt matériel que l'on suppose en jeu dans la jouissance du laboureur. Cependant ce dernier aussi bien que l'artiste peut trouver cette campagne fort belle au sens propre du mot; en face d'une riche récolte, il peut admirer la splendeur du résultat obtenu, sans faire sur lui-même aucun retour intéressé ou égoïste. L'utile appartient à l'ordre intellectuel, il suffit que cet ordre éclate pour donner la vision du beau. Nous l'avons déjà fait remarquer, dans notre siècle, les découvertes scientifiques et leurs applications utilitaires se sont multipliées d'une façon prodigieuse. Non seulement nous profitons des ressources que nous offrent ces découvertes, mais leur connaissance même suffit à nous donner une jouissance esthétique, elles sont réellement belles. Mais de quelle beauté s'agit-il? Ce n'est ni la beauté plastique, ni la beauté morale, ici encore c'est la beauté intelligible qui me charme.

Une simple remarque relative à la littérature. Tout le monde connait ces vers de Boileau au premier livre de son *Lutrin*.

>La déesse en entrant qui voit la nappe mise,
>Admire un si bel ordre et reconnait l'Église.

Quel est cet ordre admiré par la déesse? Est-ce bien celui qu'offre une table dont le couvert, pour une seule personne, a été mis avec goût ? Non. Bien que le coup d'œil offert par cette petite table puisse avoir son agrément, il n'y a pas là de quoi captiver le regard de la déesse et valoir à ces vers leur célébrité ; d'autre part, l'auteur n'eût pas remplacé, comme il l'a fait dans les éditions publiées de son vivant, le mot « Église » par trois étoiles. Le malicieux poète nous représente le digne trésorier de la Sainte-Chapelle muni d'un déjeuner et dormant d'un léger somme en attendant le dîner. Déjà la table en est dressée, le couvert est mis. Cet ensemble de prévoyantes sollicitudes, dont est entouré et auxquelles se prête le chanoine, est en contraste risible avec la doctrine de l'Église dont il est dignitaire. Ce côté comique ne relève que du beau intelligible, et c'est ce bel ordre qui intéresse et charme déesse et lecteurs.

Passons à toute autre chose, aux arts, à la tour Eiffel ; qu'en penser au point de vue esthétique ? Le jour où, surmontée de la Croix du Sauveur, elle l'exaltera au-dessus de tous les édifices humains, elle aura sa beauté morale. Actuellement, il n'en est pas question, mais qui sait ce que l'avenir réserve ? Le Capitole de Rome n'a-t-il pas fini par arborer cette même Croix ? Tenons-nous-en au présent. Cette tour Eiffel est-elle vraiment belle ? On a dit qu'elle était trop large à sa base pour sa hauteur et trop haute pour sa maigreur ; qu'elle manque de proportion. « Ce n'est ni un édifice, — a-t-on écrit, — ni une tour, ni une pyramide, ni une colonne, ni une flèche ; ce n'est qu'un immense fût à jour, dressé sur ses quatre pieds démesurément ouverts, et surmonté d'un minuscule campanile. Le fût manque de proportion autant que de destination [1]. » Admettons-le, la tour Eiffel s'éloignait par sa forme et ses proportions de tous les types connus de construction, l'œil déconcerté ne pouvait y voir un chef-d'œuvre en tant qu'aspect. Au regard de l'intelligence, il en est tout autrement, cette tour répond à une destination déterminée ; il s'agissait de faire un clou pour l'exposition de 1889, dans une construction de trois cents mètres de hauteur. C'est peu de chose à côté du mont Blanc, soit ; mais c'est deux fois plus haut que les pyramides d'Égypte et que tout ce que les hommes ont jamais construit. Que les architectes du moyen âge aient résolu un problème plus difficile et surtout plus utile dans leurs cathédrales, longues de cent cinquante mètres, entièrement couvertes de voûtes sur une largeur de trente mètres, à une hauteur de quarante et même cinquante mètres, avec des appuis de murs aériens tant ils sont évidés, etc., ce n'est pas la question. Eiffel se proposait de faire une construction en fer, solide, légère, haute de trois cents mètres, il a pris ses mesures en conséquence. Un autre aurait pu montrer plus d'audace en n'élargissant pas la base jusqu'au tiers de la hauteur, en n'amincissant pas le fût jusqu'au vingt-cinquième de la base, si la tour eût gagné en hardiesse, elle aurait laissé plus d'inquiétude sur sa stabilité. Telle qu'elle est, la tour Eiffel a rempli sa destination, elle a été et elle est admirée. « La valeur même scientifique du plan,

---

(1) Arth. Loth, *l'Univers*, 1880.

dont la claire vue est réservée aux connaisseurs, n'échappe pas tout entière au vulgaire. Il la devine dans la forme générale de l'édifice largement arc-bouté au sol par sa base puissante, et ne présentant que des surfaces effilées dans les hauteurs, là où la force du vent sera multipliée par le bras agrandi du levier. Il y a plus, la courbe parabolique, toujours si gracieuse et si chère à l'œil, adoptée par les quatre montants d'angle, ne plaît tant que parce que notre esprit y sent inconsciemment une forme rationnelle..., imposée par des considérations abstraites de mécanique (1). » Nous sommes en face du beau intelligible dans sa vraie splendeur.

Venons-en à la sculpture, à la peinture. D'abord, en ce qui regarde les représentations symboliques ou allégoriques, impossible de les apprécier, si l'on ne sait reconnaître les beautés qui ne parlent qu'à l'intelligence. Mais cette difficulté se retrouve dans une foule d'autres œuvres artistiques, jusque dans les tableaux de genre.

« Il ne viendra à personne de chercher le plaisir des yeux dans l'aspect de vulgaires légumes, d'ustensiles de ménage, d'une scène grossière de cabaret. Cependant la peinture et la gravure abondent de pareils sujets. Souvent même l'artiste s'y attache. Il ira prendre de vulgaires ustensiles de ménage, il réunira en bouquet les fleurs communes que le jardinier arrache ; il représentera un groupe de ribauds attablés, le verre à la main, dans un infect cabaret. Et si ce peintre, ce graveur est un Rem-

---

(1) P. A. Bélanger, *Études*, 15 septembre 1896, p. 140.

brandt, un Van Ostade, un Téniers, un Chardin, un Callot, il arrivera que par un effet de l'art, ces asperges, ces casseroles, ces pissenlits, ces gueux, ces buveurs prendront un caractère esthétique, revêtiront un genre inattendu de beauté et provoqueront des sentiments tout contraires à ceux que la réalité eût fait naître. Quel est ce merveilleux effet [1] ? » Boileau le constate en ses vers :

> Du pinceau délicat l'artifice agréable,
> Du plus affreux objet fait un objet aimable...
> Il n'est pas de serpent, ni de monstre odieux
> Qui par l'art imité ne puisse plaire aux yeux.

C'est un fait, comment l'expliquer? Dirons-nous avec plusieurs à la suite de Bacon, que l'art « c'est l'homme s'ajoutant à la nature ? » « Que l'artiste n'exprime pas les choses, mais sa propre pensée en face des choses [2], » et fait goûter le plaisir qu'il y prend lui-même ? Sans nier ce qu'il y a de vrai dans ces assertions, nous croyons que dans le cas présent la véritable explication nous est donnée par le vieil Aristote. Dans ces œuvres d'art « ce qui plaît ce n'est pas précisément l'objet représenté, mais cette constatation intellectuelle, ce raisonnement inconscient que la ressemblance est vivante, parfaite, que c'est tout à fait cela [3]. » En d'autres termes, il s'agit du beau intelligible que fait surgir l'apparition de la ressemblance et de la vie.

Dans les arts et la littérature nous rencontrons

---

[1] Cf. Arth. Loth, l'Art, p. 264, 265.
[2] Alfr. Tonnellé, Fragments sur l'art, ch. II.
[3] Aristote, Rhétor., I, 11. — Alla sullogismos estin oti touto ekeino.

des *antinomies* que la distinction du beau intellectuel peut seule pleinement interpréter. Par exemple, Boileau nous dit de l'ode :

<blockquote>Chez elle un beau désordre est un effet de l'art [1].</blockquote>

Si le beau suppose essentiellement l'ordre, comment le désordre peut-il jamais être beau? Nous répondons. D'abord le mot désordre peut être employé dans un sens relatif, pour une absence de symétrie, alors que celle-ci est remplacée par un balancement, non moins satisfaisant pour l'œil et plus attrayant par son imprévu. C'est là la différence que présentent un jardin français et un jardin anglais également réussis. Mais supposons le désordre au sens absolu du mot, il ne pourra jamais être matériellement beau, néanmoins il pourra très bien l'être intellectuellement, du moment que ce désordre atteint une fin pour laquelle il a été calculé. Ainsi un certain désordre donne à l'ode d'exprimer plus vivement l'enthousiasme et la passion; le déficit de la beauté matérielle devient un élément de beauté intellectuelle.

Le cas se présente aussi dans les arts plastiques. Regardez l'*Hercule de Farnèse*, ses muscles si fortement prononcés font tort à sa beauté physique, mais la beauté intelligible, la puissance d'expression, résultat de cette exagération des formes, est une large compensation. L'*Hercule de Farnèse* est un chef-d'œuvre tout autant que l'*Apollon du Belvédère*, mais ils n'ont pas la même sorte de beauté.

---

[1] Boileau, *Art poétique*, II, 72.

CHAPITRE IV

Loi hiérarchique.

LA BEAUTE LA PLUS IMPORTANTE A UN ÊTRE QUELCONQUE EST LA BEAUTÉ SPÉCIALE CORRESPONDANTE AU RANG QU'IL OCCUPE DANS L'ÉCHELLE DES ÊTRES.

Au point de vue esthétique, tout être peut se présenter sous l'une des trois conditions suivantes : il est beau quand l'ordre y resplendit, il est laid quand le désordre y éclate, indifférent ou passable quand il n'y a en lui rien de saillant ni comme ordre ni comme désordre.

Supposons-le beau, sa beauté peut s'adresser davantage soit aux sens, soit à l'esprit, soit à la conscience morale. Les uns préfèrent la beauté purement plastique, d'autres l'expression de la pensée ou de la passion, chacun selon sa disposition et ses tendances subjectives. Laquelle de ces beautés est en soi la plus désirable à un être donné, laquelle la plus importante ?

Pour résoudre cette question, il suffit de nous rappeler ce que nous avons constaté au troisième livre : à mesure qu'un être est plus haut placé dans la série des existences, il est plus à même de revêtir une beauté d'espèce supérieure. Il y a gradation d'aptitude esthétique en même temps que gradation ontologique. Le minéral, le végétal, l'animal, l'homme forment une échelle ascendante. A chacun des degrés correspond une beauté supérieure à celles que peuvent avoir les degrés inférieurs. Cette beauté spéciale, seule à la hauteur de l'être en question, est le plus éclatant insigne de sa dignité ; toute autre beauté laisse place à la possibilité d'une dégradation. Donc cette beauté est la plus désirable, la plus importante.

L'expérience confirme journellement cette conclusion. Dans un arbre, l'aspect d'une vie luxuriante rachète facilement l'absence du pittoresque ; l'expression intelligente de la physionomie d'Ésope fait oublier la difformité de son physique. C'est que la beauté correspondante au degré ontologique est pour un arbre l'épanouissement de la vie, et pour l'homme l'éclat de l'intelligence. La présence de cette beauté spéciale compense très facilement l'absence d'une beauté de degré inférieur.

Quand dans un être, la beauté spéciale et supérieure dont il est capable vient à manquer, sans faire place à la laideur correspondante, l'expérience nous montre que la beauté d'ordre inférieur conserve sa valeur et supplée en partie au déficit. Un bel arbre, alors même que l'hiver l'a dépouillé de sa parure de feuillage et des signes de la vie, ne laisse pas que d'être un bel arbre; un lion superbe reste tel, même dans l'immobilité du sommeil; un corps humain inanimé, un cadavre peut être encore remarquablement beau.

Mais si la laideur prend la place de la beauté propre au degré ontologique, alors à nos yeux l'être est dégradé, et aucune beauté d'ordre inférieur ne saurait compenser cette déchéance. Quel que soit le développement superbe d'une vigne, si je découvre des chancres rongeant la tige, l'oïdium s'attaquant à ses feuilles et le phylloxera à ses racines, j'en détourne les regards; le plus bel épagneul cessera de plaire du jour où, aveugle et paralysé, il reste impuissant à témoigner aucun sentiment; la créature humaine, la plus privilégiée sous le rapport de la perfection plastique, inspirera de la répulsion du moment qu'elle se révélera idiote ou dépravée.

Nous pouvons donc en assurance formuler cette loi : la beauté la plus importante à un être quelconque, c'est celle qui correspond à son degré hiérarchique. Pour une plante, c'est la beauté qui résulte de la vie végétative; pour un animal, celle qui procède du mouvement et de la passion; pour l'homme, celle qui reflète l'intelligence et la vertu. Ces conclusions sommaires, nous allons les exposer avec quelques développements dans les pages suivantes, considérant successivement les exigences esthétiques de la vie, de l'intelligence et de la conscience. Chemin faisant, nous rencontrerons et résoudrons plusieurs questions intéressantes : notamment les incorrections voulues par les artistes, la valeur de l'expression, le plus ou moins d'indépendance de l'art en face de la morale.

La vie n'est pas seulement un bien, elle est une beauté. Victor Cousin en était tellement frappé qu'il écrivait : « Il n'y a pas de beauté sans la vie ! » En ce qui concerne les êtres vivants ou représentés comme tels, la proposition est soutenable. Un animal, un arbre même n'aura la plénitude de sa beauté qu'autant qu'il conservera au moins les apparences de la vie. Tout ce qui indiquerait en lui la mort, lui enlèverait la plupart de ses charmes. Si la mort dépare le végétal, elle enlaidit l'animal.

Ce qui manifeste la vie, ce qui, indépendamment du mouvement, distingue les êtres vivants des êtres inertes, c'est l'organisation; mais une organisation qui n'a rien de la structure rigide de la matière inerte, telle que nous la voyons soit dans les machines construites par l'homme, soit dans ses gisements naturels. Là elle se présente à nous tantôt amorphe, c'est-à-dire, sans forme déterminée; tantôt cristallisée, avec des formes géométriques. Les corps vivants tiennent le milieu entre ces deux conditions, d'une part ils ont des formes caractéristiques, et de l'autre ces formes n'ont pas de régularité mathématique. Dans chaque végétal, dans chaque animal, on reconnaît de suite un type spécifique, mais ce type n'est pas un moule rigide, c'est plutôt un modèle autour duquel les copies oscillent sans jamais s'en écarter beaucoup. Les artistes l'ont toujours compris. Les flores ont beau décrire la tige du frêne comme droite et cylindrique, celle du sequoïa comme conique; qualifier telle feuille d'orbiculaire, telle autre de trilobée, on ne voit jamais les artistes recourir à la règle ou au compas pour représenter ces arbres ou ces feuilles. Les paysagistes éviteront au contraire les lignes trop droites, les courbes trop régulières. Ils conserveront à chaque végétal sa physionomie typique sans oublier qu'il n'y a pas deux feuilles identiques sur un même arbre, deux individus en tout semblables dans une même espèce, c'est là une des caractéristiques de la vie végétative.

A plus forte raison, dans la représentation des animaux, regardera-t-on comme nécessaire à l'expression de la vie de donner une certaine latitude à la fantaisie dans les traits, la pose et les attitudes.

Que dis-je, quand il s'agit de l'homme, les grands artistes, non contents de varier les traits de la physionomie, les attitudes des corps et des membres, en viennent à des défauts voulus de symétrie jusque dans le visage. Des critiques à courte vue ont cru y reconnaître des incorrections de dessin, alors que ces légères irrégularités étaient un artifice calculé pour exprimer avec plus de vérité la vie et ses accidents, pour éviter plus sûrement la froideur géométrique des corps inanimés.. « On peut s'en rendre compte en examinant de près la célèbre *Vénus de Milo*, le chef-d'œuvre de la statuaire antique. Au premier aspect tout paraît d'une régularité absolue dans cette merveilleuse figure. En regardant bien, on constate que le profil droit et le profil gauche n'ont pas les mêmes proportions; qu'à part la bouche, les lèvres et le menton, tout le reste est irrégulier. Des mesures prises avec soin ont permis de le vérifier. Ainsi l'oreille gauche est plus haute que l'oreille droite ; la moitié gauche du crâne plus large que l'autre ; l'œil gauche est plus haut que l'œil droit et plus rapproché que celui-ci de la ligne médiane ; le nez n'est pas absolument droit ni pareil des deux côtés ; les yeux ne se ressemblent pas non plus entièrement. Cette savante dissemblance des parties correspondantes de la figure, dans la *Vénus de Milo*, c'est la vie, c'est la nature, et comme c'est la vérité, c'est aussi la beauté. Chez tous les individus en effet, les deux profils de la tête humaine présentent plus ou moins les mêmes irrégularités que l'on observe dans la célèbre statue [1]. » Il est probable qu'une étude attentive des plus beaux chefs-d'œuvre de la peinture révélerait de semblables défauts de symétrie.

Dans la nature, ces incorrections sont dues aux accidents de l'évolution de la vie soit de nutrition commune à tous les êtres vivants, soit de relation particulière aux animaux et à l'homme. Occupons-nous désormais de cette dernière.

La vie sensible ou animale est caractérisée par la possession des sens, la spontanéité des mouvements, par l'expression des passions, de la crainte, du désir, de la joie, de la colère, de l'amour, etc. « Elle est — dit W. Knight — une des plus radiantes expressions de la beauté [2]. » Elle est par là même la plus importante des conditions dans la représentation des ani-

---

[1] Arth. Loth, *l'Art*, p. 377, 378.
[2] W. Knight, *The Philosophy of the Beautiful*, t. II, p. 53.

maux. Il faut qu'ils nous soient montrés, sinon en mouvement, du moins alertes et disposés à se mouvoir ; sinon emportés par la passion, du moins manifestant qu'elle les anime. Jusque dans le repos, il faut qu'on les voie, qu'on les sente vivants, tout prêts à se révéler avec leur caractère spécial, leurs mœurs connues.

On ne se lasse pas d'admirer les tableaux de Rosa Bonheur, ses animaux sont vivants ! Chacun de ses chiens vous intéresse, vous captive différemment : celui-ci chasse à courre, nous nous attendons à voir bondir le chevreuil ; celui-là est en arrêt, il nous fait chercher des yeux la perdrix qui va partir ; cet autre vous regarde si affectueusement qu'on voudrait pouvoir le caresser. Ses moutons sont dociles et paisibles ; ses chèvres éveillées, capricieuses ; le taureau qu'elle nous montre à la tête du troupeau dit bien haut par son regard et son attitude qu'il ne supporte pas de rival ; le coq se redresse et se rengorge au milieu de ses poules occupées à fouiller le sol de la patte et du bec ; etc., etc.

C'est également par la vérité dans l'expression de la vie que les sculptures et les bronzes de Barye ont conquis une vraie célébrité. Qui pourra jamais rendre plus vivement la puissance et la colère du lion aux prises avec un serpent ; l'agilité et la rage de la panthère se jetant sur une gazelle ; l'aigle prenant son essor et l'ours sortant de sa bauge ? « Barye — dit Maxime du Camp — a cherché le mouvement, il l'a étudié dans la nature, il l'a rendu avec la plus éclatante vérité. » Au sujet du *Tigre dévorant un crocodile*, F. Lenormand écrit : « La vérité de ce groupe est telle qu'après l'avoir vu, on se sent poursuivi par une odeur de ménagerie. »

L'expression de la vie prend une tout autre importance quand il ne s'agit plus seulement de l'animal mais de l'homme, de cette vie humaine que dominent les facultés rationnelles, qu'anime une âme intelligente et libre.

La figure humaine ne peut être belle qu'autant qu'elle reflète l'âme sur le visage. Une physionomie spirituelle, n'offrît-elle que des traits irréguliers, a l'essentiel de la beauté humaine, elle sera belle de vivacité et d'intelligence. Au contraire, si cette irradiation de l'âme est absente, c'est en vain que les lignes seront correctes et régulières, l'essentiel manque à la beauté. Les journaux de modes offrent souvent des figures irréprochables, elles n'en sont pas moins d'une fadeur absolue à cause de leur insignifiance. A moins qu'on ne veuille nous montrer un cadavre, nous tenons à voir les traits humains transfigurés par la vie intellectuelle. La loi est la même pour les gestes et l'attitude que pour le visage, ils doivent traduire une pensée, un état d'âme, sans quoi ils sont niais et ridicules. Le beau ne saurait exister dans l'homme s'il n'y a pas une sorte d'équation entre l'expression des formes et les idées qui occupent l'esprit, les sentiments qui font battre le cœur. Les maîtres de l'art n'ont jamais perdu de vue cette nécessité, et quand ils ont représenté Homère, ils ont su compenser magnifiquement la cécité de ses yeux par l'expression du génie sur son front, de la poésie sur ses lèvres et de l'inspiration dans sa pose.

La puissance esthétique du reflet d'une âme est si grande, qu'il suffit de prêter à des êtres inférieurs et repoussants l'expression de l'intelligence et du sentiment pour nous intéresser à leur sort. Victor Hugo y compte si bien qu'il en vient à vouloir nous attendrir en faveur du hideux crapaud. Dans ce but, il nous le montre élevant vers le ciel un regard plein d'une douce résignation :

> Pleurez...
> Sur l'effrayant crapaud, pauvre monstre aux doux yeux
> Qui regarde toujours le ciel mystérieux [1].

Comment ne ressentirions-nous pas un peu de sympathie compatissante ?

Revenons à l'homme ; du moment que l'art le prend pour objet, il doit faire converger toutes ses ressources vers le rayonnement de l'âme. Cette expression néanmoins, pour avoir toute sa valeur, doit rester vraie, car si elle est exagérée, le désordre de cet excès est au détriment de la beauté. On évitera donc l'admiration poussée jusqu'à l'ébahissement, la crainte jusqu'à l'épouvante, les passions humaines se traduisant par des convulsions animales. L'exubérance, la violence de l'expression pourra peut-être saisir la foule, mais elle n'aura rien de cette efficacité pénétrante et soutenue qui est le propre des grandes beautés auxquelles le temps ne peut enlever aucun prestige.

---

(1) Victor Hugo, *Contemplations*, l. VI, 26. *Apud* G. Longhaye, *Théorie des belles-lettres*, p. 123.

Cette expression demande à être contenue ; même en restant vraie, elle gagne à ne pas se livrer tout entière, alors elle est plus profonde et plus puissante. L'explosion d'une force l'épuise, car elle a produit son effet. Telle œuvre d'art vous a étonné, vous avez cru qu'elle vous remuerait..., bientôt vous vous y êtes fait comme les oiseaux à un homme de paille.

Enfin il est important que cette expression soit mesurée de manière à maintenir la pureté des lignes. L'art antique a su rendre la douleur belle et reconnaissable. Dans les Niobé, dans les Laocoon, cette douleur va jusqu'au plus profond désespoir ; mais elle est balancée par un admirable sentiment de la dignité humaine. Le don de la mesure dans l'expression est peut-être celui qui assure le mieux à Raphaël une prééminence incontestable sur ses rivaux [1].

Au-dessus de la vie intellectuelle règne, en droit sinon toujours en fait, la vie morale, la pratique du bien, la vertu. Son expression communique au visage humain une beauté fort supérieure à celle que lui donne le reflet de l'intelligence. Nous l'avons constaté [2]. Est-ce à dire qu'une œuvre artistique sera d'autant plus belle qu'elle procédera d'une inspiration plus vertueuse ? Assurément non. En

---

(1) Cf. de Grimoüard de Saint-Laurent, *Manuel de l'art chrétien*, II, 228.
(2) Livre III, chap. IV et suiv.

matière d'art, les intentions ne sont rien sans l'exécution. Tel tableau religieux, telle statue pieuse n'est qu'un aveu d'impuissance. Mais il faut le maintenir, même en supposant les connaissances techniques jointes au talent, il restera toujours que, la vertu étant l'honneur de l'humanité, l'artiste ne peut en faire abstraction quand il représente l'homme, sans le faire déchoir et déchoir lui-même.

Avec leur *s exquis du beau, les Grecs ont uni de la faço. plus intime le bien et le beau. Leur langue en porte témoignage, dans le *Kalokagathon*, elle associe les deux idées du beau et du vertueux. Socrate, Platon, Aristote, Plotin, tous les anciens ont toujours soutenu cette union du beau et du bien, de la beauté et de la vertu [1]. Cicéron les déclare inséparables [2]. L'esthétique moderne a été bien mal inspirée, quand elle a pris pour base le divorce ou du moins la possibilité du divorce entre la beauté et la vertu, et qu'elle a proclamé plus ou moins ouvertement *l'indépendance de l'art*.

« Ce mot seul irrite Ruskin, l'offusque comme un mensonge, un défi, une hypocrisie ou le rire d'un crétin. De quelle liberté veut-on parler, de quelle indépendance et envers qui? Envers les lois éternelles?

« Tout obéit dans la nature..., seulement un rocher énorme suit la loi de la gravitation plus docilement qu'une misérable plume qui fera mille façons avant de tomber à terre... La doctrine des libé-

---

[1] Voir Ch. Bénard, *l'Esthétique d'Aristote*, p. 22, 23.
[2] Decori ea vis est, ut ab honesto non possit separari. — Cicero, *De officiis*, I.

raux est que la liberté est une chose bonne pour l'homme, quel que soit l'usage qu'il en puisse faire. Folie insondable, impossible à considérer en face. Enverrez-vous votre enfant dans une chambre dont la table sera couverte de vins délicieux et de fruits, les uns empoisonnés et les autres sains? Lui direz-vous : Choisis librement, mon enfant ! Il est si bon pour toi d'avoir la liberté du choix, cela forme ton caractère, ton individualité. Si tu prends la coupe empoisonnée ou les fraises empoisonnées, tu seras mort avant la fin du jour, mais tu auras acquis la dignité d'enfant libre [1]. »

Non, l'art n'est pas et ne peut pas être indépendant de la morale, car celle-ci est une reine qui domine et mesure toute activité humaine. Artiste ou non, l'homme n'a qu'une conscience.

Vouloir séparer l'art de la morale, c'est vouloir le découronnement et la ruine de l'art. En effet, le beau, qu'est-ce? C'est la splendeur de l'ordre; le beau moral ou la splendeur de la vertu l'emporte sur tout autre, donc en priver l'art, c'est le découronner. Le laid, qu'est-ce? C'est le désordre; le laid moral ou le désordre du péché est la plus repoussante des laideurs pour une âme droite; donc l'art qui viole la moralité se ruine et se suicide. Le désordre fait tache au moral comme au physique, avec cette différence que l'ordre moral étant le plus élevé, la tache morale est la plus profonde.

Parmi les genres artistiques, compter l'impie et l'immoral, c'est admettre le genre laid et repoussant;

---

[1] *Apud* Robert de la Sizeranne, *Ruskin*, I, p. 320.

c'est provoquer le dégoût des âmes honnêtes. Toute œuvre qui outrage la morale ne pourra jamais être trouvée belle et goûtée comme telle, sinon par des hommes en qui le sens moral est plus ou moins oblitéré. De tels hommes sont dégradés, ils ne peuvent faire loi.

Quand l'impiété ou l'immoralité se trouvent associées au beau plastique ou au beau littéraire, ces beautés de forme deviennent d'autant plus dangereuses qu'elles sont plus séduisantes. C'est la rencontre d'un serpent aux couleurs chatoyantes et au venin mortel. Il y a là une sorte de trahison, de perfidie, car un secret instinct nous porte à voir dans la beauté le signe naturel de la bonté.

On peut même douter que la neutralité morale soit possible pour l'art. En effet, toute œuvre d'art agit sur l'âme d'une façon ou de l'autre, utile ou nuisible à son élévation, conforme ou non à sa destinée [1]. Cette œuvre peut faire naître diverses impressions, c'est surtout la dernière, celle qui reste, qui survit, que l'on emporte, c'est celle-là qui immédiatement ou médiatement exerce une influence salutaire ou ruineuse.

Le véritable artiste, directement ou indirectement, doit toujours tendre au bien à travers le beau, viser finalement au beau moral, à la splendeur du bien. Si Dieu lui a donné du talent, c'est afin qu'il exploite ce talent à la gloire de son Divin Maître.

J.-F. Millet l'avait compris et il écrivait : « L'habileté de la facture doit être employée par le peintre

---

(1) Cf. G. Longhaye, *Théorie des belles-lettres*, liv. I, chap. IV, 3.

en vue d'accomplir le bien[1]. » La beauté plastique et intelligible ne doit être qu'un moyen d'atteindre la beauté morale.

Faut-il donc que l'artiste ne représente jamais que la vertu? Nullement; mais s'il représente le vice, il doit laisser dans l'ombre le plus possible le côté séduisant du vice, et au contraire mettre en évidence le côté répugnant. Une pensée belle, bonne et sainte peut ressortir de la représentation d'une chose qui ne l'est pas; l'artiste peut en inspirer l'horreur, ou l'éclairer d'une lueur d'espérance et de retour; il peut faire ressortir ce qui s'en suivra, ou un salutaire remords ou une punition exemplaire. Il peut exprimer sur la figure d'un spectateur ce qu'il veut que l'on pense d'une action, et, par l'expression de ceux qui s'en rendent coupables (si elle est mauvaise), inspirer des sentiments contraires. Toute composition artistique, fût-ce un paysage, une représentation d'intérieur plus que modeste, est susceptible de manifester une pensée, un sentiment; qu'il y ait toujours ordre, vertu, noblesse, enseignement ou impression salutaire.

Les artistes grecs, guidés par la délicatesse de leur sens esthétique, ont cherché la suprême beauté dans l'expression de la mesure, de l'apaisement des passions. Ce calme répond à l'idéal de la vertu païenne qui consistait à modérer ses passions de

---

[1] J.-F. Millet, *Lettre à Th. Pelloquet*, apud J. Claretie.

manière à ne compromettre ni sa santé, ni sa dignité, ni le succès de son rôle.

La sérénité de la vertu chrétienne va beaucoup plus haut, elle est le reflet de la victoire, de la paix intérieure, de l'union avec Dieu, dans le triomphe de la grâce sur la nature, dans l'affranchissement de toute tendance dégradante, et la correspondance à toute inspiration d'en haut.

En rendant cette sérénité divine, l'artiste s'élève à une incomparable supériorité d'expression. « Les sculpteurs chrétiens aperçurent bientôt dans les vêtements une capacité d'expression que les Grecs avaient ignorée... Du haut des formes humaines, ils le firent tomber d'aplomb, balayant lourdement le sol et cachant les pieds, tandis que la draperie grecque s'envolait souvent à partir de la cuisse. Les vêtements monacaux, en étoffes épaisses et massives, remplaçaient la gaze légère des vêtements antiques. La draperie en vint graduellement à représenter un repos saint et sévère ; le vent n'avait pas de prise sur le vêtement, pas plus que la passion sur l'âme [1]. »

Parmi les peintres, Fra Angelico ne s'élève si haut que parce qu'il est avant tout l'interprète du sentiment chrétien et de la beauté que communique la sainteté. Pérugin, puis Raphaël empruntèrent à l'art antique un sentiment plus ample de la forme, tout en conservant l'inspiration chrétienne, au moins dans leurs sujets religieux. « La femme de

---

(1) Ruskin, *The Seven Lamps of Archit.*, chap. IV, *apud* Robert de la Sizeranne.

Titien, de Corrège, de Léonard de Vinci est éblouissante, mais d'un éclat sensuel et l'on prévoit, en la contemplant, que cette beauté finira... La femme de Raphaël n'est pas moins vivante, mais elle a de plus cette grâce chrétienne de la pureté sans laquelle la beauté n'a pas de rayonnement et qui elle-même est une beauté à l'abri de la flétrissure et des rides [1]. »

Notre Ingres disait : « Toutes les religieuses paraissent belles, et je suis sûr par expérience qu'il n'y a point d'ornement artificiel ou de parure étudiée qui puisse causer moitié de l'impression que produit le simple et modeste habit d'une religieuse ou d'un moine. J'ai souvent aussi remarqué, j'ai souvent admiré, dans les églises, les sentiments d'affection et d'amour qui animent les visages des personnes pieuses... Quelles ressources pour l'art que l'étude et l'imitation de ces dehors de la paix et de la sérénité intérieures ! Il y a là..., au point de vue du beau, un admirable spectacle à offrir aux regards [2]. »

Chez les imagiers du treizième siècle, cette recherche de l'idéal spirituel, cette poursuite de l'expression de la sainteté rachètent le plus souvent les imperfections de l'exécution. Tandis que de nos

---

(1) Ém. Ollivier, *Michel-Ange*, p. 40. — J. Proudhon n'est pas moins affirmatif : « Malgré tout ce qu'on a dit, je n'ai pas trouvé que la Vierge et les saintes de Raphaël eussent rien de commun avec les Vénus... Ces belles saintes avec leur expression chrétienne, me paraissent assurément plus belles à moi (toutes vêtues qu'elles sont) que les déesses impassibles des Grecs... bien que nues. » *Du Principe de l'art*, p. 75.

(2) *Notes et pensées* d'Ingres, p. 128.

jours la tendance réaliste, l'absence de sens chrétien déprécient les plus savantes factures artistiques.

Citons par exemple le *Christ en croix* de Munkaczy. « Le sujet est étudié à fond..., l'auteur s'est nourri d'archéologie juive et romaine, il a uni le pittoresque à l'exactitude ; la scène qu'il a représentée est pleine de mouvement et d'intérêt. Néanmoins tout cela n'est qu'un accessoire à côté des sentiments dont la foi et la piété chrétienne veulent trouver l'expression, dans toute figure du crucifiement du Dieu fait homme. »

De même, « si l'on tient compte exclusivement de la couleur locale dans les scènes de l'Évangile, on trouvera que le Christ de M. J. Tissot, dans la série de tableaux si pittoresques par lesquels il a illustré le récit sacré, est plus vrai et partant plus beau que le Christ de Giotto et de Fra Angelico. Mais si l'on tient compte de l'expression et du sentiment, on se convaincra qu'il y a moins de vérité et par suite de beauté dans les représentations du peintre moderne que dans celles des peintres du quatorzième siècle. Ces derniers ont cherché la vérité de la pensée et du sentiment plus que la vérité matérielle ; ils sentaient qu'en vertu même de la divinité de Jésus, les hommes et les choses autour de lui se transfiguraient pour nos cœurs et que la meilleure manière de peindre les scènes de l'Évangile est de les rendre aussi expressives que possible [1]. »

Cependant Giotto et Fra Angelico ne sont pas sans émules parmi les modernes. Qu'il suffise de nommer

---

(1) Arth. Loth, *l'Art*, p. 370-372.

Flandrin, Ary Scheffer, C. Müller, Overbeck, V. Orsel, Steinlé, Führich, H. Hoffmann, etc. En ce qui concerne V. Orsel, entendons le témoignage peu suspect de Théoph. Gautier : « Le but que voulait Orsel, c'était l'expression morale... Il pensait en pur chrétien que le sentiment primait la forme, et il s'occupa de la partie psychique de la peinture avant de songer à la partie plastique... Néanmoins, comme l'idée doit avoir pour vêtement la beauté, V. Orsel resta dans de longues contemplations devant les stanzes et les loges du Vatican, pour élever son style et surprendre les secrets de la forme assurée et complète [1]. »

---

[1] Théoph. Gautier, *les Beaux-Arts en Europe*, t. II, p. 249, 250.

CHAPITRE V

Loi typique.

LA BEAUTÉ D'UN OBJET, D'UN ÊTRE QUELCONQUE, DEMANDE QU'IL SOIT CONFORME A SON TYPE DÉFINI ET QU'IL APPROCHE DE SON TYPE IDÉAL.

L'exposé de cette loi est intimement lié à la question fort débattue de *l'idéal;* le mot lui-même est employé par les auteurs, sous des acceptions très diverses. Pour éviter toute confusion, précisons d'abord ce que nous entendons par « type » et par « idéal ». Ces deux mots signifient *modèle* et se prennent souvent l'un pour l'autre; il y a cependant cette différence que le mot « idéal » est le seul à désigner exclusivement un modèle intérieur. Afin d'être plus clair, nous nous servons de l'expression *type idéal* pour dénommer le modèle vu ou entrevu par la pensée, en opposition avec le *type défini* plus ou moins réalisé en fait.

Commençons par résoudre la question du type idéal, alors la nature et le rôle du type défini n'offriront aucune difficulté. Avant tout, y a-t-il un type idéal, un type intérieur à notre âme nous servant à juger du beau?

Les artistes réalistes le rejettent absolument. Écoutons-les en la personne de leur chef, au congrès d'Anvers : « Le fond du réalisme, c'est la négation de l'idéal et de tout ce qui s'en suit; et c'est par là que l'on arrive en plein à l'émancipation de la raison, à l'émancipation de l'individu, et finalement de la démocratie [1]. » Pareille déclaration manifeste une telle absence de logique, un tel égarement d'esprit, qu'elle dispense de toute discussion. Aussi, quand le même G. Courbet dit que « l'idéal est une balançoire, » M. Jules Claretie se contente de lui répondre : « C'est un viatique pour la postérité [2]. »

Il est des adversaires moins radicaux et plus sérieux. Ce qu'ils attaquent, c'est moins l'existence du type idéal que la façon dont l'entendent certains auteurs. D'après Platon, Cicéron et l'école d'Alexandrie, ce type idéal serait inné dans l'homme, inhérent à l'âme humaine [3]. C'est une sorte de réminiscence divine, au concept de laquelle on s'élève par le seul effort de la pensée. Cette manière de voir compte encore des partisans. « Il y a dans

---

(1) G. Courbet, *Courrier du Dimanche*, 1er septembre 1861. Apud E. Chesneau.
(2) J. Claretie, *Peintres et sculpteurs*, 1re série, p. 264.
(3) Insidet animæ species quædam pulchritudinis. — Cicero.

notre intelligence, — dit M. Félix Clément, — comme un souvenir du beau; sans cette image idéale qui est en nous, les chefs-d'œuvre ne triompheraient pas de notre indifférence [1]. » « L'idée du beau — écrit Ch. Blanc — est sans doute une secrète réminiscence de la grâce primitive du genre humain [2]. »

M. É. Rabier s'élève fort contre cette théorie et trouve qu'elle ne supporte pas l'examen : « Si cet idéal existe, — dit-il, — s'il est assez nettement conçu pour servir de règle et de modèle, qu'on le décrive, qu'on le définisse... S'il est unique, comment pourra-t-il s'appliquer à la beauté des sons, à la beauté des formes, à la beauté des couleurs, etc.? Qui de nous pourrait dire en quoi consiste le type de la belle symphonie, du bel adagio, etc.? De plus, si ces modèles existent tout formés dans l'imagination et s'ils servent de règle à l'artiste, d'où viennent ses efforts, ses hésitations, ses tâtonnements? Enfin, si le beau, dans les œuvres d'art, consistait dans la conformité avec un modèle préconçu, le beau artistique serait pour ainsi dire connu d'avance, et par là serait supprimée l'admiration [3]. » Sauf quelques réserves de détail, cette critique n'est pas sans fondement.

A l'opposé de Platon et de ses disciples, une autre école, non moins ancienne, veut que le type idéal soit le fruit exclusif de l'expérience et qu'il s'obtienne

---

(1) Félix Clément, *Histoire des beaux-arts*, p. 3.
(2) Ch. Blanc, *Grammaire des arts du dessin*, 8ᵉ édit., p. 7.
(3) É. Rabier, *Psychologie*, 6ᵉ édit., p. 242-244.

en comparant les plus beaux spécimens et en empruntant à chacun d'eux leurs parties les plus parfaites pour en composer le type cherché.

C'est ainsi, raconte Pline, que le célèbre Zeuxis, appelé par la ville d'Agrigente pour décorer un temple par la représentation d'Hélène, en forma le portrait en réunissant les beautés éparses des cinq plus belles jeunes filles qu'on put lui présenter, et réalisa, dit-on, un chef-d'œuvre incomparable. Mais — observe très justement Ch. Blanc [2] — comment Zeuxis aurait-il choisi la bouche de celle-ci, la main de celle-là, le pied d'une autre, s'il n'avait été dirigé dans son choix par une lumière intérieure, une idée préconçue de la beauté? Qui ne sent du reste que le rapprochement de parties séparément belles pourrait former un tout monstrueux, si l'artiste ne portait en lui le sentiment du lien qui doit les unir et en constituer l'harmonie? Associera-t-il la chevelure dorée d'une blonde avec les yeux d'ébène d'une brune? Le grand point n'est pas de choisir, mais de combiner heureusement, mais de réaliser l'unité d'un tout harmonieux. Comment poursuivre cette harmonie sans en avoir le type intérieur?

Assurément il y a dans l'âme humaine un certain idéal de la beauté, car les plus grands artistes, en face de leurs plus beaux chefs-d'œuvre, se plaignent de n'avoir pas su rendre mieux leur idéal. Michel-Ange était tellement épris de la poursuite de ce type intérieur de beauté que cet amour lui suffisait. « Ma femme, — écrivait-il à Vasari, — c'est cet art qui

---

(1) Ch. Blanc, *Grammaire des arts du dessin*, p. 7, 8.

me passionne, mes fils seront les œuvres que je laisserai. »

Ce type idéal du beau ne peut être ni purement inné, ni uniquement acquis, il est nécessairement partie inné et partie acquis. C'est ce que démontrent les témoignages des artistes, la réflexion et l'expérience. Raphaël écrivait à Castiglione : Pour peindre une belle personne, j'aurais besoin de voir plusieurs belles personnes en compagnie d'un juge éclairé qui m'aidât à choisir en chacune d'elles ce qu'il y a de mieux, mais y ayant disette de belles personnes et de juges éclairés, je me sers d'un certain type que j'ai en moi. (Io mi servo d'una certa idea che mi viene alla mente [1].) On le voit, si bien doué que fût Sanzio, il trouvait profit à l'étude des modèles ; quand ceux-ci lui faisaient défaut, il se contentait du type idéal déjà formé en lui, à la fois par la richesse de sa nature et par ses études antérieures.

De même, Guido Reni, lors de l'envoi de son *Saint Michel* pour l'église des Capucins de Rome, écrivant à Massano, lui disait : « Incapable de monter assez haut pour contempler l'Archange, j'ai été contraint de me replier en moi-même, sur l'idéal de beauté que je me suis formé dans mon imagination [2]. »

Quand Phidias travaillait son *Jupiter* ou sa *Minerve* [3], — c'est Cicéron qui l'affirme, — il n'avait aucun modèle devant lui ; il avait en son âme une

---

[1] Raphaël, *Lettre à Castiglione* au sujet de Galatée.
[2] *Apud* W. Knight, *Philosophy of the Beautiful*, t. I, p. 145.
[3] Cicero, *De oratore*.

beauté idéale dont la vision constante guidait ses mains dans l'exécution de ces chefs-d'œuvre. Oui, je le veux, mais il faut ajouter que Phidias s'était auparavant longtemps exercé dans l'étude des modèles.

Analysons donc la formation du type idéal dans l'âme humaine.

La partie innée de ce type n'est guère autre chose que l'ordre merveilleux qui règne dans la constitution même de notre âme et de ses facultés. Si nous nous rappelons que le beau c'est l'ordre resplendissant, nous comprendrons comment l'ordre psychique qui est en nous, nous apparente avec le beau, nous rend capables d'en recevoir l'impression et nous sert en quelque sorte de *calibre* pour en juger la valeur; nous verrons comment l'ordre constitutif de notre âme et en particulier de notre intelligence est en nous le rudiment naturel du type idéal. Cette partie innée variera nécessairement d'un individu à l'autre, dans la même mesure que l'intelligence, l'imagination, la sensibilité.

La partie acquise du type idéal résulte de la culture esthétique de ces mêmes facultés. La connaissance, l'étude successive de belles choses, affine l'intelligence du beau, épure le jugement, enrichit et stimule l'imagination. Un moment arrive où nous voyons des imperfections, des lacunes, des *desiderata* dans la plupart des beautés que nous rencontrons[1]. Aidée de l'imagination, la raison corrige,

---

[1] Les tendances esthétiques de la nature sont constamment plus ou moins contrecarrées. La beauté y lutte pour sa réalisation, mais elle est loin de triompher toujours en raison du conflit des influences. — W. Knight, *Philosophy of the Beautiful*, II, 49.

retranche, ajoute. Elle cherche une beauté supérieure, plus complète, l'imagination la lui montre en perspective. La beauté ainsi entrevue l'emporte sur la beauté réalisée, le type idéal se constitue, mais pour se perfectionner toujours davantage. On sent en soi des aspirations de plus en plus ardentes pour un mieux qui ravit et recule sans cesse. Comme l'a très bien dit V. Cousin : « Le dernier terme de cet idéal est dans l'infini ; l'idéal absolu n'est autre que Dieu lui-même [1]. »

Ainsi, dans son concept complet, le type idéal ne saurait être fixé par des limites. Il renferme néanmoins des éléments parfaitement déterminés qui constituent le type défini dont nous allons désormais nous occuper.

Le type défini d'un être, c'est l'ensemble des caractères particuliers et positifs, essentiels à la beauté de cet être ; par « positifs » nous entendons appuyés sur des faits.

Les types définis nous sont offerts par la nature ou par la tradition artistique. C'est la nature qui nous fournit le type de toutes les espèces minérales, végétales ou animales ; c'est la tradition de l'art humain qui fixe le type de telle ou telle sorte de poésie, de construction architecturale, de composition musicale, de représentation historique, religieuse ou mythologique.

Bien que chaque individu soit un type défini par

---

[1] Voir ci-dessus, liv. III, chap. I.

rapport à toutes les copies ou images qu'on peut en faire, en général les types définis représentent des êtres collectifs : il y a des types spécifiques, des types génériques, correspondants aux divers groupes d'une classification. Les caractères seront d'autant moins nombreux que le groupe sera plus compréhensif, ils se multiplieront à mesure que la spécification approchera de l'individu.

Prenons l'homme pour exemple. Le type humain est l'ensemble des proportions physiques et des traits expressifs essentiels à la beauté humaine; l'ensemble des dimensions relatives de la tête, du tronc et des membres; des yeux, du nez, de la bouche, etc., suivant l'âge et le sexe. Il y a donc un type défini de l'homme et de la femme, dans l'enfance, l'adolescence, l'âge mûr et la vieillesse. On peut dire que le type humain, à l'âge parfait, est l'état d'équilibre stable autour duquel oscillent toutes les variétés de l'espèce humaine et auquel elles tendent à revenir toutes les fois que cessent d'agir les causes qui les en ont écartées. Le type européen ajoute aux caractères du type humain ceux qui spécifient la race blanche et la séparent des races noires, jaunes ou rouges.

La difficulté, dira-t-on, c'est, au milieu des races et des variétés de l'espèce humaine, de savoir reconnaître celle qui représente le mieux la forme d'équilibre typique, celle qui s'en écarte moins que les autres. Pourquoi voir le type de la beauté humaine en Italie, en Circassie plutôt qu'au pays des Hottentots? Pourquoi la Vénus de Milo serait-elle en soi supérieure à la Vénus hottentote? Avec nos idées européennes, nous trouvons la couleur de la race blanche plus belle que celle des Nègres et des Cafres, mais les naturels de l'Afrique équatoriale préfèrent le teint noir ou chocolat.

Qui a raison ? On peut facilement s'en rendre compte en se rappelant certains principes qui dominent la question.

L'ordre logique veut que les fonctions d'un être vivant soient établies en vue de sa destinée et ses organes en vue de ses fonctions [1]; la raison nous le dit, et chaque nouveau progrès dans l'étude des règnes organiques nous prouve qu'il en est ainsi. La nature se révèle à nos yeux souverainement économe dans la constitution des êtres vivants, elle donne aux organes ce qu'exige leur fonction, ni plus ni moins, sans rien dépenser de trop ni en volume, ni en matière, ni en force. Cette sage dispensation resplendit à nos intelligences et devient la source et à la fois le caractère de la beauté plastique. « Dans un organisme vivant — a dit F. de Lamennais — les parties les plus belles sont en même temps les mieux appropriées à leurs fonctions [2]. » Quintilien affirmait déjà que « jamais (dans la nature) la beauté n'est séparée de l'utilité [3]. » Nous pouvons donc conclure avec assurance qu'un beau corps humain n'est pas, comme le

---

(1) Si tel animal nous déplaît, c'est que nous nous trompons sur le rôle qu'il est appelé à remplir. Il est clair que lui supposant une fin analogue à la nôtre, en voyant ses facultés, sa physionomie si disproportionnées avec une fin si noble, il sera justement pour nous un objet de répugnance et de mépris.

(2) F. de Lamennais, *de l'Art et du beau*, ch. I.

(3) F. Quintilien, *Institutions oratoires*.

veulent, dit-on, les Chinois et les Canaques, celui qui offre le plus d'embonpoint, mais bien celui dont la structure et la physionomie sont le mieux adaptées à l'exercice et à la manifestation des facultés rationnelles qui font de l'homme le roi et le pontife de la création. Son front, abri de ses pensées, sera grand et large ; ses yeux, miroirs de l'âme, en révéleront à volonté les secrètes émotions ; la bouche, relativement petite, apparaîtra surtout comme l'organe de la parole, et les lèvres, finement modelées, seront assez délicates pour exprimer toutes les nuances possibles du sentiment.

Le Hottentot a le front étroit et bombé, la bouche grande, les lèvres épaisses et retroussées, ce sont autant de formes dégradées qui le rapprochent des animaux. Dès lors, il n'y a pas d'hésitation possible entre ce type et le type grec. Quant à la couleur, il est bien évident que la noire est un voile sous lequel disparaissent en grande partie les modifications et le jeu des physionomies. Sous ce rapport encore, au point de vue esthétique, la couleur blanche des Européens l'emporte sur le teint foncé des Nègres ou des Cafres [1]. Donc les traditions de la Grèce sur la beauté humaine ne sont pas l'effet d'un préjugé de race, elles sont pleinement fondées en raison.

Chaque race, chaque tribu humaine forme au sein du genre humain autant de types spécifiques qu'accentuent les influences du climat, du régime, etc. La division ne s'arrête pas là. La diversité des

---

[1] Cf. Arth. Loth, *l'Art*, p. 201, 202.

occupations et des situations dans l'existence suffit souvent à faire surgir des types particuliers à telle ou telle profession. On aura celui du magistrat, du prêtre, du soldat; du chasseur et du pêcheur, du moissonneur et du vendangeur, et chacun de ces types a ses traits caractéristiques.

Enfin, « s'il y a dans toute physionomie quelque chose de mobile qui dépend des circonstances et des impressions du moment, il y a aussi en chacun de nous un fonds de caractère et de dispositions, auquel correspond ce qu'il y a de fixe dans la conformation et l'expression de notre visage et de toute notre personne. Ce fonds immobile sur lequel vient se mettre en scène tout ce qui se passe et s'exprime, d'une manière plus ou moins accidentelle et fugitive, est ce qui constitue le type personnel [1]. »

Ce que nous venons de dire par rapport à l'homme des types respectifs de l'espèce, des races, des variétés et de l'individu, s'applique, proportion gardée, à tous les êtres vivants. Il y a un type spécifique du cheval et un type spécial pour chacune des races percheronne, limousine, landaise, etc. Il y a le type chêne et le type saule avec leurs caractères génériques, puis les types chêne rouvre, chêne yeuse, chêne liège, etc.; saule blanc, saule osier, saule marceau, saule pleureur, etc., avec leurs traits distinctifs.

Tous les types définis que nous venons de passer en revue, nous sont fournis par la nature, aidée

---

[1] De Grimoüard de Saint-Laurent, *Manuel de l'art chrétien*, I, 127.

quelquefois de l'industrie humaine. Énumérons quelques-uns de ceux que nous impose la tradition du passé ou le verdict actuel de l'opinion publique. Ce sont d'abord ceux des dieux et des héros du paganisme grec. Les anciens artistes mériteraient d'être imités dans la précision avec laquelle ils ont su fixer ces types, selon le rôle et le caractère qu'ils attribuaient à ces divinités et à ces héros. Viennent ensuite ceux des sirènes, des centaures, des griffons et autres monstres mythiques ou mystiques.

Plus tard les artistes chrétiens créèrent les types traditionnels usités dans la représentation du Père éternel, de Notre-Seigneur Jésus-Christ, du Saint-Esprit, de la Bienheureuse Vierge et de quelques saints ou saintes avec leurs caractéristiques [1].

Dans les œuvres d'architecture, de décoration, d'ameublement, on adopta successivement les différents styles égyptien, grec, étrusque, roman, ogival, renaissance ; Louis XIII, Louis XIV, Louis XV, Louis XVI, premier empire, etc. Enfin, il y a les types des modes particulières à tel ou tel pays, à telle ou telle époque, selon les caprices de l'opinion ou la fantaisie de ceux qui la gouvernent.

L'idée précise du type défini et du type idéal nous permet de saisir le sens, la portée et la vérité de la loi typique : la beauté d'un objet, d'un être quelconque, dépend de sa conformité avec son type défini et de son ascension vers son type idéal.

---

(1) Cf. Ch. Cahier, *Caractéristiques des saints*.

Ce qu'en cette formule nous nommons type défini est souvent désigné sous le nom de *canon* ou règle des proportions normales. En ce qui concerne le corps humain, on connait le canon de Vitruve suivi par Léonard de Vinci et beaucoup d'autres; on croit en avoir retrouvé un plus ancien et plus parfait, celui de Polyclète, représenté par son Doryphore. Les artistes grecs, tout en célébrant ce dernier, ne se faisaient pas les esclaves de la rigueur mathématique des rapports qu'il consacre ; ils savaient s'en écarter dans la mesure voulue pour exprimer la présence de la vie, la variété des caractères; pour rendre la diversité des rôles, sans rien faire perdre à leurs œuvres du sentiment des proportions harmonieuses fixées par ce modèle.

Quand une œuvre, qui possède la correction de forme exigée par son type, est de plus idéalisée, elle est une œuvre d'art d'autant plus belle que l'idéal est plus élevé, quand même elle serait inachevée. Le charme de l'idéal est tel qu'on aime à en poursuivre soi-même l'ascension. Quelquefois l'inachèvement d'une œuvre d'art nous séduit par les échappées qu'il nous ouvre sur le monde de nos propres pensées, par les envolées qu'il nous fait prendre vers une beauté supérieure. « Il n'est pas rare que l'œuvre définitive et parachevée d'un artiste ne perde beaucoup de la signification de l'œuvre indiquée dans l'esquisse ou dans l'ébauche. Il faut que ces indications soient aussi correctes que s'il s'agissait d'une œuvre achevée, alors il y a appel à notre sens esthétique ; chacun fait inconsciemment à son tour œuvre d'artiste et éprouve un plaisir intense à terminer, dans la pleine liberté de son imagination, la statue dont il voit l'ébauche ou le tableau dont il a l'esquisse. Ces suggestions de l'art séduiront rarement la foule, tandis qu'elles seront éloquentes sur les âmes cultivées. Qu'il suffise de citer l'exemple des cartons de Raphaël ou celui des deux statues du *Jour* et de la *Nuit* de Michel-Ange... De nos jours, de singuliers critiques ont accusé Puvis de Chavannes de ne pas savoir dessiner! Il a fallu l'exposition de ses cartons pour apprendre à ces critiques qu'il n'y a pas, dans tous nos grands maîtres, un dessinateur connaissant mieux son métier. Il ne tenait qu'à Puvis de préciser cette ligne, d'arrêter ce contour, de souligner ce coloris, de façon à ne rien laisser à l'imagination personnelle de chacun. Il voulut au contraire — et c'est là un grand art — que le spectateur devint l'artiste collaborateur de son œuvre. C'est le fait de l'habileté spéciale du génie, vous entraînant à sa suite vers l'idéal qu'il a rêvé (1). »

---

(1) G. Prévost, *Essai d'une esthétique nouvelle.* (*Annales de philos. chrét.*, oct. 1898, p. 23 et 25.)

CHAPITRE VI

Loi psychologique.

TOUT CE QUI, DANS UN OBJET, NUIT A LA JOUISSANCE DU SPECTATEUR, NUIT EN MÊME TEMPS A LA BEAUTÉ DE L'OBJET.

Dans l'exposé des lois précédentes nous avons dû résoudre des questions débattues et répondre à des adversaires ; ici nous aurons tout le monde avec nous, y compris l'enseignement officiel. Écoutons-le : « Le beau est relatif à notre sensibilité, et, abstraction faite de tout rapport à notre faculté de jouir et de souffrir, les choses peuvent encore être vraies ou fausses ; elles ne sont plus ni belles ni laides…, le beau, c'est au fond le plaisir du beau [1]. » Nous n'avons pas besoin d'aller aussi loin et de confondre le beau avec son impression. Il nous suffit

---

(1) E. Boirac, *Cours de philosophie*, p. 175.

pour établir notre loi de rappeler ce que révèle l'analyse psychologique, à savoir que l'impression du beau se résout en une jouissance et la plus noble des jouissances pour toutes nos facultés. Instinctivement nous remontons de l'effet à sa cause ; nous apprécions la beauté d'après la jouissance qu'elle nous donne; donc, tout ce qui dans un objet est un obstacle à cette jouissance est en même temps un déchet dans la beauté de l'objet.

Tout ce qui est de nature à inquiéter, à déconcerter, à embarrasser, à égarer le spectateur, tout cela en nuisant à sa jouissance devient un écueil pour la beauté en vue. Donnons par quelques développements une idée plus complète de ces obstacles.

D'abord, il importe à la beauté d'un objet que rien en lui n'éveille l'inquiétude.

Nous avons eu plus haut [1] l'occasion de montrer comment la violence d'une tempête excitant notre peur ou la pensée du péril d'autrui suffit pour nous empêcher de jouir du spectacle. Actuellement portons notre attention sur certaines œuvres d'art en qui l'excès d'une qualité suffit à voiler les autres et à gâter la jouissance qu'elles devraient nous donner. La difficulté vaincue est certainement une source de beauté intelligible [2], encore faut-il que la victoire soit pleinement rassurante. Or l'architecture a fait

---

(1) Ci-dessus, liv. IV, chap. vi.
(2) Idem, liv. II, chap. vi.

surgir des œuvres très remarquables d'ailleurs, dont la hardiesse excessive nous donne beaucoup plus l'impression d'un tour de force que la jouissance esthétique d'un chef-d'œuvre.

Citons d'abord la fameuse *tour penchée* de Pise. Bâtie du douzième au quatorzième siècle, elle s'élève à 54 mètres de hauteur et penche de 4 mètres 30, hors de la verticale. Il paraît que cette inclinaison n'aurait pas été primitivement voulue par les constructeurs et qu'elle aurait été déterminée par un tassement inégal du sol, alors que la tour n'était encore qu'à moitié de sa hauteur. Toujours est-il qu'alors les architectes, après s'être assurés de la stabilité ultérieure du terrain, résolurent de continuer la construction de la tour en en conservant l'inclinaison, sauf à consolider les murailles par des chaînes de fer. En fait, sa solidité ne s'est pas démentie, malgré la sonnerie quotidienne et à toute volée de ses sept cloches. Néanmoins cette tour de marbre, avec ses deux cents colonnes et la variété harmonieuse de ses huit étages, étonne plus qu'elle ne charme, en raison de ses menaces permanentes de chute.

On voit, dans l'église Sainte-Madeleine de Troyes, un jubé monumental d'une grande richesse de sculpture, d'un dessin harmonieux et d'une fine exécution ; il date du commencement du seizième siècle. Il frappe surtout par sa hardiesse déconcertante. Représentez-vous ce jubé, à l'entrée du chœur, allant d'un pilier à l'autre comme un pont formé de plusieurs arches gothiques, dont les piles intermédiaires sont supprimées : les voûtes restent ainsi suspendues sans appui, leur écroulement semble imminent. En vain ce magnifique travail se maintient-il depuis plus de quatre siècles ; en vain le constructeur, maître Jean Gailde, s'est-il fait inhumer sous le monument, déclarant dans son épitaphe « qu'il attend tranquillement la fin des temps, sans crainte d'être écrasé » sous son œuvre [1] ; on reste anxieux, l'impression dominante, c'est l'inquiétude.

En ce même seizième siècle, les architectes trouvèrent ingénieux de suspendre aux voûtes des clefs pendantes plus ou moins considérables. On peut en voir dans l'église des Saints-Gervais et Protais, à Paris, dans celle de Saint-Pantaléon de Troyes, etc. Alors les voûtes ne sont pas formées seulement de deux arcs diagonaux, mais d'une quantité d'arcs qui s'entrecroisent et au point d'intersection desquels se trouvent ces clefs pendantes. Elles sont souvent composées de pièces de rapport attachées à la clef véritable par des boulons de fer ; elles fatiguent les voûtes de leur poids exagéré, elles risquent de s'en détacher par l'oxydation des fers et de tomber sur la tête des gens. En attendant, ces voûtes ont l'apparence curieuse de grottes tapissées d'énormes stalactites. Ce sont là des fantaisies de pierre, plus surprenantes que belles, qui inquiètent et préoccupent plus qu'elles ne satisfont les yeux [2].

Dans ces exemples, les appréhensions qui troublent la jouissance esthétique surgissent dans l'intelligence et l'imagination ; en d'autres circonstances

---

(1) Courtalon, *Topographie du diocèse de Troyes*, t. II, 235.
(2) Cf. Viollet-le-Duc, *Dictionnaire raisonné d'architecture*.

d'un genre tout différent, l'inquiétude s'élève dans la conscience. « L'art qui se met en dehors de la moralité — dit M. Renouvier — blesse la conscience et provoque le dégoût, ou bien il éveille les passions. Dans l'un et dans l'autre cas, plus de jouissance désintéressée, plus de satisfaction esthétique [1]. »

En second lieu, dans l'intérêt de la beauté d'un objet, il est nécessaire que rien n'y soit de nature à déconcerter les associations antérieures d'impressions ou d'idées.

Cet inconvénient est beaucoup moins à craindre dans la jeunesse que dans l'âge mûr. L'enfance, la jeunesse aiment le changement, les incidents inattendus, tandis que l'âge avancé les redoute. Dans le jeune âge les associations d'idées sont encore peu nombreuses et peu cohérentes; avec les années, elles se multiplient, elles se solidifient pour ainsi dire, toute impression nouvelle un peu vive leur fera subir une sorte de heurt pénible; toute représentation qui par sa nouveauté plus ou moins étrange ne cadre aucunement avec les impressions antérieures donne lieu à un sentiment de malaise. Quelque charmant que soit l'objet d'une surprise, si cette surprise est trop forte, elle est tout d'abord désagréable; il faut un certain temps pour que l'impression en soit accueillie et puisse s'associer à celles du passé.

---

[1] Renouvier, *Morale*, I, p. 267. *Apud* É. Rabier, *Psychologie*, p. 645.

Chacun le sait, un certain air de nouveauté ajoute à l'intérêt des choses et à leur effet esthétique, d'où le proverbe *tout nouveau, tout beau*; malgré cela, il ne faut pas que la nouveauté aille jusqu'à choquer les habitudes de l'esprit ou des sens. Une mode nouvelle d'ajustement sans rapport avec la précédente, présentée sans transition, ne sera jamais acceptée, elle sera même ridiculisée. De même un mode artistique, fût-il réalisé dans un chef-d'œuvre, ne pourra pas d'abord être goûté, s'il déroute les habitudes du sens artistique. C'est là peut-être la grande raison pour laquelle l'aspect de la tour Eiffel fut d'abord tellement critiqué. Quand ensuite ce monument eut été vu cent fois, reproduit en miniature de mille manières, les yeux s'habituèrent à sa forme; avec les années, plusieurs de ceux qui l'avaient déclaré disgracieux commencèrent à trouver une certaine harmonie dans son galbe, une certaine beauté dans ses gigantesques proportions.

Ce ne sont pas seulement les gens incultes que déconcerte l'étrangeté d'un spectacle ou d'une audition, les natures les plus richement douées, les plus profondément cultivées, en subissent également le pénible effet. Gounod nous en offre un éloquent exemple, lors de son séjour à Rome. « J'allais — nous dit-il — le plus souvent possible à la chapelle Sixtine. Cette musique sévère, ascétique, horizontale et calme comme la ligne de l'Océan, monotone à force de sérénité antisensuelle et néanmoins d'une intensité de contemplation qui va parfois jusqu'à l'extase, me produisit d'abord un effet étrange, presque désagréable. Était-ce le style même de ces compositions entièrement nouveau pour moi, était-ce la sonorité particulière de ces voix spéciales que mon oreille entendait pour la première fois, je ne saurais le dire. Toujours est-il que cette impression, pour bizarre qu'elle fût, ne me rebuta point. J'y revins encore, puis encore, et je finis par ne plus pouvoir m'en passer [1]. »

Un troisième obstacle à la jouissance esthétique et par suite à l'appréciation de la beauté, c'est tout ce qui exige, pour être compris, un effort d'intelligence, tout ce qui intrigue la pensée, le regard, tout ce dont on ne saisit pas la raison d'être. Donnons-en des exemples.

Transportée dans nos jardins zoologiques du centre de l'Europe, la girafe nous paraît un animal manqué, gauche en ses allures. On ne s'explique pas l'allongement démesuré de son cou et de ses jambes de devant. Pourquoi? Parce que nous le voyons hors de son cadre naturel qui suffirait à justifier sa structure particulière. « La girafe — nous dit un voyageur d'Afrique — semble admirablement destinée à faire l'ornement des forêts qui couvrent les immenses plaines de l'intérieur. Je le regarde comme un des plus beaux animaux de la création. Rien n'égale la grâce et la dignité de leurs mouvements, lorsqu'éparpillées çà et là, elles broutent les bourgeons les plus élevés et dominent de leurs têtes les dômes des acacias de leurs plaines natives. Le chameau, qui

---

[1] Ch. Gounod, *Mémoires d'un artiste*.

semble grotesque à un habitant de Paris, est à sa place dans le désert : il s'y associe par ses formes, par sa couleur, par son allure. Lancé à travers des océans de sable, il les traverse de sa marche régulière et silencieuse, comme le vaisseau fend les flots de la mer. Les Orientaux l'appellent le vaisseau du désert. Dans les poésies de l'Orient, on compare les mouvements harmonieux d'une fiancée à la marche cadencée d'une chamelle [1]. » On ne peut apprécier la beauté des animaux qu'aux lieux où la nature les a placés. Ailleurs on ne les comprend plus, leurs formes deviennent autant d'énigmes, on ne saurait jouir pleinement de leur vue.

Les grands maîtres font toujours en sorte que les raisons d'être de chaque chose apparaissent sans effort d'attention, que tout porte avec soi son explication, sa signification harmonique. Sous ce rapport comme sous bien d'autres Meissonier est un vrai modèle. S'il s'est plu à peindre des joueurs, leur attention se traduit différemment selon qu'ils jouent aux échecs ou aux cartes; selon qu'ils jouent pour l'honneur ou pour le gain, ou simplement pour passer le temps. S'il peint un liseur dans son fauteuil, on pourrait dire à sa physionomie quel genre de livre il lit [2].

Aux meilleures époques de l'architecture, les saillies et les creux des différents membres de la construction ne sont pas seulement des ornements pour l'œil, on se rend compte de leur rôle utile, le

---

(1) Cité par Eug. Delacroix, *Revue des Deux Mondes*, 15 juin 1857.
(2) Cf. C. Martha, *la Délicatesse dans l'art*. p. 19.

beau intelligible s'y joint au beau sensible. Par exemple, dans les édifices romans du douzième siècle ou gothiques du treizième, le chapiteau avec son large tailloir a sa fonction bien marquée. C'est un encorbellement nécessaire au sommier des voûtes qui déborde et surplombe le fût des colonnes. Avec le déclin de l'art ogival, les chapiteaux perdirent leur fonction de support, pour ne plus être que des bagues ornées offrant aux yeux un arrêt entre les lignes verticales des piles et la naissance des arcs. Bientôt, comprenant que les chapiteaux n'avaient plus de raisons suffisantes d'exister, les architectes les supprimèrent complètement, et les arcs avec toutes leurs moulures descendirent jusqu'à la base des piliers [1].

L'importance d'éliminer tout ce qui peut être un sujet de tension pour l'esprit, nous fournit une nouvelle explication de la loi générale qui exige la variété et l'unité dans cette variété. En effet, étant donnée la localisation cérébrale, rien n'amène plus vite la fatigue que l'attention concentrée sur un seul et même objet, de là le besoin de la variété. D'autre part, la physiologie constate que la vue et l'ouïe, organes spéciaux des impressions esthétiques, sont dans une quasi-impossibilité de s'exercer sur plusieurs objets à la fois. L'oreille la plus sensible ne peut suivre les motifs différents joués à la fois sur plusieurs instruments. En peinture, en sculpture, en architecture même, nous aimons l'apparition immédiate d'un motif principal, d'une silhouette

---

[1] Cf. Viollet-le-Duc, *Dictionnaire raisonné d'architecture*.

d'ensemble ; donc nécessité de l'unité dans la variété ou de l'ordre, fond même de la beauté [1].

Terminons par quelques mots sur un dernier écueil à la jouissance esthétique ou du moins à sa durée. Cet écueil, c'est tout ce qui, dans une œuvre d'art, viserait principalement à frapper l'imagination, à donner à la sensibilité des secousses, des émotions violentes. L'imagination et la sensibilité, prenant ainsi le pas sur l'intelligence et la volonté, sortent de leur rang hiérarchique et s'usent très vite. Il y a en effet une grande différence entre les puissances purement spirituelles et les facultés mixtes inséparables des organes, telles que l'imagination et la sensibilité. Les premières ne se fatiguent jamais de leur plaisir propre, les autres atteignent promptement une limite où la jouissance devient peine et l'aliment se tourne en poison. Plus un objet est clair et intelligible, plus il contente l'entendement et le fortifie. Jamais l'esprit ne souffrira d'une vérité trop éclatante, ni l'âme d'un sentiment trop généreux. L'œil au contraire est vite ébloui, et demande grâce à la lumière. C'est l'infériorité du sensitif sur le spirituel.

Or l'imagination et la sensibilité sont pour une large part des facultés sensitives, d'où il suit qu'elles éprouvent cette infirmité commune aux sens. Leur objet prodigué les fatigue, les blesse, les use. On voit peu à peu l'excès des couleurs rendre l'imagination plus exigeante, c'est-à-dire, moins alerte, plus lourde à entrer en travail. On voit bien plus

---

[1] Cf. G. Prévost, *Essai d'une nouvelle esthétique*.

vite et bien plus clairement encore l'excès des émotions appesantir la sensibilité, l'endurcir aux impressions vraies et naturelles, la blaser sur toutes choses, arriver presque à l'éteindre, comme font les liqueurs fortes pour le goût. La comparaison est d'une effrayante justesse. Les meilleurs vins deviennent insipides, les liqueurs même paraissent fades; il faudrait de l'alcool pur, du feu liquide à ces organes émoussés [1].

---

[1] Cf. P. G. Longhaye, *Théorie des belles-lettres*, p. 29-31.

CHAPITRE VII

Loi d'affranchissement.

DANS L'APPRÉCIATION DU BEAU, IL FAUT SE METTRE AU-DESSUS DE L'INFLUENCE DU GOUT PERSONNEL ET DU GOUT RÉGNANT.

Il en est un peu du mot « goût » comme du mot « style ». L'un et l'autre sont employés tantôt dans un sens général et absolu, tantôt dans un sens particulier et relatif.

Pour un artiste, avoir *du* style, c'est avoir de l'élévation dans ses inspirations; avoir *un* style, c'est avoir sa manière de faire individuelle. Le goût dans son acception générale, c'est un sens esthétique sûr et délicat. Ce n'est pas le fait d'une faculté isolée; c'est une raison éclairée, servie par un cœur sensible, en face d'un idéal élevé, fourni par l'imagination. On est homme de goût dans la mesure de la sûreté de ses jugements en matière esthétique.

Dans son sens relatif, le mot goût s'entend des préférences artistiques particulières à telle personne, à telle région, à telle époque.

Pour apprécier sainement le beau, pour être un homme de goût au sens universel du mot, il faut savoir s'élever au-dessus des causes les plus ordinaires d'égarement, c'est-à-dire au-dessus du goût personnel et du goût du milieu ambiant. Occupons-nous successivement du goût personnel, du goût régnant et de leur influence sur nos jugements.

Le proverbe le proclame : « Chacun son goût. » Artiste ou non, il n'est personne qui n'ait ses préférences en fait de beauté. Ce goût de chacun est tellement inhérent à la personne, qu'il n'y a pas à en discuter. Ce n'est pas seulement la courtoisie ou la politique qui interdisent la discussion en matière de goût, c'est une nécessité en partie irréductible. Car les divergences du goût personnel tiennent, par un double lien, à la nature des choses.

Ces divergences sont d'abord la conséquence inéluctable des différences subjectives qui existent entre les personnes au point de vue physique, intellectuel et moral. Tout le monde n'est pas doué de la même manière : selon la variété des individus, les sens ont plus ou moins d'acuité et de délicatesse, l'esprit plus ou moins de perspicacité, d'étendue, de justesse et d'élévation, l'imagination de vivacité et de richesse, le cœur de sensibilité, de générosité et de grandeur. De là autant de capacités diverses,

Celui-ci verra dans un visage une beauté ou un défaut qu'un autre ne remarquera pas ; celui-là goûtera les charmes d'un paysage, d'un tableau ou d'une statue devant lesquels cent autres passeront sans s'arrêter et réciproquement. Il y a tel mathématicien qui, dans l'intimité de la conversation avec un sien collègue, s'extasiait sur les beautés du nombre entier ! Ce sont là des beautés de l'ordre intelligible que les profanes ne sauraient soupçonner. Par contre, on cite un savant tellement étranger aux beautés musicales, qu'au sortir d'un superbe concert, il demandait à quoi cette musique pouvait bien servir.

La divergence des goûts personnels résulte encore de la nature même du beau, à savoir de ce fait que le beau est essentiellement multiforme. Le diamant, le rubis, le saphir, etc., toute pierre précieuse est belle, chacune de sa beauté spéciale qui lui vaut les préférences de tel ou tel amateur. Tous admirent la rose, le lis, la reine-marguerite, le camélia, le chrysanthème, etc., cependant chacune de ces fleurs a ses admirateurs passionnés. Il y a plus, c'est que le même objet, la même personne surtout, peuvent être représentés de cent manières différentes, également belles, sans qu'il soit possible de décider laquelle est la plus vraie...; la vérité dans une œuvre d'art est une vérité de sentiment toujours particulière, individuelle, dont nous nous accommodons lorsqu'elle est persuasive [1].

Faites faire votre portrait par trois peintres d'un

---

[1] Cf. V. Cherbuliez, *Revue des Deux Mondes*, 15 août 1891.

égal talent ; ces portraits vous ressemblent plus qu'ils ne se ressemblent entre eux. C'est que dans tout homme, il y a plus d'un homme et que les trois peintres auront fait chacun leur choix, guidés par d'irrésistibles sympathies.

« Une femme a passé dans les rues de Rome, — dit Ch. Blanc, — Michel-Ange l'a vue et il la dessine sérieuse et fière ; Raphaël l'a vue et elle lui a paru belle, gracieuse et pure, harmonieuse dans ses mouvements, chaste dans ses draperies. Mais si Léonard de Vinci l'a rencontrée, il l'aura regardée à travers le voile d'un œil humide, et il la peindra délicatement enveloppée d'une gaze demi-jour. Ainsi la même créature deviendra sous le crayon de Michel-Ange une sibylle, sur la toile de Raphaël une vierge, et dans la peinture de Léonard une femme séduisante [1]. »

D'ailleurs le goût personnel ne reste pas toujours identique à lui-même en ses préférences. Elles se modifient souvent avec l'âge. C'est assez naturel, les changements que les années apportent à l'exercice de nos facultés ont leur retentissement sur nos impressions ; l'imagination est moins vive, l'enthousiasme moins prompt, le jugement plus froid, plus raisonné, l'expérience plus riche. Il arrivera que les mêmes choses, vues à quelques années de distance, changeront d'aspect.

A côté de ces modifications qu'amène le cours du temps et qu'on peut appeler normales, il en est d'autres plus accidentelles. Nos impressions dépen-

---

[1] Ch. Blanc, *Grammaire des arts du dessin*, p. 19.

dent beaucoup de nos dispositions physiques et morales. Les mêmes choses agissent sur nous très différemment suivant que nous sommes dans l'épanouissement du bien-être et de la joie, ou sous le pressoir du malaise et de la tristesse ; selon que nous nous trouvons avec des personnes sympathiques ou avec des individus qui nous déplaisent. L'artiste créateur lui-même ne sait pas toujours s'affranchir de ces vicissitudes; Eugène Delacroix en fait l'aveu en plusieurs endroits de ses mémoires. La moindre contrariété trouble la sûreté de son coup d'œil esthétique. Écoutez-le à la date du 22 avril 1854 : « Mauvaise disposition toute la matinée, occasionnée par un mauvais cigare. Mauvaise besogne par conséquent; arrangé ou gâté *Clorinde.* »

De toutes les influences qui peuvent agir sur le goût personnel, la plus universelle, la plus constante et peut-être la plus tyrannique, est celle du goût régnant dans le milieu ambiant, dans l'entourage, la région ou le siècle.

De même que chaque individu a, sinon son style, — tout le monde ne crée pas des œuvres d'art, — au moins son goût personnel, de même chaque race, chaque pays, chaque époque se distingue par un style et un goût particulier. On connaît le style assyrien, le style grec, le style chinois, le style mauresque, etc. On a vu se succéder en France les styles roman, ogival, renaissance, etc.

Les oppositions du goût, d'une race à l'autre,

tiennent souvent au contraste des types, nous l'avons déjà constaté [1], citons encore un ou deux exemples. Les Romains aimaient un profil de visage au nez saillant; les Javanaises de l'exposition de 1889, à qui l'on demandait si elles trouvaient nos femmes jolies, disaient que les Françaises étaient élégamment habillées, mais qu'elles avaient le nez trop long. Nous, Européens, nous n'aimons pas les yeux obliques, les Chinois et les Japonais, au contraire, tiennent beaucoup à l'obliquité des yeux, ils l'exagèrent même dans leurs peintures. On peut remarquer de plus une corrélation vraiment curieuse entre cette particularité de l'angle extérieur des yeux relevé et les formes que donnent d'habitude ces peuples chinois à leur coiffure, à leur chaussure, à la toiture de leurs maisons et de leurs pagodes [2]. Serait-ce l'effet d'une tendance instinctive à l'unité harmonique?

L'influence du climat est toujours considérable : il modifie les tempéraments, exalte ou endort l'imagination, surexcite ou émousse la sensibilité. Si l'on compare le climat de la Grèce avec celui de la Hollande, le ciel d'Angleterre avec celui d'Italie, on comprendra que les goûts et tendances esthétiques soient tout autres d'un pays à l'autre, sauf cependant ce qui regarde le contraste des couleurs. En France et en général dans les climats analogues au nôtre, nous trouvons criarde la juxtaposition de couleurs voyantes et sans parenté; dans les pays

---

[1] Voir ci-dessus, chap. v.
[2] Cf. Humbert de Superville, *les Signes inconditionnels de l'art*.

brumeux du Nord comme dans les régions ensoleillées du Midi et de l'Orient, ces mêmes couleurs peuvent être juxtaposées sans tapage et cela pour des raisons contraires : les brumes du Nord voilent et éteignent ce qu'il y a de violent dans le contraste chromatique; l'abondance et la richesse des rayons du soleil oriental ou méridional baignent et lavent si bien les couleurs que leur opposition se fond dans le commun éclat qui les fait resplendir.

Chez les nations comme chez les individus, les goûts se modifient avec le temps. Ces changements deviennent même très fréquents en ce qui concerne les *modes* au sein des civilisations luxueuses. Chaque saison en amène de nouvelles, et l'on voit les modes passer par des degrés successifs d'une excentricité à l'excentricité opposée. « Vers la fin du dix-huitième siècle, les femmes étaient chargées de si hautes et de si amples coiffures, qu'elles ajoutaient un bon tiers à la hauteur de leur corps, en sorte que ces dames semblaient avoir le visage au milieu de leur personne. Mais la force de la mode paralysait la critique, et plus ces coiffures étaient hautes, plus il fallait les admirer. Il existe des caricatures où l'on voit le coiffeur architecte de ces édifices poudrés, monté sur une échelle double pour perfectionner son œuvre[1]. » De nos jours nous avons vu les coiffures féminines descendre et tomber au point de ne plus exister qu'à l'état de soupçon.

Les caprices de la mode, tout-puissants dans les

---

(1) Paillot de Montabert, *Traité complet de peinture*, t. IV, p. 55.

questions d'ajustements et de costumes, ne sauraient s'imposer avec une pareille tyrannie aux œuvres d'art; j'en conviens. Cependant le caprice public ne laisse pas que d'exposer les chefs-d'œuvre eux-mêmes à de terribles vicissitudes. Certain paysage de Corot, après être resté plusieurs années sans acquéreur, trouva enfin un audacieux qui le prit pour 700 francs. Au bout de quelques années, il a été payé 12,000 francs en vente publique. Les dessins de J. Millet, dont il avait peine à trouver 20 ou 40 francs, valent aujourd'hui des centaines ou des milliers de francs. Ce même *Angelus* qu'il a été heureux de céder pour 6,000 francs, M. Sécrétan, son propriétaire actuel, en a refusé 300,000 francs. Il faut l'avouer, avec M. Ch. Bigot, « ce n'est pas le talent ni même le génie d'un artiste qui fait son succès ; c'est l'accord de son talent avec le goût contemporain [1]. »

Le marchand, le trafiquant d'art, qui n'a d'autre souci que le succès immédiat de son commerce, fera sagement de prendre le goût régnant pour règle de ses achats ; l'amateur qui ne songe qu'à satisfaire ses fantaisies de luxe, les prendra nécessairement pour *criterium* de ses préférences ; mais l'amant du beau, qui tient avant tout à apprécier les choses à leur vraie valeur artistique, qui tient à ce que ses jugements soient ratifiés par le jury de l'avenir, veillera à s'affranchir, à ne pas se laisser ni dominer par les tendances de son goût personnel, ni entraîner par le courant de l'opinion du jour.

---

[1] Ch. Bigot, *les Peintres français contemporains*.

Sans cet affranchissement on court le risque certain de s'égarer et de mettre soit de la partialité, soit même de l'aveuglement, dans ses appréciations.

La partialité est inévitable de la part de quiconque est plus ou moins esclave d'un préjugé artistique : il ne pourra rendre pleine justice qu'aux œuvres faites dans le style qui a ses faveurs, il méconnaîtra forcément les autres; alors cependant que le beau ne saurait être enchaîné à aucun style et qu'il peut revêtir une très grande variété de formes sans cesser pour cela d'être beau. Dans les premières années du dix-neuvième siècle, la plupart des critiques d'art n'ont pas su voir dans Ingres l'impeccabilité du dessin, dans Delacroix le triomphe de la couleur, et par suite ont méconnu deux de nos plus grands artistes. La raison en était que leurs œuvres n'étaient pas dans le goût du moment. Avec le temps, la vérité s'est fait jour, la supériorité de leur talent s'est révélée et l'admiration a succédé au dédain [1].

Parfois l'égarement va plus loin, il n'y a pas seulement partialité, mais aveuglement. On ne voit pas le beau où il est et l'on croit le voir où il n'est pas. Ne sait-on pas que Fénelon, au goût si délicat, au style si pur, au génie virgilien, en vint à considérer nos magnifiques cathédrales gothiques comme d'informes produits de la barbarie, alors qu'il admirait des pastiches d'architecture grecque; il était aveuglé par les préjugés de son temps.

Il est rare que l'on sache faire abstraction de ses

---

[1] Cf. Th. Gautier, *les Beaux-Arts*, t. I, p. 18.

préférences plus ou moins instinctives; « chacun de nous se fait son esthétique à soi-même..., et c'est peut-être le plus souvent affaire de complexion autant que de réflexion [1]. » Il est plus rare encore de savoir, dans ses appréciations artistiques, se mettre au-dessus des opinions régnantes. Les hommes d'un goût indépendant sont aussi rares que les grands talents.

Quoi qu'il en soit, il faut tendre à cette indépendance, condition essentielle de la sûreté des jugements. Quand est-ce qu'une chose est belle, vraiment belle, d'une beauté indiscutable? Quand elle finit par enlever tous les suffrages et les garder à travers le passage des siècles. Le temps, il est vrai, est un facteur, un réactif dont nous ne pouvons précipiter l'action, mais il nous reste la ressource de la pressentir, de la devancer dans nos jugements esthétiques. Il faut pour cela que nous laissions de côté les données variables du goût personnel ou collectif, pour concentrer notre attention sur les données constantes, c'est-à-dire sur les lois immuables qui résument tout cet ouvrage et font l'objet de ce dernier livre.

Quiconque possède l'usage, la pratique de ces lois, est un homme de goût. « Il pourra lui manquer la faculté créatrice (du beau), mais il est indépendant à l'égard des complaisances et des aversions d'école ou de salon, à l'égard de soi-disant oracles... En matière d'art, il a des maîtres, mais avant de les accepter, il les choisit, et après les avoir acceptés,

---

[1] F. Brunetière, *Revue des Deux Mondes*, 15 mars 1882, p. 448.

il les contrôle⁽¹⁾. » D'un regard ferme il distingue, il salue et goûte, tout ce qui est vraiment beau; chacune de ces rencontres est pour lui le point de départ d'une nouvelle ascension vers un idéal supérieur.

---

(1) P. G. Longhaye, *Théorie des belles-lettres*. Conclusion.

APPENDICE

I. — Quelques mots à l'adresse des artistes.

En dehors de son intérêt théorique, cet ouvrage offre-t-il quelque utilité pratique aux vrais artistes? On peut se le demander, car la production du beau n'y est pas touchée, et les lois données à l'appréciation du beau semblent devoir arrêter l'essor du grand art appelé à le produire. C'est une erreur.

. La fixité de ces lois ne sera jamais une entrave au talent ni même au génie; au contraire, ces lois en assurent les ascensions. Si chaque art a ses règles particulières, il y a des règles générales qui leur sont communes à tous. Si Molière, Beethoven et Michel-Ange ont été trois grands artistes, c'est qu'ils se ressemblaient par quelque chose. Ce trait commun, c'est leur fidélité aux mêmes lois immuables du beau. Quiconque veut s'affranchir de ces lois « tourne le dos au soleil et ne s'aperçoit pas de l'ombre qui va toujours grandissant devant ses pas, jusqu'à ce qu'il se perde lui-même dans les ténèbres [1]. »

Disons-le cependant bien haut, la connaissance des principes théoriques du beau, fût-elle jointe à la plus sérieuse préparation technique, ne pourra jamais suppléer aux dons naturels du talent et encore moins au génie artistique. Pour créer le beau, il faut posséder à un degré suréminent les facultés qui à un degré inférieur suffisent à le faire goûter et juger. Il faut avoir reçu du ciel une imagination qui s'impressionne vivement et profondément, qui de concert avec une grande sensibilité sache s'activer, s'échauffer, s'enflammer à la poursuite de l'idéal; à côté et au-dessus de ces facultés, il faut avoir en partage une intelligence assez éclairée et assez ferme pour apprécier, discerner, faire un choix judicieux parmi les visions que lui apporte l'imagination, et accepter celles qui s'harmonisent dans la splendeur d'un ordre parfait.

Nous l'avouerons encore, la connaissance raisonnée des lois du beau est moins nécessaire aux artistes créateurs qu'aux amateurs et critiques d'art. Ces derniers doivent pouvoir motiver leurs jugements. Faute de connaître à fond la théorie du beau, leurs appréciations seront à la merci de leurs

---

(1) Félix Clément, *Hist. des beaux-arts*, p. 5.

impressions du moment ou de l'opinion courante, et trop souvent traduites en des termes dont l'image aura peine à dissimuler le peu de signification. On dira d'un tableau qu'il est « une toile d'une vigueur et d'une solidité superbe »; on vantera « la fierté des lignes », « la facture qui n'est pas sans grandeur », « la largeur d'exécution », « la tonalité saisissante », « les chairs savoureuses », « la fougue incomparable », etc., etc.

Les créateurs, doués d'un vrai talent artistique, sont dans des conditions tout autres, ils se montrent dans leurs œuvres les interprètes à la fois les moins conscients et les plus fidèles des lois esthétiques. Le génie crée le plus souvent comme l'imagination travaille. Une œuvre où nous reconnaîtrons le fruit exclusif du raisonnement ne sera jamais une œuvre d'art. Les lois esthétiques sont habituellement pour les grands artistes comme ces lumières de la scène d'un théâtre qui éclairent sans se faire voir elles-mêmes. L'application qu'ils en font est souvent instinctive, et ces lois n'en sont pas moins consignées dans les chefs-d'œuvre qu'ils nous laissent pour modèles. S'ils ont quelquefois formulé telle ou telle de ces règles, c'est qu'ils en ont cherché l'expression pour leurs élèves, ils n'en sentaient guère le besoin pour eux-mêmes.

Néanmoins, nous le maintenons, la connaissance de ces lois fondamentales dans lesquelles se résume notre ouvrage, ne laisse pas que d'être d'une utilité fort pratique à tous les artistes. Les meilleurs, les plus merveilleusement doués, ne sont pas à toute heure en possession de tous leurs moyens. Le génie d'Homère ne sommeillait-il pas quelquefois? Aux heures de brume et d'hésitation, les artistes trouvent une précieuse ressource dans la connaissance réfléchie des lois esthétiques; avec elle ils suppléent, non à l'inspiration que rien ne saurait remplacer, mais à l'instinct et au tact artistique qui habituellement les dirigent si sûrement vers le beau.

La loi constitutive rappellera au besoin à l'artiste la nécessité absolue de la variété et de l'unité dans la variété. L'architecte mettra de la différence d'un étage à l'autre en ses constructions; le peintre variera les attitudes, les nuances, les tons; le musicien, ses phrases mélodiques; ne disposât-il que de la note unique du tambour, il saura varier la succession des fla, des ra et des silences. Cette variété, on aimera à la constater dans l'ensemble comme dans les détails. Il faut — dit Pierre Bossan — établir dans l'ornementation une sorte de *crescendo*, en donnant aux parties supérieures le maximum de richesses. Voyez la plante, elle s'établit par les racines, la tige se développe avec simplicité, la richesse de la fleur la couronne [1].

La loi spécifique empêchera le paysagiste de négliger l'expression, d'oublier que « les prés, les bois, les eaux, si bien représentés qu'ils soient, ne nous donneraient qu'un médiocre plaisir, si de ces eaux, de ces prés, de ces bois ne s'exhalait un sentiment que le peintre en fait sortir. M. Caro a été jusqu'à le dire : Un paysage est un état de l'âme... Ce que le peintre ne peut exprimer, il le suggère au

---

[1] Sainte-Marie-Perrin, *Notice sur Pierre Bossan*, p. 16.

spectateur. Dans cet arbre aux feuilles retournées, on sent le frisson du vent; dans un pré éclairé et brûlé par un ardent soleil, c'est un bruissement d'invisibles insectes; ici le jour est peint avec une fraîcheur si matinale qu'on entend chanter les oiseaux [1]. » C'était bien l'ambition de J. Millet. Au sujet de son *Angelus* en Bretagne, il disait : « Je veux qu'à la vue de ma toile, on entende tinter la cloche du village. »

Pourquoi l'architecte du nouveau palais de justice de Bruxelles a-t-il perdu de vue cette loi spécifique? Elle lui eût rappelé que dans la construction d'un édifice d'utilité publique, le beau intelligible, c'est-à-dire la finalité de l'édifice, ne peut être sacrifié au beau matériel, à l'aspect monumental de la construction; il n'eût pas donné les proportions les plus grandioses au portail, au parvis, à la salle des pas perdus et aux escaliers qui l'encadrent, pour aboutir à des salles d'audience petites et obscures; il n'eût pas mérité que notre Garnier, l'architecte de l'Opéra de Paris, invité à l'inauguration du palais de Bruxelles, s'écriât à sa vue : « C'est l'éléphance de l'art ! »

La loi hiérarchique dirigera les efforts de l'artiste vers la beauté spéciale correspondante au degré ontologique du sujet qu'il a choisi. S'il représente l'homme, il ordonnera toutes choses vers le rayonnement de la beauté intellectuelle et morale; il la mettra en action et en lumière, au point d'attacher sur elle le meilleur de l'attention et le tout de la

---

[1] *Apud* C. Martha, *la Délicatesse de l'art*, p. 81.

sympathie [1]. Si semblable direction était moins rare chez les artistes, les cabinets de lecture, les musées, les théâtres, etc., ne seraient pas envahis par tant d'œuvres démoralisantes.

La loi typique, en posant la nécessité de se conformer aux types définis, évoque le souvenir de Giotto, alors que, traçant un cercle à main levée, il disait : « Vous pouvez juger de ma maîtrise en voyant que je sais tracer un cercle impeccable. » Cette loi nous rappelle en même temps Michel-Ange déclarant que pour avoir le compas dans l'œil, il faut l'avoir eu longtemps à la main.

En provoquant l'artiste à la poursuite de l'idéal, cette même loi l'aide à s'élever à la conception du type spécifique selon le vœu de la nature. « *Le Semeur* et *les Glaneuses* de J. Millet — nous dit un des admirateurs du peintre — représentent non tel semeur ou telle glaneuse en particulier, mais le type même du semeur et des glaneuses, plus vrai, plus réel que n'importe quel individu. Il a enlevé de chacun d'eux ce qui n'était que l'accident : il a choisi, simplifié pour le mettre en relief le caractère générique [2]. »

D'autres fois et avec un moins grand danger de froidure académique, la loi typique fera chercher à atteindre le type idéal individuel, c'est la perfection du portrait, ce fonds d'expression qui anime le plus souvent la personne. L'artiste saisira donc les traits qui caractérisent le mieux les sentiments dominants

---

(1) Cf. G. Longhaye, *Études*, mai 1893, p. 111.
(2) Cf. Ch. Bigot, *les Peintres français contemporains*, p. 313.

de l'original. Si ces traits sont rendus avec éloquence, alors la physionomie est éclatante de ressemblance et de beauté ; elle est transfigurée par la vérité de l'expression, alors même qu'il s'agirait d'une figure disgraciée sous le rapport plastique.

La loi psychologique fera éviter tout ce qui serait déconcertant, pénible, choquant pour le spectateur ou l'auditeur. Si Canova avait eu cette loi présente à l'esprit, il se fût épargné la plus désagréable mésaventure. Chargé de faire la statue de Napoléon Ier de dimensions colossales, le grand artiste n'eût jamais songé à figurer l'empereur dans un état d'entière nudité, ainsi qu'il le représenta. A peine la statue, de quatre à cinq mètres de hauteur, était-elle arrivée à Paris et mise sous les yeux de Napoléon, que celui-ci indigné ordonna qu'on la dérobât à tous les regards et que nul n'en parlât. La consigne fut observée, pas un journal ne dit mot de l'œuvre de Canova ; aujourd'hui elle est en Angleterre.

En raison de la même loi, quel que soit l'avantage de la couleur locale, quand celle-ci est trop exotique, il faut l'atténuer pour ne pas déconcerter les spectateurs. « Un artiste qui s'ingénierait chez nous à faire de l'art chinois, indien ou japonais en travaillant d'après des modèles de ces divers pays, n'arriverait guère à le rendre acceptable qu'en l'européanisant un peu [1]. »

La loi d'affranchissement sauvegarde l'artiste en l'empêchant de trop sacrifier au goût du jour. Il y

---

(1) Cf. G. Prévost, *Essai d'une nouvelle esthétique.*

est fort exposé. N'y aurait-il pas imprudence à rester complètement étranger à son temps, à ne pas tenir compte du goût contemporain? Sans cet élément variable, un chef-d'œuvre lui-même ne serait pas apprécié, il n'intéresserait pas autant qu'une œuvre moins parfaite, mais reflétant son siècle. Nous répondons avec E. Delacroix : « Des banalités convenues suffisent à déparer des chefs-d'œuvre et les marquer promptement d'un cachet de décrépitude... Ce qui finit par effacer les plus grandes beautés, ce sont les *moyens d'effet* qui florissaient au moment où l'ouvrage a été composé; ce sont certains ornements accessoires à l'idée et que la mode consacre [1]. » La vogue du moment n'a le plus souvent pour point de départ que la fantaisie de quelques favoris du public ou les calculs de quelque spéculateur éhonté; comment oser faire fond sur elle?

Les œuvres des grands maîtres ont une beauté qui appartient à tous les temps, et porte un cachet de perpétuité. Un artiste célèbre de l'antiquité avait coutume de dire : « Je travaille pour l'éternité ! » *Æternitati pingo.* Ils seront toujours rares ceux qui savent assurer l'immortalité à leurs œuvres !

---

(1) E. Delacroix, *Journal,* t. II, p. 321.

II. — Classification des beaux-arts.

Dans cet ouvrage, nous n'avons pas abordé la question de l'art, nous nous en sommes tenu à celle du beau. Néanmoins, ne fût-ce que pour prendre date, nous exposerons ici une classification des beaux-arts. Au dire de plusieurs, cette classification réalise un vrai progrès : un auteur donne facilement créance à semblable témoignage, que le bienveillant lecteur lui pardonne cette faiblesse et juge par lui-même.

Les beaux-arts ont pour objet la production du beau. Ils sont assez nombreux ; on en distingue six principaux, savoir : la poésie, l'architecture, la peinture, la sculpture, la musique et la danse. Autour de chacun de ces arts en gravitent d'autres comme autant de satellites naturels. A la poésie se rattachent les belles-lettres et le côté esthétique de l'éloquence [1] ; à l'architecture, l'art de tracer les

---

[1] « Si nous ne comptons pas l'éloquence au nombre des beaux-arts, ce n'est pas que l'orateur ne puisse atteindre le beau et le faire resplendir, c'est qu'il se propose un but tout différent, celui de faire triompher la vertu et la vérité. » — Ch. Lévêque, *la Science du beau*, t. II, III° p., chap. vii.

jardins ; à la peinture obtenue par le pinceau ou la brosse, toute représentation au crayon, à la plume ou au burin ; à la sculpture, se joignent la glyptique et la gravure en médailles ; l'art musical se subdivise en plusieurs branches ; la danse s'accompagne de la mimique. De plus, parmi les arts secondaires, il en est qui tiennent à la fois de deux ou trois arts principaux, tels sont les arts du théâtre, de l'ameublement et de l'orfèvrerie.

L'étude comparative des beaux-arts amène les esthéticiens à en chercher le classement. Plusieurs se contentent de les ranger hiérarchiquement en *une seule série*. Ainsi font V. Cousin, Ch. Lévêque, M. l'abbé Gaborit, etc.; ils prennent la puissance d'expression comme terme de comparaison et s'accordent assez à donner la première place à la poésie, la dernière à l'architecture ; ils mettent la musique au-dessus de la peinture. D'après V. Cousin, après la poésie, la musique est l'art le plus pénétrant, le plus profond, le plus intime [1]. Ce classement en une seule série nous apprend peu de chose et ne nous dit rien des analogies qui relient certains arts entre eux.

Il y a lieu de préférer une classification en *deux séries*. M. Sully-Prudhomme partage les beaux-arts d'après la place qu'ils font soit à la subjectivité, soit à l'objectivité. Il met ensemble d'un côté la sculpture et la peinture en raison de ce que ces arts ont de subjectif, de l'autre l'architecture, la musique et la danse, dans lesquels la nature objec-

---

[1] V. Cousin, *du Vrai, du Beau et du Bien*, ixᵉ leçon, p. 199 et 203.

tive domine. Cette distinction nous paraît discutable. Le même auteur [1] groupe encore les beaux-arts d'après l'origine des signes qu'ils emploient : d'une part la sculpture, la musique et la danse qui toutes trois recourent à des signes naturels, de l'autre la poésie qui se sert de mots, c'est-à-dire de signes conventionnels. Cette répartition oublie l'architecture, d'ailleurs elle est peu féconde. Nous dirons la même chose du classement des beaux-arts en arts plastiques et arts phonétiques (A. Mellier) ou narratifs (G. Prévost). H. Taine, avec plusieurs autres, donne à la peinture et à la sculpture le nom d'arts d'imitation, à l'architecture et à la musique celui d'art sans modèle [2] ou de création. M. Arth. Loth lui répond : « A la réflexion, on s'aperçoit que les uns et les autres de ces arts procèdent à la fois de l'imitation et de la création. Tous ont leur fondement dans la nature, donc chacun d'eux a sa part d'imitation ; dans tous les arts, l'artiste se révèle créateur, donc tous ont leur part de création [3]. »

Nous offrons une classification, en partie nouvelle, qui nous semble combler les lacunes des précédentes. Elle est à double entrée, en deux séries et trois groupes.

		ENTRÉE DES GROUPES		
ENTRÉE DES SÉRIES	Arts du rythme :	Poésie	Musique	Danse
	Arts du dessin :	Architecture	Peinture	Sculpture

(1) M. Sully-Prudhomme, *l'Expression dans les beaux-arts*.
(2) H. Taine, *Philosophie de l'art*, p. 24.
(3) Arth. Loth, *l'Art*, p. 55.

Exposons et justifions les distinctions et les analogies indiquées dans ce diagramme : la division des beaux-arts en arts du rythme et arts du dessin; la constitution de chacune de ces séries; le parallélisme de chaque groupe.

Depuis nombre d'années, on est assez d'accord avec Ch. Blanc pour désigner l'architecture, la peinture, la sculpture et les arts secondaires qui s'en rapprochent, sous le nom des *arts du dessin*. Mais jusqu'à présent, les autres arts, la poésie, la musique et la danse n'ont pas de désignation collective qui ait conquis droit de cité. Les qualifications d'arts phonétiques ou narratifs s'appliquent peu ou point à la musique et à la danse. Il faut trouver mieux. Remarquons ce qui fait le mérite de la dénomination « les arts du dessin ». D'abord elle convient parfaitement aux trois arts auxquels on l'applique, de plus elle désigne le moyen d'expression commun à ces trois arts. Ne pourrait-on pas trouver de même un signe commun d'expression dans les trois arts de la poésie, de la musique et de la danse? Le *rythme* ne remplit-il pas dans ces derniers arts le rôle que joue *le dessin* dans l'architecture, la peinture et la sculpture? Nous avons donc les *arts du rythme* comme nous avons les arts du dessin.

Le *rythme*, c'est le caractère de l'ordre dans la succession périodique d'une cadence; le dessin, c'est le caractère de l'ordre dans le tracé des contours ou du modelé dans l'espace. Le rythme comme le dessin est l'élément le plus expressif des arts auxquels il appartient. Le rythme spécifie la série de la poésie, de la musique et de la danse, comme le dessin spécifie la série de l'architecture, de la peinture et de la sculpture.

La distinction et le groupement des beaux-arts en ces deux séries sont si bien fondés sur la nature des choses, qu'on les retrouve à quelque point de vue que l'on se place.

Si l'art a pour objet l'expression du beau, cette expression est en mouvement dans les arts du rythme, en repos dans les arts du dessin; elle se déploie dans le temps pour ceux-là, dans l'espace pour ceux-ci; sa durée est fugitive dans les premiers, permanente dans les derniers; enfin, si l'origine de l'expression est artificielle dans les arts du dessin, celle des arts du rythme est fort naturelle, car tout est rythmé dans l'univers. Toute poitrine se soulève et retombe périodiquement; le cœur bat et oscille en mesure; les messages des sensations et du mouvement courent en vibrations le long des nerfs; tout liquide s'écoulant par un étroit orifice s'échappe en pulsations; les céréales de nos champs ou les joncs de nos rivières rythment leur balancement, ceux-ci au gré de la vitesse du cours d'eau, celles-là toujours à la merci de la brise. Réunies en tableau, ces relations seront encore plus saillantes :

	Dans les Arts du rythme	Dans les Arts du dessin
La nature des signes d'expression :	c'est une cadence,	c'est un trait;
l'état de ces signes :	en mouvement,	en repos;
le milieu où ils se manifestent :	dans le temps,	dans l'espace;
la durée de cette expression :	fugitive,	permanente;
l'origine de cette expression :	naturelle,	artificielle.

En chacune de ces deux séries, on peut assigner

aux arts qu'elle renferme leur place hiérarchique, car « l'art grandit à mesure que le beau s'élève et que la forme devient plus expressive [1]. »

Dans la série rythmée, la poésie tient certainement le premier rang, aucun art ne parle aussi bien à l'intelligence ; la danse au contraire s'adresse surtout aux sens, elle occupe le dernier rang ; la musique se place entre deux, son langage est beaucoup plus expressif que celui de la danse et beaucoup moins précis que celui de la poésie.

Parmi les arts du dessin, il ne paraît pas aussi facile de s'entendre sur la prééminence. Beulé donne la première place à la sculpture, un grand nombre à la peinture... Cependant, nous le croyons avec Ch. Blanc, sous bien des rapports, l'architecture l'emporte sur la sculpture et la peinture. « Plus que l'une et l'autre, elle est capable de donner le sentiment du grand et de l'infini. Ces immenses masses de pierres, dressées et ajustées entre elles, édifiées en forme de temples, de palais, de pyramides, s'étayant en élévation de manière à porter des dômes, des tours, des clochers, qui atteignent à des hauteurs cent fois supérieures à celle de l'homme, n'offrent-elles pas à l'œil humain la plus saisissante image de la grandeur et de la durée ? Avec cela, l'architecture excelle à exprimer la grâce autant que la force. Elle élève les immenses pyramides de l'Égypte et les plus charmants édicules de la Grèce et de Rome. Elle est capable d'exprimer les idées les plus délicates comme de rendre les sentiments

---

[1] P. G. Longhaye, *Théorie des belles-lettres*, p. 84.

les plus forts [1]. » Ajoutons que la finalité domine dans l'architecture et lui assure souvent une beauté intelligible supérieure. Le second rang appartient à la peinture ; le troisième à la sculpture, car de tous les arts du dessin, elle est celui dans lequel la matière joue le rôle le plus absorbant.

Entre les deux séries des beaux-arts, le parallélisme va plus loin que cette gradation ; des analogies puissantes relient, dans chaque groupe, l'art du dessin avec l'art du rythme qui lui correspond.

Dans le *premier groupe*, chacun des arts qui le composent fait appel aux deux autres de la même série. La poésie convie la musique et la danse, l'architecture réclame le concours de la peinture et de la sculpture. La poésie se sert de paroles, des mots, comme l'architecture se sert des matériaux de bâtisse. « L'architecture en effet façonne la matière en lui faisant prendre toutes les formes que permettent les lois de l'équilibre et de la pesanteur. Avec des matériaux bruts et par leur seul arrangement en rapport avec l'objet qu'elle se propose, elle traduit des idées, elle donne des impressions... qui ne sauraient avoir avec aucun art une signification aussi saisissante [2]. » La prose est à la poésie ce qu'est la bâtisse à l'architecture. « L'architecte doit savoir qu'en distribuant les pleins et les vides, la lumière et les ombres dans son œuvre, il détermine le caractère de sa poésie [3]. » Une cathédrale est

---

(1) Arth. Loth, *l'Art*, p. 63 et 65.
(2) Cf. *id. op.*, p. 41-62.
(3) Ch. Blanc, *Grammaire des arts du dessin*, p. 97.

une véritable épopée ; tout poème est un harmonieux édifice. D'après Aristote, le poète est un créateur, nous pouvons en dire autant de l'architecte, il n'a pas de modèle dans la nature. La poésie, comme l'architecture, exige, pour être comprise et goûtée, une culture intellectuelle plus grande que ne le demandent les autres arts.

Entre la musique et la peinture qui forment le *second groupe* de notre tableau, nous constatons d'abord un rapprochement remarquable : l'un et l'autre donnent au caractère commun de leur série son maximum d'importance. Dans aucun art, le rythme n'est aussi essentiel que dans la musique, ni le dessin plus indispensable que dans la peinture et les arts qui en dépendent. Il y a en plus de telles analogies entre ces deux arts que, dans le langage habituel, les expressions qui appartiennent originairement au vocabulaire de la peinture s'emploient également en traitant de la musique, et *vice versâ*. On parle de la gamme des couleurs comme de la gamme des sons; de dessins mélodiques; de teintes harmonieuses comme aussi de gammes chromatiques. La musique a son coloris pour l'oreille comme la peinture ses harmonies pour les yeux. Voici en effet comment Ch. Gounod démontre que la langue française est plus harmonieuse que la langue italienne : « Notre langue est moins riche de coloris, soit; mais elle est plus variée et plus fine de teintes; elle a moins de rouge sur sa palette, j'y consens; mais elle a des violets, des lilas, des gris-perles, des ors pâles que la langue italienne ne connaîtra jamais... Savez-vous à quoi je compare la langue italienne? A un magnifique bouquet de roses, de pivoines, de crocus, de rhododendrons, mais auquel il manque des héliotropes, des résédas, des violettes [1]. » Il en est un peu de la musique et de la peinture comme du son et de la lumière, « le parallèle est si parfait qu'il se soutient même dans les plus petites circonstances [2]. »

Cependant il est facile de s'égarer dans la poursuite de ce parallélisme. C'est l'aventure de ceux qui ont cru pouvoir comparer les sept notes de la gamme musicale aux sept couleurs du spectre, les trois notes de l'accord parfait avec les trois couleurs fondamentales [3]. La gamme chromatique diffère profondément de la gamme musicale : l'oreille réclame des intervalles sensibles pour constituer sa gamme, l'œil au contraire cherche des nuances de transition pour établir la sienne ; la gamme musicale est une période de sept sons au-dessus et au-dessous desquels il y a des périodes semblables, la gamme chromatique est unique ; les notes de l'accord parfait, entendues à la suite l'une de l'autre, donnent une mélodie, tandis que les couleurs qui s'harmonisent pour former la lumière blanche ne sauraient s'accorder quand on les juxtapose [4].

---

(1) *Apud* Legouvé, *L'Art de la lecture.*
(2) Euler, *Lettres à une princesse d'Allemagne.*
(3) « Pourquoi les sept nuances du rayon de lumière décomposé se réduisent-elles à trois couleurs, la première, la troisième et la cinquième, qui produisent toutes les autres? Pourquoi les sept notes de la gamme s'appuient-elles aussi sur trois notes fondamentales qui forment l'accord parfait et sont aussi, comme pour les couleurs, la première, la tierce et la quinte? » — P. Gratry, *Philosophie du Credo*, p. 99.
(4) Voir notre *Répertoire chromatique*, p. 27.

Ce n'est pas à la gamme des tonalités, mais à celle des timbres que correspond la gamme des couleurs du spectre. Une peinture où s'étale la variété des teintes d'une palette complète répond à une exécution à grand orchestre, où tous les timbres se font entendre ; une peinture en camaïeu a pour pendant musical tout morceau joué sur une seule espèce d'instrument, le timbre reste foncièrement le même. Il est des timbres qui se marient très bien, d'autres qui s'associent difficilement ; de même parmi les couleurs, il en est dont les nuances s'harmonisent de suite, d'autres qui ne sauraient être juxtaposées sans précautions et réserves.

La variété de style existe en musique comme en peinture. Le roi d'Espagne avait demandé à Mengs trois grands tableaux pour la chapelle d'Aranjuez. Le premier devait représenter l'Annonciation. L'artiste médite longuement son sujet, puis se met à l'œuvre, jette son dessin sur la toile tout en chantant une sonate de Corelli. « C'est — dit-il au chevalier d'Azura — que je veux faire mon Annonciation dans le style de cette sonate. » D'après le même Mengs faisant écho aux leçons de Platon [1], pour une scène champêtre il faut employer le mode péonien et non le dithyrambe qui convient à une bacchanale ; pour une descente de croix, il est nécessaire de se servir du mode dorien ; le genre chromatique, léger et gracieux, sera d'un heureux succès dans un tableau de la Nativité [2].

---

[1] Platon, *Second livre des lois.*
[2] Mengs, *Œuvres*, t. II, p. 33, 34.

Le troisième groupe se compose de la danse et de la sculpture. Au premier abord ces deux arts semblent offrir un contraste plutôt qu'une analogie. La sculpture se prête aux représentations les plus diverses, à l'expression de sentiments religieux ou profanes, joyeux ou tristes, gracieux ou grandioses. En est-il de même de la danse, soit dans nos salons, soit dans nos théâtres ? Assurément non. Mais le domaine de la danse s'étend bien au delà des bals et des ballets. De tout temps on a vu, et l'on voit encore aujourd'hui, au moins en certaines régions, des danses religieuses ou belliqueuses, funèbres ou triomphales. La danse n'est pas nécessairement une *sauterie,* elle peut être fort grave. Que sont nos processions solennelles avec les figures qu'y exécutent les enfants de chœur, sinon des danses religieuses [1] ? Que sont les manœuvres militaires, au jour des grandes revues, sinon des danses guerrières ?

---

(1) Elles sont particulièrement remarquables en Espagne, surtout à Séville. « Lors de la Fête-Dieu, de la fête de l'Immaculée Conception, etc., douze enfants de chœur exécutent des danses devant le Saint-Sacrement. Ces enfants portent un costume moyen âge des plus pittoresques, culottes de soie blanche et vestes rouges à la Fête-Dieu, bleues au jour de l'Immaculée Conception. Ils ont un chapeau de même couleur et orné de plumes, ils le portent sous le bras gauche tandis qu'on chante les strophes et le mettent sur la tête pour pouvoir jouer des castagnettes dans les intervalles qui séparent les strophes. Vers la fin du seizième siècle, l'archevêque Palafox voulut supprimer ces danses, il obtint même un décret de Rome en ce sens. Mais quelques années plus tard, parait-il, la troupe des douze enfants de chœur fut conduite à Rome et exécuta ses danses sous les yeux du Souverain Pontife Innocent XI, le pape en fut si charmé qu'il fit retirer le décret de prohibition et donna pleine approbation à ces danses religieuses. Depuis lors elles ont toujours été maintenues. » — P. J. Morris, *The Month*, déc. 1892.

La danse n'a rien à envier à la sculpture sous le rapport de la variété.

Ces deux arts se rapprochent l'un de l'autre par leur antiquité et leur diffusion, par la nature des signes qu'ils emploient et celle du beau qu'ils représentent.

S'il faut en croire F. de Lamennais, la danse et la sculpture auraient cela de commun qu'elles seraient aussi anciennes et aussi répandues que l'humanité. « De l'état le plus sauvage au plus haut degré de civilisation, chez tous les peuples, on trouve la danse avec un commencement d'art plastique [1]. »

Dans la poésie et l'architecture, les signes employés, je veux dire les mots et les appareils de construction, sont en quelque sorte perdus dans le rayonnement des pensées et des sentiments qu'ils éveillent; ils s'adressent surtout à l'esprit. Dans le groupe de la musique et de la peinture, les signes, sons ou couleurs, ne disparaissent plus, nous occupent davantage, ils s'adressent surtout aux yeux et aux oreilles, mais échappent absolument au contact. Dans la danse et la sculpture, les signes sont essentiellement palpables, ils se révèlent à nous avec les trois dimensions des corps. Dans ces deux arts, c'est le beau plastique qui domine, par suite « l'expression est toute à la surface [2] » et reste courte comparativement à celle que peuvent offrir les autres arts.

---

[1] F. de Lamennais, *de l'Art et du beau*, ch. vi.
[2] Joubert *apud* Ch. Blanc, *Grammaire des arts du dessin*, p. 484.

La danse et la sculpture nous montrent le beau à peu près exclusivement dans le corps humain. En ce qui concerne la danse, c'est évident. Quant à la sculpture, bien qu'elle reproduise des végétaux et mieux encore des animaux, son objet propre est la nature humaine [1]. La sculpture est avant tout la statuaire [2], c'est-à-dire une attitude personnelle, fixée, immobilisée dans l'inertie d'un solide ; la danse est la pose en mouvement, une sculpture animée par la vie.

En terminant cet exposé des différences qui séparent et des analogies qui unissent les arts du rythme et les arts du dessin, on peut se demander laquelle de ces deux séries devra finalement l'emporter sur l'autre.

Au premier abord les arts du dessin semblent devoir triompher. La peinture et la sculpture ont le privilège de soustraire les beautés de la nature à l'action destructive de la durée. L'artiste paraît suspendre le cours des années ; il saisit et fixe la beauté du visage humain et le met à l'abri des outrages du temps. Les roses, qui dans nos jardins

---

(1) « La sculpture laisse de côté comme peu digne d'elle, le règne végétal ainsi que, dans le règne animal, les individus que la nature a relégués à l'extrémité de l'échelle...; l'homme, le chef-d'œuvre de la création, voilà le sujet vraiment digne de son ciseau. » A. G. de Schlegel, *Hist.*, p. 50 de la trad.

(2) « La statue résume l'art du sculpteur. N'alléguez ni les délicates fictions du bas-relief, ni l'attrait particulier du buste qui concentre le regard, ni le charme du médaillon si aisément populaire...; l'œuvre maîtresse entre toutes, c'est la statue. » Jouin, *Esthétique du sculpteur*, p. 131.

ne durent que l'espace d'un matin, doivent au peintre et au sculpteur de braver les siècles. Parlant des Propylées d'Athènes, Plutarque a dit : Ces ouvrages ont conservé une fraîcheur, une virginité que la durée ne peut flétrir. Ils paraissent brillants de jeunesse. Soit.

Néanmoins, les arts du dessin avec tous leurs chefs-d'œuvre passeront ainsi que la terre et ses misères, tandis que les arts du rythme, immortels comme l'âme humaine, perpétueront leurs jouissances dans les enivrements de la patrie céleste.

ERRATAS QUE L'AUTEUR A LA CONFUSION DE LAISSER
A CORRIGER AU BIENVEILLANT LECTEUR.

Pages

xiv, note 1,   lire *Chesneau*   au lieu de *Chesnau*.
12, note,   — *einen*   —   *einem*.
24, note,   — *Schönheit*   —   *Shonheit*.
60, note 4,   — *Dominus*   —   *Deus*.
68, note 1,   — *F. Brunetière,* —   *E. Brunetière.*
74, ligne 6,   *du célèbre écossais Mac Laurin, pour en donner...*
75, note,   — *J.-H. Fabre* au lieu de *J.-H. Favre.*
100, note 1,   — *Satire*   —   *Satyre.*
130, note 1,   — *serval*   —   *servel.*
141, note 2,   — *Peladan*   —   *Peladon.*
170, au bas,   — *Cette unité résulte de la concentration...*
220, note,   — *dem Zauberlicht der Schönheit... Weltschönheit... einer allgemeinen...*
268, note 2,   — *Grundriss der Aesthetik.*
273, note 3,   — *Die Welt als Wille...*
275, note 3,   — *quietetur*   au lieu de *quietur.*
295, ligne 24, — *Leconte de Lisle* — *Lecomte de Lisle.*
336, au bas,   — *F. Lenormant* —   *F. Lenormand.*
347, ligne 11, — *les stanze*   —   *les stanzes.*
349, note 2,   — *J. Claretie*   —   *E. Claretie.*

TABLE ALPHABÉTIQUE DES MATIÈRES

A

Abeille (l'), son merveilleux instinct, p. 72-74.
Accords (les) font l'harmonie, p. 26. — Il en est dans les lignes, les galbes, les sons, les couleurs, ibid.
Ame (l') humaine, sa beauté intelligible, p. 62, 63 ; — son reflet sur le visage, p. 158, 173 ; — son union avec l'organisme, p. 171.
Amour (l'), qu'est-ce ? p. 249. — En esthétique, tend-il à l'union ? p. 253, 278. — Il est culte d'admiration, p. 254, 256.
Analyse des diverses définitions du beau, p. 13-16, — de la sensation, p. 223.
Angelus (l') de Millet, p. 380, 389.
Anges (les), leur beauté intelligible, p. 63-66. — Pourquoi sont-ils des types de beauté ? p. 162.
Animal (l') n'est beau qu'avec l'expression de la vie, p 335, 336 ; — il est supérieur en beauté au végétal, p. 147, 168 ; — il n'a aucun sens esthétique, p. 243-246.
Animaux (les) nous offrent une image des vertus et des vices, p. 126. — Ils n'ont pas de formes géométriques, p. 334.
Anthropomorphisme, p. 137.
Antifinalistes (les), il n'y a pas lieu d'en tenir compte, p. 68.
Antinomies, p. 329.
Apologue, source de son éloquence, p. 126.
Araignée (l') est plus belle que toute fleur, p. 169 ; — est insensible à la musique, p. 245.
Architecture (l') a pour point de départ l'utilité, p. 83. — Sa place dans les beaux-arts, p. 397-400. — Son parallèle avec la poésie, p. 401.
Art (l') a précédé la science, p. ix. — Est-il indépendant ? p. 340-343.
Artiste (l') doit tendre au bien à travers le beau, p. 342. — Il peut néanmoins représenter le vice, p. 343.
Artistes (les) grecs, leur goût exquis, p. 163, 343.
Arts (les) utiles et industriels, p. 78 ; — plastiques ou phonétiques, p. 395 ; — de création ou d'imitation, ibid. ; — du dessin ou du rythme, p. 396-398.
Ascension à l'aide des créatures, p. 137, 138.

Association des images, p. 228, 229; — des souvenirs, p. 234, 235.
Astres (les) nous donnent un exemple de fidélité, p. 128.
Attributs de Dieu, moraux, statiques, dynamiques, p. 59, 60.
Augustin (saint) et sainte Monique, d'Ary Scheffer, p. 122, 123.

B

Balancement, son rôle esthétique, p. 310, 329.
Balustres, sens de leur pose, p. 315.
Béatitudes (les huit), code idéal de perfection morale, p. 205, 206.
Beau (le) charme dès l'enfance, p. ix, 313, 314. — Il est supérieur au vrai et au bien, p. 100. — Il est ce qu'il y a de plus divin, p. 111. — Sa réalité objective, p xiv, xv, 2. — Est-il opposé à l'utile, p. 55-57; 276, 324. — Ses diverses définitions, p. 7-38. — Ses diverses divisions, p. 41-43. — Il parle à l'imagination, p. 230. — Il est apprécié par l'intelligence, p. 236-246. — Il donne une fête à toutes les facultés, p. 263. — Il a ses lois immuables, p. 306, 307. — Il est multiforme, p. 375, 376.
Beauté (la) est une parure, p. 149. — Elle est un don de Dieu, p. 289. — Sa richesse dans la nature, p. 319. — Elle croît avec l'excellence des êtres, p. 148, 149. — Son éclat sur le visage humain, p. 173. — La beauté correspondante au degré ontologique, p. 330-347. — Dans les êtres intelligents, elle est de droit unie à la vertu, p 339, 340. — Elle est absolue en Dieu, p. 133-141; — graduée dans les créatures, p. 142-149.
Beauté matérielle (la), qu'est-ce? p. 43, 46; — son existence, p. 47-51; — son domaine, p. 50.
Beauté intellectuelle (la), qu'est-ce? p. 43, 46; — son existence, p. 53, 54; — dans les esprits, p. 58-66; — dans la nature, p. 67-76; — dans les sciences, etc., p. 77-82; — dans les beaux-arts, p. 83-92, 327-329; — elle est supérieure à la beauté matérielle, p. 150-158.
Beauté morale (la), qu'est-ce? p. 43, 46, 93-130, 159, 160, 187; — en d'Assas et saint Vincent de Paul, p. 98, 99. — Autres exemples, p. 96, 97, 161, 184. — Elle est supérieure à la beauté intelligible, p. 159-165.
Beaux-Arts, leur objet, leur classification, p. 393 et suiv.; — leur influence sur les mœurs, p. 115-124.
Bien (le) et le mal, d'Orsel, p. 120-123.
Bien moral (le) de l'homme, qu'est-ce? p. 94.
Biographies où brille le beau moral, p. 111.
Bonheur (le) est la destinée de l'homme, p. 94. — Où se trouve-t-il? p. 95.
Bossu (un) peut-il être beau? p. 321-322.

C

Caïn maudit devant le corps d'Abel, tableau d'Orsel, p. 89, 90.
Canon (le) ou type défini d'un être, p. 360.

Caprices (les) de la mode, p. 379, 380.
Cartons (les) de Raphaël, p. 361; — de Puvis de Chavannes, Ibid.
Cathédrales (nos), p. 86, 87, 115, 326.
Cerceris tuberculé, son instinct prodigieux, p. 74-75.
Chameau (le) dans le désert, p. 368, 369.
Chants (les) des oiseaux ne prouvent pas leur sens esthétique, p. 213.
Chapiteau (le) en architecture, p. 370.
Chimie (la), ses merveilles, p. 80.
Chrétien (le), sa beauté supérieure, p. 174-179, 181-183; — elle est détruite par le péché, p. 180; — elle peut être recouvrée, p. 181.
Chronomètre (le), sa beauté intelligible, p. 79.
Cinématographe (le), ses merveilles, p. 81, 82.
Circulation (la) du carbone dans la nature, p. 70, 71.
Clarté (la) ou splendeur en esthétique, p. 14, 16, 32-36.
Classification des beaux-arts, p. 393-405.
Clefs pendantes de voûtes, p. 365.
Cœur (le) en tant que faculté, p. 218, 219; — son rôle esthétique, p. 250, 259.
Combat spirituel (le), du P. Scupoli, p. 110.
Composition physique ou métaphysique, p. 59.
Connaissance intuitive ou discursive, p. 271, 272.
Conscience morale (la), qu'est-ce? p. 91.
Conseils évangéliques, p. 107.
Couleur (la) locale, p. 346, 391.
Courbes (les), leur rôle esthétique, p. 343.
Crainte (la) est un obstacle à la jouissance esthétique, p. 276.
Crapaud (le) a sa beauté, p. 321; — son expression, p. 338.
Création (la) de Raphaël, p. 140.
Créatures (les) sont faites pour l'homme, p. 68, — elles reflètent Dieu, p. 139.
Criterium (le) en esthétique, p. 306.
Critique (la) esthétique, p. 302-304, 386, 387.
Culture (la) esthétique, p. 280-287; — sa moralité, p. 288 et suiv.

D

Danse (la), sa place dans les beaux-arts, p. 395-398; — son parallèle avec la sculpture, p. 404-405.
Déchet (le) est inconnu dans la nature, p. 70-72.
Degré (le) d'excellence d'un être, qu'est-ce? p. 111.
Degrés (les) du beau relatif, p. 111-118.
Démons (les), pourquoi sont-ils des types de laideur? p. 162.
Dépendance (la), son rôle, ses variétés en esthétique, p. 314-318.
Désintéressement essentiel de la volonté en esthétique, p. 251, 252, 275.
Désordre (le) peut-il être beau? p. 329.
Dessin et arts du dessin, p. 396-398.
Destinée (la) humaine, p. 94-95.

Devoir (le), qu'est-ce ? p. 91.
Diagramme de la classification des beaux-arts, p. 395.
Diatomées (les), leurs merveilles, p. 33.
Dieu, sa beauté suprême, p. 59-61, 131-140.
Différences (les) sont seules à intéresser, p. 18; — leurs diverses expressions, p. 309; — celles du beau au vrai et au bien, p. 100.
Difformité (la) naturelle a sa beauté intelligible, p. 321, 322.
Distinction de la mémoire et de l'imagination, p. 233.
Dogmes (les) catholiques, leur beauté, p. 103; leur rôle en morale, p. 107.
Doryphore (le) de Polyclète, p. 360.

E

Eau (l') nous donne un exemple de fidélité, p. 129; — elle est plus belle à notre intelligence qu'à nos sens, p. 152-154.
Ébauche (l') quelquefois plus expressive que l'œuvre achevée, p. 360.
Échelle des êtres, p. 68, 143, 166. — L'échelle de la beauté lui correspond, p. 118.
Économie qui règne dans la nature, p. 72.
Église (l'), son admirable organisation, p. 103.
Éléments du beau et leur réduction, p. 14-16.
Éléphant (l') a sa beauté, p. 321.
Élévations des créatures à Dieu, p. 137.
Éliezer et Rebecca, tableau de Poussin, p. 318.
Éloignement (l') diminue la variété, augmente l'unité, p. 318.
Émotion (l') esthétique, p. 259.
Équilibre, son rôle dans le beau, p. 310.
Espèces irréductibles du beau, p. 43.
Esprit (l') est libre, la matière esclave, p. 114.
Esthétique (l'), la reine des sciences, p. IX, X, 141; — livrée de nos jours au scepticisme, p. XII, 302, 382; — a des liens étroits avec la religion, p. XVI, 103-107; — jette de grandes lumières, p. 100.
Étrangeté (l') d'un objet nuit à sa beauté, p. 366, 367.
Êtres vivants (les) disent plus à l'intelligence qu'aux sens, p. 154-157.
Eucharistie (l'), son rôle esthétique, p. 108, 109, 213.
Eurêka d'Archimède, p. 56.
Excellence (l') d'un être, qu'est-ce ? p. 144.
Exemples de fidélité offerts par la nature, p. 127-130.
Exercices spirituels (les) de saint Ignace, p. 110.
Exigences esthétiques de la vie végétative, p. 332, 333; — sensitive, p. 334-336; — intelligente, p. 337, 338; — morale, p. 339-345.
Expression (l') est une beauté intelligible, p. 87, 88; — dans un visage, elle ne dépend pas toujours des traits plastiques, p. 160, 161. — Elle doit être vraie, contenue, mesurée, p. 338, 339, 391. — Celle de la vie, p. 333-336, 388; — celle de l'intelligence, p. 337-338; — celle de la vertu, p. 343-347.
Extase (l') et la jouissance esthétique, p. 278.

F

Figure (la) humaine doit refléter l'âme, p. 337.
Finalité (la), qu'est-ce? p. 70. — Elle se révèle partout, p. 68. — Elle a pour lien la logique, p. 316, 317.
Fleurs (les), leur éloquence, p. 130.
Foi (la) fait appel à l'imagination, p. 139.
Forêts (les) parlent plus à l'intelligence qu'aux sens, p. 155, 156.
Forme (la) du beau, en métaphysique et en esthétique, p. 22.
Fuchsia (le), raison de l'inversion de ses fleurs, p. 156.
Fusion (la), son rôle en esthétique, p. 312, 314.

G

Gamme des sons et des couleurs, p. 401, 402.
Génie (le) artistique ne s'acquiert pas, p. 386, 387.
Géométrie (la), sa beauté, p. 78.
Girafe (la) dans son habitat naturel, p. 368.
Glaneuses (les), de J. Millet, p. 390.
Gothique (le), p. 319.
Goût (le), qu'est-ce? p. 373, 374; — son développement, p. 282, 287, 380, 381.
Goût personnel (le), p. 374-377; — ses divergences et vicissitudes, p. 374-376.
Goût régnant (le) à Rome, à Java, p. 378; — ses variations, p. 379-381.
Gradation (la) esthétique procède par échelons, p. 143.
Grandeur (la) élément du beau, p. 14-16, 33; — ses limites, p. 33, 34.
Grecs (les) ont vu le côté esthétique du sacrifice, p. 163.

H

Harmonie (l'), son rôle, p. 13, 15; — son origine, p. 26, 311.
Hercule de Farnèse (l'), p. 329.
Héroïsme du général de Sonis, p. 96; — de la duchesse d'Alençon, p. 97; — du chevalier d'Assas et de saint Vincent de Paul, p. 98, 99; d'une sœur de l'Hôtel-Dieu, p. 183, 184.
Hiérarchie dans les êtres, p. 143, 166.
Homère, ses statues, p. 337.
Homme (l'), sommet et centre de la création visible, p. 68, 117, 118. — En lui éclate la suprématie du beau intelligible sur le beau plastique, p. 158. — Il est l'artisan de sa beauté morale, p. 162. — Sa supériorité esthétique, p. 169-173. — Seul ici-bas, il a le sens esthétique, p. 243-246.
Homme de goût (l'), p. 373, 382.
Hôtel du Crédit Lyonnais, à Paris, p. 84, 86.

I

Idéal (l'), qu'est-ce? p. 348, 349. — Est-il inné ou acquis, p. 350-352; — ses charmes, p. 360; — dans la vertu, p. 343-346; — dans la sainteté, p. 183, 185.

Images (les) sont conservées par l'imagination, p. 227; — groupées, p. 228; — comment rappelées? p. 228, 229, 231.
Imagiers du treizième siècle, p. 116, 315.
Imagination, sa supériorité sur les sens, p. 226, 227, 231, 232, 259. — Son infériorité à l'égard de l'intelligence, p. 228, 229, 259. — Elle demande à ne pas être trop vivement frappée, p. 371, 372. — Son rôle esthétique, p. 230.
Impression (l'), p. 366.
Impression du beau (l'), sa définition, p. 268-279; — elle n'est pas une sensation, mais un sentiment et un jugement, p. 222, 260; — son siège, p. 257 et suiv.
Incorrections voulues des artistes, p. 334, 335.
Indépendance de l'art, p. 310-313, — de l'artiste, p. 374, 380-382.
Influence du goût, soit personnel, soit régnant, p. 375-377; — du climat sur le style, p. 378.
Influence morale des lettres et des beaux-arts, p. 113-124; — de la nature, p. 125-130.
Instinct de l'abeille et du cerceris, p. 72-75.
Instinct de jeu (l'), p. 267.
Intégrité (l'), élément du beau, inséparable de l'unité, p. 14, 15.
Intelligence (l'), faculté esthétique par excellence, p. 236, 237, 260, 261. — C'est elle qui perçoit l'unité, p. 237-240.
Intelligence du beau (l'), p. 282, 283.
Intuition (l') en esthétique, p. 270-279.

J

Jeanne d'Arc (la) de Chapu, p. 88, 89.
Jésus (N. S.), sa beauté, p. 198; — en son corps sacré, p. 199-203; — en sa sainte âme, p. 204-207; — en son histoire, p. 207-214.
Jeunesse (la) aime le changement, p. 366.
Joie esthétique (la) est profonde, p. 269.
Joli (le) n'est qu'un diminutif du beau, p. 42.
Jouissance esthétique (la) n'admet pas l'effort, p. 240, 241, 368; — elle donne une fête à toutes nos facultés, p. 263-269; — elle est désintéressée, p. 270-277.
Jour (le) et la Nuit, de Michel-Ange, p. 361.
Jubé (le) de l'église Sainte-Madeleine de Troyes, p. 364.
Jugement (le) précède le sentiment de l'impression esthétique, p. 260; — il est souvent inconscient, p. 236, 241-243.

K

Kalokagathon des Grecs, p. 310.
Kantisme (le), son influence, p. xi, xiv; est en baisse, p. xv.

L

Laideur plastique de Mirabeau et de Rachel, p. 158.
Laocoon (le), p. 339.
Légende du moine voulant voir Marie, p. 196; — du portrait de Jésus, p. 201.
Liberté (la), pourquoi donnée à l'homme? p. 95, 96.
Liste d'ouvrages sur l'esthétique, p. XII.
Liturgie catholique, sa beauté, p. 101.
Locomotives (les), leur beauté intelligible, p. 79.
Logique (la) est le lien de l'ordre intellectuel, p. 55; — le lien de toute utilité ou finalité, p. 316, 317; — sa place dans les beaux-arts, p. 317, 318.
Lois du beau (les), objectives et subjectives, p. 307; — leur utilité, p. 385-387.
Lumière (la) recherchée par les plantes, p. 71.
Lupus (le) superbe, p. 323.
Lutte (la) nécessaire pour atteindre la beauté morale, p. 163.

M

Machines (les) de l'industrie sont souvent des chefs-d'œuvre, p. 80.
Madeleine (la) pénitente de Canova, p. 117, 118.
Magnanimité d'Auguste, p. 96.
Marie (la B. V.), sa beauté morale, p. 186-189; — sa beauté intelligible, p. 189-192; — sa beauté plastique, p. 192-197.
Matière (la) est esclave et l'esprit libre, p. 144.
Maximum d'effet et minimum d'énergie, p. 72.
Mélange (le), son rôle esthétique, p. 312-314.
Mémoire (la) chez l'enfant et chez l'homme, p. 232-234.
Mesure (la) en esthétique, p. 27, 391.
Minéral (le), p. 146, 167.
Mirabeau transfiguré à la tribune, p. 158.
Mode (le) lydien, dit ton joyeux, p. 124.
Modes (les), p. 379.
Moisissure (la) est plus belle que le diamant, p. 168.
Monde (le) des esprits, p. 58-66.
Monstres (les) ont leur beauté, p. 322.
Morale (la), sa base, son code, p. 106, 107; — son idéal, p. 107, 205, 206. — Son indépendance est absurde, p. 105.
Moralité (la) a pour appui essentiel la religion, p. 105-107.
Mosaïque uniforme, p. 18; — bigarrée, p. 21; — belle, p. 25, 26.
Musique (la), sa beauté intelligible, p. 91, 92; — son influence morale, p. 123; — elle n'est pas goûtée des animaux, p. 243-246; — sa place dans les beaux-arts, p. 397-398; — son parallèle avec la peinture, p. 400-402.

N

Nature (la), sa beauté intelligible, p. 67-76; — elle ne connait pas de déchet, p. 70-72; — son influence morale, p. 125-130.
Neige (la) a sa beauté, p. 19.
Netteté (la) a son influence esthétique, p. 31.
Neutralité (la) morale dans l'art, p. 342.
Niobé (la), p. 339.
Nombre (le) en esthétique, p. 27.
Nouveauté (la), son influence en esthétique, p. 35, 366, 367.

O

Opposition entre beau et utile, p. 55-57, 276, 324.
Ordre (l'), qu'est-ce? p. 15; — son rôle esthétique, p. 29-31. — Il faut qu'il resplendisse pour être beau, p. 32-34. — Il est intentionnel, p. 17, 18.
Ordre matériel (l'), qu'est-ce? p. 18. — Il est inférieur à l'ordre intelligible, p. 144.
Ordre intellectuel (l'), qu'est-ce? p. 13, 18. — Il est inférieur à l'ordre moral, p. 115. — Il a pour fond la vérité, pour lien la logique, p. 54, 55.
Ordre moral (l'), qu'est-ce? p. 43, 93-95; — son domaine, p. 101. — Pratiquement il est l'unité faite entre la volonté divine et la volonté humaine, p. 95.
Organisme animal (l') est sensible aux sons et au rythme, pas à la musique, p. 244, 245.

P

Parallèle entre le sauvage, le civilisé et le chrétien, p. 205, 206; — entre les arts du dessin et les arts du rythme, p. 395 et suiv.; — entre la poésie et l'architecture, p. 399; — entre la musique et la peinture, p. 400; — entre la danse et la sculpture, p. 403.
Parallélisme, son rôle esthétique, p. 310.
Péché (le), grand destructeur de la beauté, p. 180, 181.
Peinture (la), sa place dans les beaux-arts, p. 397-398. — Son parallèle avec la musique, p. 400.
Perfection (la) et la beauté ont une commune mesure, p. 23.
Perfection humaine (la), p. 94, 95.
Philosophie (la), son influence morale, p. 111, 112.
Phonographe (le) et la photographie, p. 81.
Physionomie du curé d'Ars et de Voltaire, p. 161; d'Ésope, p. 331.
Physique (la), ses merveilles, p. 80.
Plain-chant (le), p. 124.
Plante (la) cherche la lumière, p. 71.

Poésie (la), sa place dans les beaux-arts, p. 397, 398; — son parallèle avec l'architecture, p. 399.
Poli (le) des objets, son rôle esthétique, p. 34, 35.
Polyphème peint par Wiertz, p. 33.
Principe de moindre action, p. 72.
Proportion (la), son rôle, p. 26, 27; — elle dépend des rapports, p. 14, 26; — se confond avec l'harmonie, p. 16, 26.
Puissance (la) esthétique de l'expression, p. 335, 337.
Punaise (la) a sa beauté, p. 321.
Pureté (la) physique, son influence en esthétique, p. 34, 35.

R

Rachel transfigurée sur la scène, p. 158.
Rapports (les), leur rôle en esthétique, p. 11-26; leur diversité, p. 26, 43.
Rapprochement (le) augmente la variété, diminue l'unité, p. 318.
Rareté (la) d'un objet ajoute parfois à sa splendeur, p. 31.
Rationalisme (le) fausse l'esprit, p. 112.
Réalisation de l'unité dans la variété, p. 25-28.
Réalisme (le), son fond, p. 349.
Réalité objective du beau, p. xiv, xv, 2.
Recherche de Dieu à travers les créatures, p. 137, 138.
Règnes (les) de la nature enchérissent les uns sur les autres, p. 166, 167.
Relations qui font l'unité dans la variété, p. 25-28.
Religieuses (les) paraissent toutes belles, p. 345.
Religion (la), beauté de sa liturgie, p. 104; — son influence sur la moralité, p. 105, 106; — laquelle est la plus esthétique, p. 109.
Répertoire chromatique, p. 19, 314, 401.
Rythme et arts du rythme, p. 396-398.

S

Sacrements (les), leur rôle esthétique, p. 108.
Sainteté (la), qu'est-ce? p. 108, 183; — a-t-elle de fâcheux côtés? p. 176.
Saints (les), leur beauté, p. 183.
Scarabée (le) sacré, p. 313.
Scepticisme (le) en esthétique, p. 302, 303. — Le moyen d'y échapper. p. 305.
Science (la), p. 77.
Science du beau (la), p. Ch. Lévêque, p. x, xi.
Sciences (les) mathématiques, p. 77; — physiques, p. 78.
Sculpteurs (les) du temps de Périclès, p. 254; — du treizième siècle, p. 116.
Sculpture (la), sa place dans les beaux-arts, p. 397, 398; — son parallèle avec la danse, p. 303, 304.
Semeur (le) de J. Millet, p. 390.

Sens esthétique (le), ce qu'il faut entendre par là, p. 280. — Il ne suppose ni sens spécial ni faculté particulière, p. 218, 258; — il demande à être cultivé, p. 281; comment ? p. 282-287.
Sens (les) ont chacun leurs images, p. 228; — les seuls esthétiques sont la vue et l'ouïe, p. 219, 221, 224, 252.
Sensation (la), son analyse, p. 223; — son transport, p. 223, 224.
Sensibilité (la) ne veut pas être trop secouée, p. 371, 372.
Sentiment (le) du beau, p. 222; — il affecte tout l'homme, p. 264.
Serpents (les) dansant au son de la flûte, p. 244, 245.
Signes (les) employés dans les beaux-arts, p. 397, 404.
Simplicité (la) des esprits n'en exclut pas la variété, p. 58-66.
Son (un) clair et continu peut être beau, p. 18.
Souvenir (le) des impressions esthétiques, p. 234.
Splendeur (la), son rôle, p. 14, 16, 32. — Celle du vrai, p. 55; — celle du bien, p. 95.
Style (le), qu'est-ce ? p. 373; — divers, p. 359; — rocaille, p. 340.
Sublime (le), qu'est-ce? p. 42.
Supériorité esthétique croissante du minéral à l'homme, p. 166-173; — du sensible à l'intelligible et au moral, p. 150-165; — dans le chrétien, p. 174-185; — en Marie et Jésus, p. 186-214.
Symboles et allégories, comment les apprécier, p. 327.
Symétrie (la), son rôle en esthétique, p. 310.
Synthèse (la) satisfait l'esprit, p. 22. — Celle des conditions du beau, p. 13-16.

T

Tableau de la classification des beaux-arts, p. 397.
Tableaux (les) de genre, leur appréciation, p. 328.
Télégraphie (la), ses merveilles, p. 81.
Téléphone (le), sa beauté intelligible, p. 56, 81.
Tendance instinctive à l'unité harmonique, p. 378.
Thersite, sujet d'un beau tableau, p. 29.
Tigre dévorant un crocodile (le), de Barye, p. 336.
Tombeau (le) de Lamoricière, par Paul Dubois, p. 118, 119.
Tour (la) Eiffel, p. 86, 325-327, 367.
Tour (la) penchée de Pise, p. 364.
Traits (les) physiques ne font pas la physionomie, p. 160.
Triomphe définitif de la beauté morale, p. 165.
Trompe-l'œil (les), qu'en penser ? p. 90, 91.
Type (le), qu'est-ce ? p. 318; — sa beauté jusque dans la laideur, p. 321, 322.
Type idéal (le), qu'est-ce, p. 318, 349; — son existence, p. 349-350; son origine, p. 351-353.
Type défini (le), qu'est-ce ? p. 354, 355. — Comment le reconnaître, p. 355, 356. — Ses variétés, p. 358, 359, 360.
Type traditionnel (le) de Jésus, p. 202, 203, 359; — de Marie, p. 195, 196, 359.
Type humain, p. 355, 357.

U

Unité (l'), son rôle en esthétique, p. 21-24. — Elle est comprise dans l'idée d'ordre, p. 15, 29-31, 371, 388. — Comment elle est réalisée dans la variété, p. 25-28, 310. -- Elle est favorisée par les courbes, p. 313 ; — elle augmente avec l'éloignement et diminue avec le rapprochement, p. 318 ; — sa réalisation dans l'homme, p. 170, 171 ; — elle peut être psychologique sans être moralement, p. 99.
Univers (l'), ordre qui y règne, p. 30, 31.
Utile (l') et le beau sont-ils opposés ? p. 55-57, 275, 276, 324.
Utilité (l') a pour lien la logique, p. 316 ; — elle est le point de départ de l'architecture, p. 83-87.

V

Vallisnérie (la) en spirale, p. 157.
Variété (la), son rôle esthétique, p. 14, 17-20, 308, 309, 370 ; — elle est comprise dans l'idée d'ordre, p. 15 ; -- sa présence dans l'homme, p. 169 ; — elle est favorisée par les angles, p. 313 ; — elle augmente avec le rapprochement et diminue avec l'éloignement, p. 318.
Végétal (le) est plus beau que le minéral, p. 146, 167, 168 ; — il n'est beau qu'autant qu'il manifeste la vie, p. 333, 334.
Végétaux (les) symbolisent les vertus et les vices, p. 126 ; — ils n'offrent pas de régularité géométrique, p. 334.
Vénus (la) de Milo, p. 335, 355.
Vérité (la) est la base de l'ordre intelligible, p. 54 ; — fût-elle abstraite, elle est encore capable de beauté, p. 53, 54.
Vertu (la), sa nature, sa beauté, p. 94, 160-164, 339, 340, 343, 344 ; — elle est fille de ses œuvres, p. 162, 163 ; — chez les païens, p. 96 ; -- chez les chrétiens, p. 175, 344 ; — elle vaut mieux que la science, p. 115, 164.
Vicissitudes du goût personnel, p. 376, 377 ; — des modes, p. 379.
Vie (la) est une beauté, p. 335 ; — elle exclut les formes géométriques, p. 333.
Vieillesse (la) redoute le changement, p. 366.
Volonté (la), qu'est-ce ? p. 248 ; — son rôle en esthétique, p. 249, 250 ; elle est désintéressée dans sa poursuite du beau, p. 251, 252.

TABLE ALPHABÉTIQUE

DES AUTEURS OU ARTISTES CITÉS

A

Abd-el-Kader, p. 105.
Alençon (duchesse d'), p. 97.
Ampère A.-M., p. 69.
Anaximène, p. 138.
André (le P.), p. 13.
Angelico (Fra), p. xiv, 119, 181, 200, 306, 317, 344, 346.
Arago F., p. 128, 129.
Archimède, p. 56.
Aristote, p. ix, 13, 16, 23, 33, 100, 160, 328, 340, 400.
Assas (le chevalier d'), p. 98.
Auguste (l'empereur), p. 96.
Augustin (saint), p. 13, 22, 23, 27, 95, 122, 137, 138, 172, 201, 249.
Ausone, p. 128.
Azbel, p. xii.

B

Bacon F., p. 328.
Balmès J. L., p. 263.
Baronius, p. 201.
Barthélemy-Saint-Hilaire, p. x.
Barye, p. 336, 337.
Bascons J., p. 273.
Baudelaire, p. 303, 304.
Baudrimont, p. 322.
Baumgarten, p. x, 24, 274.
Beethoven, p. 283, 385.
Bélanger (le P.), p. 86, 327.
Bell, p. 81.
Bénard Ch., p. 16, 100, 273, 340.

Bernard (saint), p. 59, 201, 288, 292.
Bertrand (le P. J.), p. 245.
Bigot Ch., p. 380, 390.
Blanc Ch., p. 26, 41, 51, 238, 350, 351, 376, 396, 399, 401.
Boèce, p. 60.
Boileau, p. 11, 54, 324, 328, 329.
Boirac E., p. 30, 248, 267, 362.
Bonheur Rosa, p. 336.
Bonniot (le P. J. de), p. 223, 235, 237, 294.
Bossan P., p. 312, 388.
Bossuet, p. 13, 126, 227, 237, 239, 241.
Bouilland, p. 81.
Bourdaloue (le P.), p. 239, 240.
Bowens van den Bögen, p. 81.
Brehm, p. 76.
Brizeux, p. 292.
Brunetière F., p. 68, 382.
Buathier, p. 160, 161, 163, 180, 191, 193, 196, 201, 203.
Buchner L., p. 38.
Buffier (le P.), p. 11.
Burke, p. 9.

C

Cabuchet, p. 161.
Cahier (le P. Ch.), p. 359.
Callot, p. 328.
Canova, p. 117, 118, 391.
Caro, p. 388.
Carpeaux, p. xiv.

Castiglione, p. 352.
Chapu, p. 88.
Chardin, p. 328.
Cherbuliez, p. 134, 184, 254, 264, 277, 290, 375.
Chesneau E., p. xiv, 303.
Chrysostôme (saint J.), p. 204.
Cicéron, p. 310, 319, 352.
Clair (le P. Ch.), p. 198.
Claretie J., p. 303, 304, 319.
Claudet, p. 155.
Clément F., p. 350, 386.
Comte Aug., p. 94.
Copernic, p. 37.
Corelli, p. 102.
Corneille P., p. 44.
Corot, p. 380.
Corrège, p. 345.
Courbet G., p. 349.
Courtalon, p. 365.
Cousin V., p. 14, 44, 45, 53, 218, 249, 275, 333, 354.
Cresson A., p. xv.

D

Dante (le), p. 138, 147.
Darwin, p. 243.
Delacroix E., p. 51, 317, 369, 392.
Delaroche P., p. 51.
Delmas (le P.), p. 36.
Denys l'Aréopagite, p. 13.
Diderot, p. 14.
Dubois P., p. 118, 119.
Du Camp Max., p. 336.

E

Edison, p. 81.
Eiffel, p. 86, 325, 367.
Emerson, p. 231.
Euler, p. 401.

F

Fabre J.-H., p. 75, 313.
Félix (le P.), p. 232.
Fénelon, p. 381.
Flandrin, p. xiv, 120, 184, 185, 347.
Flaubert G., p. 51, 295.

Fontenelle, p. 110.
Fra Angelico, voir Angelico.
Franck, p. 273.
François d'Assise (saint), p. 293.
François de Sales (saint), p. 32, 110.
Führich, p. 347.

G

Gaborit (l'abbé), p. xii, 10, 47, 52, 83, 285, 290, 302.
Gailde J., p. 365.
Gaillard F., p. xiv.
Galien, p. 69.
Garnier, p. 389.
Gautier Th., p. 317, 381.
Gay (Mⁿᵉ), p. 269.
Geoffroy-Saint-Hilaire, p. 146, 322.
Gérard, p. 244.
Gerbet (Mᵍʳ), p. 190.
Gietmann (le P. G.), p. xii, 24.
Giotto, p. 317, 346, 390.
Goethe, p. 4.
Gounod Ch., p. ix, 283, 302, 367, 368, 400.
Grant Allen, p. 274.
Gratry (le P.), p. 401.
Grégoire (saint), p. 104.
Grimoüard - de - Saint - Laurent, p. 193, 339, 358.
Griveau, p. xii, 156.
Guido Reni, p. 352.
Guillaume E., p. 84.
Guyau M., p. xii, xiii, 51, 218, 267, 271, 275.

H

Hamon (l'abbé), p. 111.
Hartmann E., p. 242, 243.
Haughton S., p. 72.
Haydon, p. 9.
Hegel, p. 14, 275.
Helmholtz, p. 241, 242, 264, 273.
Hemsterhuis, p. 274.
Hoffmann H., p. 347.
Hogarth W., p. 9, 312.
Homère, p. 306, 388.

Horace, p. 22, 99, 100.
Hugo V., p. 182, 207, 338.
Hulst (Mgr d'), p. 295.
Hume, p. 266.
Humbert de Superville, p. 378.

I

Ictinus, p. 306.
Ignace de Loyola (saint), p. 110.
Ingres, p. 184, 185, 280, 285, 315.

J

Joly H., p. 176.
Joubert, p. 111, 404.
Jouffroy Th., p. 8, 11, 41, 45, 218, 275, 323.
Jouin, p. 250, 262, 265, 405.
Jungmann (le P. J.), p. XII, 268.

K

Kant, p. XI, 27, 41, 218, 251, 266, 274, 275.
Kepler, p. 69.
Knight W., p. XII, 9, 231, 247, 335, 352, 353.
Kralik R., p. XII, 11, 219, 220.

L

Lacordaire (le P.), p. 162.
La Fontaine, p. 61, 305.
Lamartine, p. 74, 104.
Lambillotte (le P. L.), p. 282.
Lamennais F., p. 193, 356, 404.
Lasserre H., p. 105.
Lecomte de Lisle, p. 295.
Legouvé, p. 401.
Leibnitz, p. 23, 322.
Lemaître J., p. 295, 296.
Le Monnier (l'abbé), p. 293.
Lenormand F., p. 336.
Léonard de Vinci, p. 315, 360, 376.
Le Play F., p. 101.
Lessius (le P.), p. 166.
Lesueur, p. 120.
Lévêque Ch., p. X, XI, 2, 10, 14, 16, 33, 76, 251, 260, 269, 393.

Liberatore (le P.), p. 272.
Linnée, p. 49, 69.
Littré, p. 31, 42, 44.
Lombard P., p. 68.
Longhaye (le P. G.), p. 4, 45, 46, 111, 126, 166, 271, 272, 305, 338, 342, 372, 383, 390, 398.
Loth Arth., p. 84, 326, 328, 335, 357, 395, 399.

M

Maine de Biran, p. 218.
Maistre (J. de), p. 161, 195, 196, 271.
Marlo Polo, p. 221.
Martha C., p. 318, 369, 389.
Meissonier J., p. 369.
Mellier A., p. 395.
Mendelssohn, p. 14.
Mengs R., p. 8, 24, 136, 402.
Michel-Ange, p. 120, 135, 317, 351, 376, 385, 390.
Millet J.-F., p. 303, 312, 380, 389, 390.
Milsand J., p. 267, 319.
Mirabeau, p. 158.
Mithalter J., p. XII.
Molière, p. 171, 385.
Montalembert (de), p. 111.
Moquin-Tandon, p. 322.
Morris (le P. J.), p. 403.
Müller C., p. 317.
Müller J., p. XII.
Munkaczy, p. 316.

N

Napoléon Ier, p. 115, 391.

O

Ollivier É., p. 345.
Origène, p. 199.
Orsel V., p. 89, 120, 317.
Ostade (van), p. 328.
Overbeck, p. 317.
Ovide N., p. 182.

P

Paillot de Montabert, p. 22, 15, 379.
Parrhasios, p. 90.
Paul de la Croix (B.), p. 130.
Pélissier A., p. 120.
Perrin-Sainte-Marie, p. 312, 388.
Pérugin, p. 344.
Phidias, p. xiv, 184, 306, 352.
Pictet A., p. 8, 20, 255.
Pie (Mgr), p. 201.
Pierre le Vénérable, p. 292.
Platon, p. 41, 54, 100, 124, 133, 134, 159, 163, 218, 261, 286, 310, 349, 402.
Pline, p. 351.
Plotin, p. 54, 100, 134, 135, 310.
Plutarque, p. 106.
Poisson, p. 3.
Polyclète, p. 360.
Pouchet, p. 71.
Poussin, p. 317, 318.
Praxitèle, p. 117.
Prévost G., p. xii, 361, 371, 391, 395.
Proudhon P.-J., p. 345.
Puvis de Chavannes, p. 90, 361.

Q

Quatremère de Quincy, p. 117.
Quintilien F., p. 356.

R

Rabier É., p. 5, 19, 51, 98, 99, 260, 274, 302, 350, 366.
Rachel, p. 158.
Ramsay G., p. 221.
Rancé (abbé de), p. 177.
Raphaël, p. 110, 306, 317, 339, 344, 345, 351, 376.
Rembrandt, p. 327.
Renan E., p. 106, 111, 288, 296.
Renouvier, p. 366.
Roger-Milès, p. 311.
Rosa Bonheur, p. 336.
Rubens, p. 200.
Ruskin, p. 10, 91, 252, 254, 259, 260, 319, 340, 344.

S

Salomon, p. 217.
Sar Péladan, p. 141.
Scheffer Ary, p. 51, 122, 347.
Schérer E., p. 51.
Schiller (de), p. xiii, 41, 267, 290.
Schlegel (A. G. de), p. 105.
Schopenhauer, p. 273.
Séapoli L., p. 110.
Secchi (le P.), p. 154.
Shakespeare, p. 317.
Sizeranne (Robert de la), voir Ruskin.
Socrate, p. 41, 310.
Sonis (le général de), p. 96.
Sophocle, p. 306.
Spencer H., p. xiii, 267.
Steinlé, p. 347.
Stöckl Alb., p. xii, 268.
Suger, p. 292.
Sully-Prudhomme, p. 199, 222, 227, 263, 274, 303, 394, 395.
Swetchine (Mme de), p. 127.

T

Taine H., p. 27, 160, 395.
Tchernicheffsky, p. 10.
Téniers, p. 328.
Tessier J. P., p. 171.
Thérèse (sainte), p. 203, 293.
Thomas d'Aquin (saint), p. x, 13, 65, 72, 149, 261, 262, 274, 275, 279.
Thomas de Kempis, p. 110.
Tieck, p. 136, 255.
Tissot M. J., p. 346.
Titien, p. 345.
Todhunter, p. xii, 8.
Tolstoï (comte L.), p. 5, 221.
Tonnellé A., p. 286, 296, 328.
Töpffer R., p. 5, 54, 135, 218, 240, 258, 284.
Tyler J., p. 9.

V

Vacherot Ét., p. 141.
Valbert G., p. 22.
Vallet (l'abbé P.), p. XII, 32, 42, 166.
Vasari, p. 351.
Vauvenargues, p. 172.
Vernet J., p. 276.
Veronèse P, p. 51.
Veuillot..., p. 213.
Viar.. , p. 51.
Vib.. , p. 120.
Vica o. Moffat, p. 14.
Vinc.. Paul (saint), p , 99.
Viollet-le-.. , p. 83, 87 3 , 370.

Vitet L., p. 116, 123.
Vitruve, p. 83, 360.
Vloten (J. van), p. 10.
Voltaire, p. 160, 301.

W

Wakenvoder, p. 136.
Wiertz, p. 33, 34.
Wilkens Th., p. 10.
Winckelmann, p 136, 255, 291.
Wolf, p. 23.

Z

Zeuxis, p. 90, 351.
Zigliara (O. P.), p. 15, 36.

DIJON, IMP. JOBARD

Documents manquants (pages, cahiers...)
NF Z 43-120-13

www.ingramcontent.com/pod-product-compliance
Lightning Source LLC
Chambersburg PA
CBHW070220240426
43671CB00007B/715